11명 영재맘의 육아 스토리
행복한 영재를 키운

**11명 영재맘의
육아 스토리**

펴 낸 날   2020년 5월 29일

지 은 이	국희경, 남경은, 백정미, 서미선, 윤공숙, 이재연, 전영은, 정순영, 지혜영, 하나영, 한윤희
펴 낸 이	한상형
기　　획	정헌희
편　　집	정형권
마 케 팅	김장욱, 강보현, 류상만
디 자 인	이윤숙
펴 낸 곳	한국강사신문
출판등록	제 2019-000092호
주　　소	서울 용산구 청파로 269, 4층 한국강사신문
전　　화	02-707-2210
팩　　스	02-707-2214
홈페이지	www.lecturernews.com
이 메 일	gaeahh17@gmail.com

- 책값은 표지 뒷면에 표기되어 있습니다.
  ISBN 979-11-970348-1-7(13370)

- 이 도서의 국립중앙도서관 출판 시 도서목록(CIP)은 서지정보유통지원시스템 홈페이지 (http://seoji.nl.go.kr)와 국가자료공동목록시스템(http://www.nl.go.kr/kolisnet)에서 이용하실 수 있습니다(CIP제어번호: CIP2020017549).

Copyright ⓒ 2020 by 영재오 교육매니저, All rights reserved.
- 이 책의 내용을 이용하려면 반드시 저작권자와 한국강사신문 출판사의 동의를 받아야 합니다.

11명 영재맘의 육아 스토리

행복한 영재를 키운

국희경·남경은·백정미·서미선·윤공숙·이재연
전영은·정순영·지혜영·하나영·한윤희 지음

도전과 배움을 즐기는 영재오 아이들은 어떻게
행복한 영재로 자랐을까?
영재는 엄마의 사랑을 먹고 자란다!

한국강사신문

추천의 글

"특별한 엄마 선생님, 영재오 교육매니저"

2014년, "영재오, 제1기 코칭맘을 뽑습니다."라는 공지 글을 올릴 때만 해도 반신반의했다. '코칭맘'이라는 용어도 생소했거니와 전공자가 아닌 일반 아이엄마들을 대상으로 한 공고이기에 과연 누가 지원을 할까 궁금하기도 했다.

'아이에게 최고의 선생님은 엄마'인 것은 맞지만, 엄마의 교육 철학이 갈팡질팡한다거나 유아 심리와 교육 방법을 제대로 모른다면 최고의 선생님이 될 수 없다. 훌륭한 선생님이 되려면 엄마가 먼저 공부를 해야 한다.

또한 가사와 육아로 번아웃 상태인 엄마, 경력 단절로 좌절감을 느끼는 엄마, 자신이 육아를 제대로 하고 있는지 불안한 엄마, 아이를 위해 무엇을 해줄지 몰라 이곳저곳으로 교육 쇼핑을 다니는 엄마들에게 올바른 해결책을 제시하고 싶었다.

그러한 신념이 있기에, 아이 엄마들을 대상으로 '코칭맘' 교육을 하기로 마음먹었던 것이다.

코칭맘 모집 공고가 나간 바로 그 날부터 문의 전화가 걸려오기 시작했다. '영재교육연구소'에 와서 나와 상담을 한 뒤, 아이가 점점 변화하고 성장해 가는 모습을 지켜본 엄마들이 제일 먼저 코칭맘에 관심을 갖고 문의를 했다. 대개가 '코칭맘'이 어떤 일을 하는지, 과연 자신이 잘 해낼 수 있을지 걱정이 앞선 질문이었다.

"우리 아이가 그랬던 것처럼, 저도 다른 아이에게 긍정적인 변화를 주고 싶어요. 아이가 발전하는 모습을 볼 때 엄마의 마음이 어떤지, 너무나 잘 알기 때문에요."

"그런 마음만 있다면 잘하실 수 있어요."

"하지만 소장님은 전문가시니까 그게 가능했던 거고, 저는 소장님과 다르잖아요. 마음은 간절한데, 엄두가 나질 않네요."

"제가 아이와 상담을 하고, 아이에게 미션을 주고, 아이가 어떻게 변화해 가는지 옆에서 보셨잖아요. 그대로 하시면 됩니다. 코칭맘은 가만히 앉아서 문제집 풀어주는 사람이 아니에요. 현장에서 직접 배우고, 함께 고민하고, 실습해서 익힌 내용을 통해 아이가 똑똑하고 건강하게 자랄 수 있도록 코칭해 주는 사람입니다."

"저는 사람을 가르쳐 본 적도 없고, 결혼한 뒤에는 평범한 주부로만 살았어요. 그런데도 코칭맘을 할 수 있을까요?"

"그럼요. 이것은 아이를 직접 키우면서 같은 고민을 한 엄마들이 제일 잘할 수 있는 일이에요. 제가 알려드릴게요. 저한테 배워서 보다 많은 아이와 엄마에게 기쁨을 찾아주세요."

코칭맘이 많아진다면 나 혼자서 할 수 없는 일을 함께 해나갈 수 있다고 믿었다.

그렇게 어느덧 6년의 시간이 지났고, 그간 수십 명의 코칭맘이 탄생하였다. 지금은 '교육매니저'로 명칭을 바꾸어 활동 범위를 더욱 확대했으며, 아이들이 성장함과 동시에 초등학교 저학년 과정까지 포괄하여 매니지먼트를 하고 있다.

　그중 열한 명의 영재오 교육매니저가 모여 책을 출간한다는 소식을 들었다. 처음 소식을 들었을 때, 많은 생각이 머리를 스치며 뭉클한 감동이 밀려왔다. 교육매니저들은 나를 '소장님'이라고 부르지만, 사실 직함을 떠나 언니 동생처럼 끈끈한 애정이 있다. 교육매니저 이전에 나와 상담했던 아이의 엄마이며, 우리는 '아이'라는 공동운명의 연결고리를 두고 그 아이를 똑똑하고 건강하게 키우기 위해 함께 고민하고 노력해 왔기 때문이다.

　함께 울고 웃으며 지나온 시간 동안 영재오 교육매니저는 교육받고, 학습하고, 실전에서 많은 활약을 하였다. 일차적으로는 자녀를 영재로 키워냈고, 그 아이의 친구가 될 다른 아이들에게도 매니저로서 최선을 다했다. 자신의 아이를 모델로 하고 있기 때문에, 교육매니저의 노하우는 다른 부모들에게 실제적인 공감을 불러일으켰다.

　『11명 영재맘의 육아 스토리』는 그간 아이를 키우면서 겪은 에피소드, 상황에 따른 대처 노하우, 실천 지침 등을 담고 있다. 아이를 키우는 동안 누구나 한 번쯤은 겪었음직한 일들을 교육매니저들은 어떻게 받아들였는지, 어떤 교육 철학을 가지고 행동했는지 등을 알 수 있다. 또한 평범한 아이의 숨겨진 영재성을 찾아낸 경험을 통해 엄마들이 자녀를 어떻게 양육·훈육해야 하는지, 그 방향성도 제시하고 있다. 아이를 키우는 부모에게 이 책은 영재 교육 실전 교과서와 다름없다.

『11명 영재맘의 육아 스토리』가 세상에 나오기까지, 교육매니저들의 남다른 노력이 있었다. 바쁜 시간을 쪼개 교육 노하우를 정리하고, 글로 옮기고, 서로 바꿔 읽어가며 토의하고, 수정을 거듭했다. 길고 지난한 그 과정을 지켜보며 '참, 대단하구나!' 싶었다. 그들의 노력과 마음이 보다 많은 분들에게 전달되기를 바란다.

출판을 계기로 교육매니저는 한 단계 더 성장했다. 공부하는 선생님, 공부하는 엄마, 공부하는 '나'로서 더욱 빛나는 길을 걸어가길 바란다.

2020년 5월

임서영

프롤로그

"엄마는 최고의 선생님이다"

아이를 키우면서 어떻게 해야 할지 몰라 당황했던 적이 많았다. 무엇이 옳은 행동인지 판단이 서질 않아 머뭇거리고, 물어볼 사람이 없어 전문가를 찾아 동분서주하기도 했다. 아무리 회사생활을 잘해도 육아 앞에서는 작아졌다. 우리는 그렇게 서툰 엄마, 초보 엄마, 새내기 엄마였다. 아이가 다른 사람들에게 똑똑하다거나, 예쁘다거나, 말을 잘한다는 말을 들을 때는 기쁜 마음에 껑충 뛰다가도 남에게 피해를 주거나 예의에 어긋나는 행동을 하거나 이해할 수 없는 행동을 할 때는 한없이 작아졌다.

그래도 아이를 잘 키우고 싶은 마음에 포기하지 않고 열심히 노력하며 배운 덕분에 지금은 모두 영재 판정을 받고 학업에 열중하고 있다.

우리 아이들은 모두 평범한 아이였다. 영유아기를 보내면서 아이들의 문제행동이 하나둘씩 나타나기 시작했다. 이곳저곳 상담 기관을 찾았고 (주)임서영 영재교육연구소 임서영 소장님을 만나게 되었다. 아이들의 문제행동들은 각각 달랐지만 육아 전문가의 육아 상담을 받으면서 아이들

문제행동의 원인을 정확하게 알게 되었다. 육아 전문가가 알려준 육아 방법을 하나씩 적용했더니 아이들의 행동이 변하게 되었다. 육아 전문가의 상담과 적기에 알맞은 솔루션이 실행된 덕분이었다.

아이들은 뇌의 발달에 맞춰 적기교육이 이뤄져야 한다. 성장하는 개월 수나 연령별로 필요한 솔루션이 다르다. 그런데 이러한 사실을 모르고 아이를 키우게 되면 잘못된 방법을 적용하게 돼 부작용이 나타나는 경우가 많다. 우리들 또한 그랬다. 그래서 전문가를 찾게 됐고 문제를 알고 개선했으며, 이제는 교육매니저로 그런 고민을 하는 엄마들을 돕고 있다.

우리는 육아 전문가에게 배운 육아 노하우를 우리 아이들뿐만 아니라 육아에 도움이 필요한 많은 엄마들에게도 나누겠다고 약속했다. 그것이 지금 영재오(영재들의 오후학교) 교육매니저로서 활동하게 된 계기다. 이 책도 그 약속을 실천하는 우리들의 행동의 표현이다.

이 책은 평범한 아이의 숨겨진 영재성을 찾아낸 경험을 이야기하고 있다. 우리는 처음부터 영재를 바라고 키운 것이 아니었다. 그저 아이의 문제가 잘 해결되길 바라는 마음으로 임서영 소장님이 제시하는 미션을 차례대로 수행했을 뿐인데 시간이 지나자 영재가 되었다. 그 경험은 모든 아이들은 영재가 될 수 있으며, 그렇게 되려면 시의적절하고 체계적인 프로그램이 필요하다는 사실을 깨닫게 했다.

실제로 우리가 영재를 키우고 영재 육아 방법을 공부해보니 '영재'에 대한 새로운 시각을 갖게 되었다. 영재들은 아주 진취적이고 도전을 즐기며 자기 주도가 가능한 아이들이다. 정해진 규칙을 잘 지키고 배움을 즐기는 아이들이었다. 영유아기에 소장님을 만난 우리 아이들은 지금 10살이 되었고, 엄마의 손길이 없이도 스스로 계획을 세우고 자기 일들을 찾아서 즐겁게 하고 있다. 영유아기 때 아이를 어떻게 키우느냐에 따라 '행복한 영재'로 키울 수 있다는 것을 알게 되었다. 엄마는 아이의 최고의 선생님이 될 수 있다는 가능성을 확인한 것이다.

집필에 참여한 열한 명 엄마와 아이들은 상황도 사례도 모두 다르다. 각자 처한 상황들은 달랐지만, '행복한 영재 키우기 노하우 3가지'에서 말하는 공통점이 있다. 엄마들이 그것을 찾고 자신의 상황에 맞게 적용해보았으면 좋겠다.

엄마가 아이의 모든 인생을 책임지고 가르친다고 생각하면 엄마나 아이 모두에게 부담이 된다. 엄마가 아이를 양육해야 할 시기는 바로 '영유아기' 짧은 순간이다. 영유아기를 아이와 어떻게 보내느냐에 따라 아이의 인생이 바뀐다는 사실을 기억했으면 좋겠다.

이 책에서는 아이들의 개월 수별 놀이법, 양육법, 훈육법 등을 사례를 통해 소개하고 있다. 또한 영재오 공동육아, 8바구니, 캠프 등을 통해 평범한 우리 아이에게 숨겨진 영재성 발견을 위한 다양한 활동을 알려준다.

아이를 키우다 보면 누구나 문제 상황에 부딪히게 된다. 그럴 때마다 이 책에 담긴 노하우와 사례들이 도움되었으면 한다. 우리 모두 이 책에 소개된 솔루션대로 아이들을 지도했다. 그만큼 검증되고 확실한 프로그램들이다. 하지만 그것을 적용하는 과정에서 어려움도 있을 것이다. 우리는 모두 임 소장님께 직접 코칭을 받아서 그런 문제들을 해결했다.

육아의 힘든 과정에서 임 소장님과의 만남은 가뭄의 단비처럼 반갑고 기뻤다. 소장님의 육아 코칭은 아이들뿐만 아니라 엄마인 우리까지 성장

시킨 계기가 되었다. 아이를 키우면서 만나는 어려운 순간들을 잘 넘길 수 있도록 아낌없는 조언과 응원을 보내주신 소장님께 다시 한 번 지면을 빌어 감사의 마음을 전한다.

그러므로 이 책을 읽는 독자들도 집에서 아이에게 적용해보다가 한계에 부딪히면 주저하지 말고 육아 전문가를 찾아서 조언을 구하길 바란다. 우리는 언제든 도와줄 준비가 되어 있다.

독자들은 이 책을 통해 아이를 어떻게 키워야 하는지 큰 그림을 그릴 수 있을 것이다. 현재 육아를 하는 엄마라면 해결방법을 발견하게 될 것이다. 육아의 터널은 끝이 있고, 그 끝은 밝고 환한 빛이 있다는 것을 알게 될 것이다. 그리고 왜 아이를 강하게 키워야 하고 모든 영역이 골고루 균형 잡힌 아이로 키워야 하는지도 알게 될 것이다.

아이를 키우던 지난 시절을 되돌아보면 눈물이 날 정도로 가슴 아픈 일들도 많았고, 미소 가득 행복했던 일들도 많았다. 우리의 육아 이야기가 현재 육아에 지친 누군가에게는 힐링이 되고 도움이 될 것이라는 기대를 하고 이 책을 집필하게 되었다. 책으로 독자들을 만나면서 우리의 육아 노하우가 전해짐에 기쁘고 감사하다.

육아 노하우를 정리하다 보니 매니저들 간에 내용이 서로 겹치는 부분도 있었다. 비슷한 시기의 아이들이다 보니 비슷한 내용을 교육하게 되어 생긴 일이다. 하지만 아이의 상황이 다르기 때문에 똑같은 프로그램이라도 다르게 적용되었다. 그 과정을 살펴보고 비교하는 것도 실제 아이들에게 노하우를 적용해볼 때 도움이 될 것이다. 더러 반복되는 내용들은 복습 효과를 줘 유아 교육의 핵심을 잘 기억하게 도움 줄 것이다. 되도록 독자들에게 많은 정보를 제공하기 위해 다양한 사례를 넣었음을 미리 밝힌다.

  이 책이 육아의 어려움에 고생하는 많은 엄마들에게 가뭄의 단비가 되기를 소망한다. 오늘도 육아로 힘들고 바쁜 나날을 보내고 있을 이 땅의 모든 엄마들에게 힘찬 응원을 보낸다.

2020년 5월

저자 함께 두 손 모아

차례

추천의 글
"특별한 엄마 선생님, 영재오 교육매니저"

프롤로그
"엄마는 최고의 선생님이다"

제1장 엄마는 수다쟁이, 아이는 생각쟁이 _ 국희경

1. 육아 전문가를 만나다 … 20
2. 내 아이만을 위한 육아 코칭 … 24
3. 엄마는 최고의 선생님 … 28
4. 일도 육아도 한 번에 잡다 … 33

제2장 워킹맘의 육아 성장 스토리 _ 남경은

1. 워킹맘, 어떻게 하면 아이를 잘 키울 수 있나요? … 42
2. 미션을 통해 아이가 달라졌어요 … 45
3. 육아의 재미를 느끼기 시작하다 … 50
4. 엄마는 교육매니저 … 58

| 제 3 장 | **인생의 결정적 시기, 영유아기**_ 백정미 |

1. 아이를 잘 키우고 싶어요   66
2. 실전 육아, 우리 아이가 변했어요   70
3. 학습도 놀이처럼 즐겁게   76
4. 육아 멘토 민효 맘입니다   80

| 제 4 장 | **아이 교육의 골든타임, 엄마의 선택에 달려있다**_ 서미선

1. 너와 함께라면   90
2. 감정을 모르는 아이   94
3. 그림을 좋아하는 아이   100
4. 독립을 응원하다   105

| 제 5 장 | **한글을 떼고 아이가 달라졌어요**_ 윤공숙

1. 팝콘브레인을 아시나요?   112
2. 징징대며 울고 떼쓰는 이유는?   116
3. 한글을 알다   120
4. 한글 선생님이 되다   125

제6장 플래시카드로 똑똑한 두뇌 만들기_ 이재연

1. 엄마의 생각 비우기   134
2. 한글을 떼고 '행복'을 알게 되다   139
3. 플래시카드 돌리기   145
4. 플래시카드의 유익을 알려주고 싶어요   149

제7장 엄격한 규칙과 적절한 훈육이 자기주도성을 키운다_ 전영은

1. 늦둥이 엄마   156
2. 공동육아와 함께   160
3. 엄마가 변하니 아이도 변해요   164
4. 육아 방법이 고민되신다면?   170

제8장 영재들의 놀이터, 캠프를 통해 행복한 영재로 키워요_ 정순영

1. 늦둥이, 사랑을 한몸에 받다   178
2. 아이의 변화가 시작되다   182
3. 아이들의 작은 사회 '캠프'   187
4. 행복한 영재로 자라요   191

제9장 사회성을 갖춘 영재, 공동 육아의 힘_ 지혜영

1. 전문가와 상담이 중요합니다   198
2. 공동육아를 시작하다   202
3. 미션을 통해 자폐를 극복하다   207
4. 육아 경험을 공유하고 싶어요   212

제10장 평범한 아이의 행복한 영재 성장기_ 하나영

1. 연년생 아이를 키우는 엄마   220
2. 엄마와 애착을 회복하다   225
3. 일상생활에서 영재성을 키우다   229
4. 아이의 인생을 설계해주고 싶어요   233

제11장 자기주도습관을 잡아라_ 한윤희

1. 적기교육을 놓치다   242
2. 마법학교! 공동육아를 다니다   248
3. 과정을 칭찬해주세요   254
4. 영유아기 적기교육, 아이의 영재성을 키운다   258

부록

국희경 교육매니저/ 영재오 선생님

'주말캠프' 선생님, 단기간 내 아이들의 성장을 돕는 프로그램 '집중트레이닝반' 선생님으로서도 활동하고 있다. 8년 전, 육아전문가인 임서영 소장의 강의를 처음 듣고 교육매니저 스타트 멤버로서 활동을 시작했다. 자신의 아이를 키우며 생긴 힘든 고민거리를 해결하게 되었고, 지금은 그 육아 노하우를 많은 육아맘들과 소통하며 전해주고 있다.

블로그 https://blog.naver.com/hk525200
인스타그램 https://www.instagram.com/ojosihomom

제1장

엄마는
수다쟁이,
아이는
생각쟁이

1. 육아 전문가를 만나다

시호가 26개월쯤 되었을 때 일이다. 문화 센터 수업이 끝나고 시호와 '하늘 공원'에 놀러 갔다. 아이와 산책하며 한참을 놀다 보니 집에 가야 할 시간이 되었다. "시호야 이제 가자!"라며 시호에게 말했다. 그때 어떤 여자분이 "어머, 아이 이름이 시호에요?"라며 내게 물어봤다. 지금의 백정미 교육매니저 팀장님이셨다.

그때만 해도 카카오스토리(카스)가 한창 유행했었는데, 나는 시호 사진을 카스에 많이 올려뒀었다. 백 팀장님이 우연히 내 카스를 보게 되면서 시호를 알고 있었던 것이다. 정말 우연한 만남이었다. 이 일이 계기가 되어서 나는 백 팀장님과 카스를 통해 안부를 물으며 서로 연락하는 사이가 되었다.

어느 날, 백 팀장님이 "육아 전문가가 있는데 만나보시겠어요?"라고 물으셨다. 아이를 잘 키우고 싶은 마음이 컸던 터라 만나보겠다고 했다. 백 팀장님이 초대해주신 모임에서 임서영 소장님을 처음 뵙게 되었다.

여러 명의 엄마와 아이들 사이에 예쁜 여자분이 앉아 계셨는데, 임 소장님이셨다. 나는 시호와 늦게 모임에 참석했기에, 뒤쪽 편에 앉아있었다. 시호가 나를 끌고 "엄마, 이리 와봐. 엄마, 이리 와봐. 아빠의 '아'지?" 이렇게 말하며, 글자를 가리켰다. 이 모습을 소장님이 보신 듯했다.

소장님이 엄마들과 대화가 끝나고, 맨 마지막에 들어온 엄마가 누구냐고 물어보셨다. '무슨 말씀 하시려는 거지?' 나는 천천히 손을 들었다.

"저 아이가 정말 똑똑한 친구예요. 벌써 저 아이는 좌뇌가 열려서 한글을 가르쳐도 됩니다."

그 말을 듣는 순간, '이 어린 나이에 무슨 한글이야?'라는 생각이 들어 대꾸도 않다가 '똑똑하다'는 말에 설명을 드렸다.

"시호는 한글도 알고, 숫자도 알고, 알파벳도 알아요."

"그런 거 하나도 안 중요합니다."

'똑똑하다고 할 때는 언제고, 핀잔을 주시지?' 순간 무안했다. 잠시 후 소장님이 영재오 교재를 꺼내고 아이들을 모았다. 아이들에게 스티커를 부치게 하면서 테스트를 하시는 것 같았다. 그 모습에 나는 '순진한 엄마들 꾀어서 교재 팔러 오셨나 보다.'라는 생각이 들었다. 지금 생각해보면 소장님에 대해 자세히 몰랐기 때문에 선입견을 가졌던 것 같다. 테스트 후, 소장님이 나에게 "이 아이, 어린이집에 보내세요."라고 말했다.

"저는 지금 어린이집에 보낼 생각이 없어요. 어디서 맞고 오면 '엄마, 누가 나 때렸어'라고 말할 수 있을 때 보내려고 해요."

"괜찮아요. 어린이집에 가서도 잘 적응할 거예요."

아직 어린이집에 보낼 마음이 없었는데, 소장님 말을 듣고 '한번 보내볼까?'라는 생각이 들었다. 남편과 상의하고, 집 근처 어린이집에 보내기로 했다. 며칠 후 어린이집 선생님이 "시호가 어린이집 적응을 너무 잘해요. 처음 온 아이 같지 않아요."라고 말씀해주셨다.

◈ 플래시카드를 선물 받다

어느 날, 백 팀장님이 "임 소장님 강의가 있는데, 한번 가지 않을래요?"라며 연락이 왔다. 육아 강의를 무료로 들을 수 있다고 해서 백 팀장님과 함께 참가하게 되었다. 강의 도중 소장님이 엄마들에게 질문했다.

"엄마들 중에 '내 아이가 1등을 했으면 좋겠다'는 엄마가 있나요? 손들어 보세요."

당연히 나는 시호가 1등 하면 좋으니까 손을 들었는데, 다른 엄마들은 눈치만 보고 있었다.

"왜 자기 아이를 1등으로 키울 생각을 안 해요? 당연히 1등으로 키운다고 생각하고 아이를 키워야죠. 왜 자신이 없어요?"

그리고 통글자 플래시카드(총 59장, 사물을 인지하고 한글을 떼는 영재 교육 프로그램)를 설명해주시면서 "이 플래시카드를 26일 동안 아이에게 보여주면 한글을 뗄 수 있어요."라고 말씀하셨다. '정말 가능할까?'라는 의문이 들었다. 다른 엄마들은 '플래시카드를 구매할까?' 궁금했는데, 특강 후 그 플래시카드를 선물로 주셨다. 생각지 못한 선물에 감사했다.

한글을 떼다

나는 남편과 가게를 운영하고 있었기 때문에 시호에게 뭔가를 가르쳐 줄 수 없었다. 시어머니가 밤까지 시호를 봐주시곤 했다.

어느 날, 시어머님이 집에 가시고 시호와 단둘이 남게 되었다. '뭘 하지?'라며 한참을 고민했다. 지난번 소장님 강의에서 영상은 절대 보여주지 말라고 했기에 영상도 틀어줄 수 없었다. 갑자기 선물 받았던 '플래시카드'가 생각이 났다. 26일을 반복해서 돌려주면 한글을 뗀다고 하니, 플래시카드를 돌려주기로 마음먹었다.

아이를 식탁 의자에 앉히고 나는 침대 위에 앉아서 플래시카드를 돌렸다. 시호가 처음에는 몸부림을 치더니 시간이 지나면서 집중하며 보기 시작했다. '사과, 포도, 바나나, 배' 플래시카드의 이미지를 보면서 사물 인지가 되는 듯했다. 나는 시간이 날 때마다 매일매일 플래시카드를 돌렸다. 그런데 26일이 안 되어서 시호가 카드를 보며 사물 이름을 말하기 시작했다. 정말 26일 만에 한글을 떼려나 보다 생각이 들었다.

'그다음에는 어떻게 하지? 플래시카드의 이미지로 26일을 돌렸으니 이번에는 뒷면 글자로 한번 해볼까?' 글자를 보여주면서 플래시카드를 돌렸다. 교재와 병행해야 한다는 것을 당시에는 몰랐고, 교재도 없었기 때문에, 플래시카드만 반복해서 돌렸다.

"사과, 포도, 바나나, 배."

시호가 플래시카드를 보고 말했다. 나는 '아이가 순서를 외운 걸까?'라는 생각에 카드를 섞어서 다시 돌렸다. 이번에도 역시 다 맞췄다. 깜짝 놀랐다. '어머! 이거 진짜 된다. 이거 뭐지? 진짜 신기하다!'라는 생각밖에 안 들었다. 달력을 봤더니 26일이 되었다. 이제는 방법을 물어봐야겠다 싶어서 소장님께 연락을 드리고 상담 일정을 잡았다.

그때는 지금처럼 '영재오 센터'가 없었기에 소장님이 집으로 방문해주셨다. 시호는 소장님 앞에서 플래시카드를 다 맞췄다. 대견했다. 소장님의 한글 떼기 다음 미션은 '낱글자'와 집안의 물건을 하나씩 알아가기였다. 플래시카드에서 앞 글자만 잘라내고, 잘라낸 앞 글자를 시호가 아는지 테스트했다. 집안 곳곳에는 포스트잇으로 의자, 책상, 침대, 텔레비전, 책 등 사물의 이름을 붙여놓고, 아이가 보고 따라 읽게 했다. 아이가 즐겁게 한글을 익혔다.

> **육아팁**
>
> 처음에는 플래시카드를 아이가 잘 볼 수 있도록 세워만 놓고, 가지고 놀지 못하도록 하는 것이 좋다. 자주 가지고 놀면 빨리 싫증을 느낄 수 있기 때문이다. 아이가 원해서 먼저 찾도록 습관을 갖게 하는 것이 좋다. 플래시카드와 교재를 병행해야 한다.

2. 내 아이만을 위한 육아 코칭

30개월 때 시호는 한글을 뗐다. 시호와 길을 걷다가 '꽃가게'를 발견하면 '꽃'이라고 읽었다. '병원'을 발견하면 '병원'이라고 읽게 되었다. 신기하기만 했다. 처음 보는 어른들도 시호가 글자를 읽는 것을 보고는 "아이가 몇 살인데 글자를 알아요? 영특하고 대단하네요."라며 칭찬을 많이 해주셨다. 기분이 너무 좋았다.

30개월 어느 날, 시호가 그림을 그리고 있었다. 그런데 색을 칠할 때는 모두 어두운색으로만 칠했다. '왜 그럴까?' 소장님께 여쭤봤다.

"시호가 마음에 상처를 받은 것 같아요, 시호에게 편지를 써주세요."

시호가 어린이집에 처음에는 적응을 잘했는데 엄마와 떨어져 있으니까, 자기를 다른 곳에 놔뒀다고 생각할 수도 있다는 거였다. 시호가 글을 읽고 이해할 수 있었기 때문에, 엄마의 마음을 짧은 문장의 편지로 써주라고 하셨다.

"시호야, 엄마가 사랑해. 엄마가 시호 미워해서 어린이집에 보낸 거 아니야."

그리고 시호에게 다른 색깔로 그림을 칠할 수 있도록 알려줬다.

"시호야, 머리와 눈동자는 검은색이고, 입술은 빨간색이야."

시호는 천천히 다른 색을 이용하여 그림을 칠하기 시작했다.

한번은 소장님이 시호를 보더니 "시호 얼굴 왜 그래요? 무슨 일 있었어요? 시호가 엄마한테 화가 나고 겁에 질려있어요."라며 물으셨다. "남편과 다퉜는데, 그 모습을 시호가 봤어요."라고 집에 돌아와서 메시지를 보냈다. 소장님이 시호의 마음이 풀리도록 편지를 쓰고, 엄마와 아빠가 화해하는 모습을 보여주라고 말씀해주셨다.

"시호야, 어른들도 다 싸워. 너도 싸울 때 있지? 어른들도 싸울 때가 있어. 엄마가 아빠한테 그렇게 해서 미안해."

다음 날 아침, 시호가 편지를 읽고 나서 엉엉 울었다. '아이가 말은 못하고 마음의 상처를 입었구나.'라고 생각하니 울컥했다. 시호는 엄마 아빠의 화해하는 모습을 보면서 안심한 듯했다.

> **육아팁**
>
> 아이 앞에서 엄마와 아빠가 다투는 모습을 보이지 않으면 좋겠지만, 만약 다투는 모습을 아이가 봤다면, 엄마와 아빠가 화해하는 모습을 꼭 보여줘야 한다. 그러면 아이가 정서적으로 안정을 찾게 된다. 화해할 때, 포옹이나 뽀뽀 등 스킨십을 하는 것도 좋다.

5분 암시법, 엄마가 미안해

소장님이 시호에게 '5분 암시법'을 해주라고 알려주셨다. 5분 암시법은 아이가 잠든 후 REM 수면 상태일 때, 아이의 귀에 속삭이듯이 부드럽게 말해주는 것이다. 엄마가 화났던 것, 미안했던 것, 시호가 잘했던 것, 시호한테 바라는 것 등을 시호의 귀에 대고 속삭여줬다.

"시호야, 엄마가 시호한테 화내서 미안해. 그런데 시호가 물건을 집어 던지는 거는 정말 잘못된 행동이야. 엄마가 시호한테 화내서 미안해, 때려서 미안해. 엄마가 시호 너무 사랑하니까 그랬던 거야. 물건을 던지면 사람이 다칠 수도 있어. 다음부터는 물건을 던지지 말자!"

시호는 자고 일어나면 우는 버릇이 있었다. 이때도 '5분 암시법'이 큰 도움이 되었다.

"시호야, 이제 잠자는 시간이야. 지금 잠들고 일어나면 기분이 상쾌해질 거야. 아침에 일어나서 '엄마, 나 일어났어요.'하고 인사하자."

그 다음 날 아침에는 시호가 울지 않고 일어났다. "엄마, 나 일어났어요."라며 나에게 뛰어왔다. 신기했다. 차에서 자다가 깨면 울거나, 떼쓰고 안 일어나곤 했었는데, 그것 역시 '5분 암시법'으로 이야기해주면 고쳐졌다. 또한 시호가 상처 입은 것들, 기분 안 좋아서 울었던 것들도 풀어줬다. 시호의 마음을 치유하는 데 많은 도움이 되었다.

> **육아팁**
>
> 5분 암시법은 현재형으로 말해주는 것이 중요하며, 자는 아이에게 손을 얹거나 바라보면서 왼쪽 귀에 속삭이듯이 말하면 좋다. 1단계 열쇠 암시법, 2단계 사랑의 암시법, 3단계 일체화 암시법, 4단계 교정의 암시법 순서로 말하면 좋다.

5분 암시법으로 나와 시호는 더욱 친해졌다. 소장님 곁에서 시호를 키우면 더 잘 키울 수 있을 것 같은 확신이 들었다. 육아 방법을 더 배워보고 싶다고 소장님께 말씀드렸다.

"제가 시호 맘에게 육아 방법을 가르쳐주면 그 배운 것을 다른 엄마들에게 알려줄 수 있어요? 저는 우리 자녀들뿐만 아니라 모든 아이를 행복한 영재로 키울 수 있었으면 좋겠어요."

소장님의 비전을 듣고, 함께 하기로 결심했다. '그래! 내 아이를 잘 키우고 그 방법을 나 같은 초보 엄마들에게 가르쳐 주자!' 뜻을 같이하는 엄마들이 소그룹으로 모여 활동을 하기로 했다. 소장님이 미션을 주시면 공부해서 시호를 가르쳤다.

분리 불안과 잠자리 독립

시호가 4살이 되면서 잠자리 독립을 해야 할 시기가 되었다. 그런데 화장실 갈 때도 쫓아다니고 쓰레기 버리러 잠깐 밖에 다녀와도 "엄마, 언제 와?", "엄마, 갔다 올 거지?"라고 말하며 울고 난리였다. 엄마가 없어졌을 때 느끼는 분리 불안이었다. 그래서 아이가 시간을 충분히 예측할 수 있도록 시호에게 모래시계(3분·5분·10분)를 줬다. 시계를 볼 수 있게 되자 바늘 시계를 줬다. 잠잘 때도 나갈 때도 모래시계 또는 바늘 시계를 갖고 있게 했다.

엄마가 잠깐 밖에 나갈 때 "시호야, 엄마가 큰 바늘이 5자에 오면 올 거야. 기다려."라고 말하고 나갔다. 아이가 그 시간을 보고 있으라고 바늘이 있는 시계를 준 것이다. 이때 엄마가 말한 시간은 꼭 지켜야 한다.

"시호야, 잘 기다렸어. 엄마 왔어? 안 왔어?"

약속을 지키며 아이를 안심시켰다. 엄마 행동에 믿음이 쌓이면서 시호의 분리 불안도 조금씩 괜찮아졌다.

> **육아팁**
>
> 시간을 알려줄 때 처음에는 3분, 그다음에는 5분, 10분 등으로 차츰차츰 시간을 늘려주는 것이 좋다. "엄마는 약속 지키는 사람이야. 엄마는 이때 왔지?"라고 말하면서 안심시켜주는 것이 중요하다. 시계를 볼 수 없는 아이는 모래시계로 가르쳐준다.

잠자리 독립을 할 때, 아이 방의 문을 열어놓고 자게 하고 나는 멀리 있었다. 엄마가 근처에 있음을 알려주고 안심시켜주기 위함이었다. 한 달 정도를 그렇게 했더니, 다음부터는 혼자 알아서 잘 잤다. "엄마는 소장님하고 공부할 거죠? 나는 가서 잘게요." 하고 혼자 방에 자러 갔다. 신기했다.

> **육아팁**
>
> 36개월까지 애착이 중요하다. 36개월 이전에는 분리 불안이 생길 수 있다. 나쁜 꿈을 꿀 때 보살펴보고 도닥여주는 부모님의 따뜻함이 중요하다.
> 37개월부터는 독립심을 키우도록 잠자리 독립을 해야 한다. 아이가 나만의 공간과 시간을 가지도록 해야 한다. 혼자 무언가 할 수 있다는 자신감과 독립심이 강해지는 시기이기 때문에 이때부터는 엄마와 떨어져 재우는 것이 좋다.

3. 엄마는 최고의 선생님

나는 남편을 너무 사랑해서 결혼했고, 결혼하고 나서도 남편만 바라봤다. 아이를 낳고 나서는 '시호를 어떻게 하면 잘 키울 수 있을까?'라는 생각을 많이 했다. 공부도 잘하고, 주위 사람들에게 사랑받고 귀염받는 아이로 자라주기를 바랐다. 혼자서 일과 육아를 하다 보니 힘든 적이 한두 번이 아니었다. 일을 마치고 돌아온 남편에게 화풀이만 늘어났다.

"왜 나 혼자만 아이를 봐야 해? 당신도 아이 좀 봐. 당신은 바깥 일만 신경 쓰여?"

육아가 너무 힘드니까 남편에게 화가 났던 것을 아이한테 대신 푸는 일도 많았다. 화풀이하고 난 후에는, 아이가 잠들어 있는 모습을 보면서 혼자 많이 울었다. 육아 우울증이 왔던 것 같다. 새로운 돌파구가 필요했다.

겨울방학을 끝내고 시호가 어린이집을 가야 하는데 가기 싫다고 울었다. 시호는 말을 잘하는 아이였기 때문에, 어린이집에서 "이거 내 꺼야. 하지 마."라는 의사 표현을 잘하는데, 다른 아이들은 말을 잘 못 하니까 시호가 가지고 놀던 장난감을 뺏어 버리곤 했다. 그래서 친구와 다투기도 하고, 그것 때문에 어린이집 선생님에게 혼이 났었던 것 같다.

소장님께 말씀드렸더니 "시호가 스트레스가 있는 것 같아요. 어린이집을 바꿔주세요."라며 강남으로 오라고 말씀하셨다. 나는 남편의 가게 일을 돕고 있었기 때문에 소장님과 일을 하려면 가게 일을 그만둬야만 했다. 엄마로서 결정을 내려야 했다. 지금 소장님과 일할 기회를 놓치면 다시는 기회가 올 것 같지 않았다. 남편이 일을 마치고 집에 왔을 때, 진지하게 이야기했다.

"임 소장님께 시호 이야기를 했더니, 나한테 소장님 있는 '강남'으로 오라고 하셔. 나 좀 보내주면 안 될까?"

"왜?"

"나, 시호 잘 키우고 싶어. 내가 지금까지 당신 옆에서 당신을 도왔으니까 이제는 시호 옆에서 시호를 잘 키우고 싶어. 지금 당신이 나를 보내주지 않으면 당신을 미워할 것 같아. 원망할 것 같아. 내가 당신을 사랑해서 결혼했는데, 미워하고 싶지 않아."

다음 날 아침, "잠깐 생각해서 내린 결정은 아닌 것 같아. 그래, 알았어."라며 남편에게서 문자가 왔다. 시호가 5살 때, 나는 청담동으로 거처를 옮기고 시호의 어린이집을 바꿨다. 그리고 삼성동에서 코칭맘(지금의 교육매니저)으로서 공동육아에 참여하기 시작했다.

◈ 엄마는 수다쟁이

본격적인 '청담 살이'가 시작됐다. 어린이집이 끝나면 시호는 영재오(영재들의 오후학교) 오후반 수업을 들었다. 플래시카드, 8바구니 활동지, 운동 등 시호는 재미있게 참여했다. 나는 오후반 선생님으로도 활동했기에, 오후에는 시호와 늘 함께 있었다. 시호는 한글을 떼고 나서부터 말을 잘했다. 나는 수다쟁이가 되어서 시호에게 계속 말을 걸었다. 함께 길거리를 걸어 다니면서 끝말잇기도 하고, 질문도 많이 했다.

"시호야, 지금 날씨가 어떤 것 같아? 엄마는 지금 바람이 불어서 너무 시원해."

"엄마, 나도 바람이 불어서 얼굴을 스치니까 너무 상쾌해요."

아이의 어휘력도 늘어나고 엄마와의 대화를 즐거워했다. 시호가 자신의 감정을 표현하는 일도 자연스러워졌다. 어느 날, 잠자리에 들기 전에 시호가 "오후반에서 엄마는 왜 나만 혼내요?"라며 말했다. 오후반에서 시호와 함께 생활하다 보니 시호의 결점이 많이 보이기 시작했다. 다른 학부모님 아이들을 혼내는 건 쉽지 않았기에 시호가 오히려 나한테 혼이 많이 났다.

"시호야, 엄마는 뭐 하는 사람이야?"

"선생님이에요, 친구들 가르쳐요."

"시호가 선생님 아들인데, 오늘 말 잘 들었다고 생각해? 못 들었다고 생각해?"

"못 들었다고 생각해요."

"오늘은 엄마한테 왜 혼났어?"

"밥을 먹다가 돌아다녀서요."

"그래 맞아. 밥은 어디서 먹어야 해?"

"식탁에 앉아서 먹어야 해요."

시호가 잘못했던 것도 말해주고 내가 시호를 혼냈던 이유도 말해주면서 아이가 스스로 깨닫도록 했다. 그리고 마지막에는 꼭 사과를 했다.

"시호가 다른 곳에 가서 그런 행동 때문에 혼날까 봐, 그게 싫어서 엄마가 혼내는 거야. 그리고 시호를 혼내야 그 모습을 보고 다른 아이들도 규칙을 잘 지키기 때문에 혼내는 거야. 엄마가 화내서 미안해."

시호와 대화를 하면서 조금씩 신뢰관계가 쌓이기 시작했다.

엄마 바꾸기

오후반에는 시호와 같은 또래 남자아이가 2명 더 있었다. 아이들은 '삼총사'라며 어울려 다녔다. 엄마들 역시 '이모'처럼 아이들을 잘 돌봐주곤 했었다. 시호가 6살 때, 소장님은 아이들의 독립심을 키우기 위해 '엄마 바꾸기' 미션을 주셨다.

　엄마가 1주일마다 바뀌는 것이다. 한 엄마집에 아이 3명이 가서 1주일 동안 함께 생활하도록 했다. 엄마 바꾸기를 통해 아이들이 엄마와 떨어져 있게 만들고 다른 사람과 지내면서 불편함도 겪어보고 친구들하고도 지내보도록 하기 위함이었다. 앞으로 학교도 가야 하고, 국제학교에서 기숙사 생활을 해야 하니 미리 선행 학습을 시켰던 것이다.

　아이들은 친구 집에 놀러 간다고 생각을 하면서 1주일 동안 먹고 자고 어린이집을 함께 다녔다. 처음에 시호는 엄마와 떨어지기 싫어서 많이 울었다. "엄마, 안 와요? 엄마, 언제 와요?"라며 많이 물었었다. 나중에는 친구들과 지내면서 적응하기 시작했다.

　우리 집에 아이들이 오면, 나는 항상 규칙을 알려주고 지키도록 했다. 나는 아이들 사이에서도 '무서운 엄마'로 알려져 있었다. 평소에는 친구 같은 엄마였지만 규칙을 지키지 않아서 혼을 낼 때는 정말 무섭게 혼을 냈기 때문이다. 혼내기 전에 3번의 기회를 주고, 그때까지 지키지 않으면 혼을 냈다. 혼을 내서라도 아이들이 잘못을 깨닫고, 잘 자라기를 바랐다.

　아이들은 옷 입는 행동이 아주 느렸다. "준비할 거예요."라고 하면서 항상 늦었다. 알람시계를 맞춰 놓고 "이때까지 준비하지 않으면 나 혼자 나간다."라고 알려줬다. "나, 진짜 나갈 거야. 3번 이야기했어."라고 말하고 나오면 아이들이 얼른 옷을 입고 헐레벌떡 나오곤 했다. 자기 전에는 요구르트를 3개 준비해뒀다. "아침에 일찍 일어나는 아이들은 맛있는 요구르트 먹을 수 있어."라고 말해두면, 요구르트를 먹으려고 아침에 일찍 일어났다. 아침밥을 제대로 먹지 않고 반찬 투정을 하면 가차 없이 밥을 치웠다. 세 아이들 모두 내 자식처럼 부드럽게, 때론 엄하게 훈육했다. 엄마 바꾸기는 1년 6개월 정도 계속되었다. 엄마 바꾸기를 통해 아이들끼리 친해지고 독립심이 강해졌다.

4. 일도 육아도 한 번에 잡다

시호는 한자를 좋아했다. 한글을 뗀 후, 영재오 교재와 플래시카드로 한자를 익혔다. 친구들과 한자 플래시카드를 돌리고, 한자책도 보고, 한자공부를 놀이처럼 즐겁게 했다. 산소에 갔을 때, 묘비에 적혀 있는 한자를 읽어서 어른들을 깜짝 놀라게 한 적도 있다.

8살 때, 시호는 중국 국제학교에 입학을 앞두고 있었다. 총 5명의 아이들이 중국 국제학교 입학을 준비하고 있었다. 중국 가기 3주 전에 한국에서 중국 합숙캠프(3주)를 진행했다. 이때 시호는 '중국어 플래시카드 1,000장' 외우기 미션을 받았다. 한글을 뗄 때도 플래시카드가 도움이 많이 되었는데, 이번에도 시호는 플래시카드를 이용해 중국어 공부를 했다.

중국어 수업을 듣고 친구들과 플래시카드를 돌렸다. 혼자서 토크펜(말하는 펜)을 이용하여 중국어 단어를 외웠다. 토크펜을 플래시카드 위에 대면 중국어 소리가 나온다. 그 중국어 발음을 듣고 따라 하면서 외웠다. 마침내 시호는 '중국어 플래시카드 1,000장' 외우기 미션을 성공했다. 값진 노력의 결과였다. 미션 성공 기념 파티를 친구들 앞에서 열어줬다. 친구들의 축하를 받으며 시호는 행복해했고, 성취감을 느꼈으며, 자신감도 많이 생긴 듯했다.

> **육아팁**
>
> 책 읽기, 영어단어 외우기 등 시간과 노력이 많이 들어가는 미션을 아이가 성공했다면 성공 기념 '축하 파티'를 친구들 앞에서 열어주면 좋다. 친구들에게 받는 축하를 통해 아이의 성취감과 자존감이 높아질 것이다. 또한 다른 아이들에게도 '나도 도전해 볼까?'하는 자극제가 될 수 있다.

시호가 9살 때는 중국 국제학교에 '어학연수'를 받으러 오는 영재오 친구들 입학식 행사에서 대표로 무대에 나가 중국어로 '중국 학교 소견문'을 발표하기도 했다. 교장 선생님과 많은 친구들 앞에서도 떨지 않고 잘 발표하여 교장 선생님의 칭찬을 받았다. 그리고 소장님과 엄마들에게 완벽하지는 않지만, 중국어 통역을 해주기도 했다. 시호가 자랑스러웠다.

지금 시호는 10살이 되었고 중국 국제학교에서 공부도 잘하고 행복한 영재로서 누구보다 즐겁게 생활하고 있다. 국제학교에 처음 보낼 때, 보내야 할지 말아야 할지 고민을 많이 했었다. "시호는 잘할 수 있어요. 시호는 '행운아'이고 '100억짜리 빌딩'이에요!"라는 소장님의 말씀에 용기를 냈고, 시호는 중국에서 멋지게 자신의 삶을 만들어 가고 있다.

엄마로부터 독립은 했고, 나는 믿음으로 시호를 지켜보고 있다. '시호야, 잘할 수 있지? 엄마는 너를 믿는다. 할 수 있어!' 이제는 아이를 믿고 응원해주는 것이 제일 중요한 것 같다.

✎ 행복한 영재 키우기 노하우 3가지

아이를 키우면서 아이가 어릴 때 어떻게 교육하느냐에 따라 아이의 영재성이 개발되기도 하고 그렇지 않기도 하다는 것을 알게 됐다. 그중 중요한 3가지를 정리하면 다음과 같다.

첫째, '아이의 최고 선생님은 엄마'라는 것을 인식해야 한다. 영유아기에 아이의 언어 능력을 발달시키기 위해서는 엄마가 '수다쟁이'가 되어야 한다. 엄마가 말을 많이 해야 아이가 듣는 어휘량이 많아지기 때문이다. 나는 시호와 '핑퐁'을 많이 했다. 길을 걸으면서 '말' 게임을 자주 했다. 내가 시호에게 "시장에 가면 무엇이 있나?"라고 말하면 시호가 "바나나도 있고…."라고 대답을 한다. 다시 내가 "포도도 있고…."라며 대답을 한다. 이런 식으로 계속 아이가 말을 하도록 했다.

또한 질문을 통해 예측하는 힘을 키워주는 것도 중요하다. 혼자 해결할 방법을 만들어 주기 위함이다.

"시호야, 엄마가 집에 없으면 어떻게 해?"

"여기 '영재오' 센터로 오면 돼요."

"그래, 맞아. 그런 방법도 있어. 만약 센터에 왔는데 아무도 없으면 어떡해?"

"어, 엄마 기다려요."

아이가 상황을 예측할 수 있도록 계속 질문을 던졌다. 아이의 답이 여러 개가 나올 수 있고 안 나올 수도 있다. 이때 '엄마는 이렇게 생각해'라며 알려주는 것이 좋다.

"어, 시호야 그런 방법도 있겠다. 그런데 엄마는 이렇게 생각해. 만약에 시호가 센터에 왔을 때, 아무도 없으면 기다렸다가 시계를 보고 4시가 되면 학원을 다녀오는 거야. 끝나고 엄마 만나러 다시 센터로 오면 돼."

"응! 그런 방법도 있어요. 엄마 말도 맞아요."

아이가 스스로 생각할 수 있도록 힘을 키워주는 것이 중요하다.

둘째, '규칙을 알려주고 지키게 하기'이다. 규칙을 통해서 되는 것과 안 되는 것을 명확하게 알려주고 훈육하기 위함이다. 유치원이나 학교, 어디를 가든 그곳에서 지켜야 하는 규칙이 있다. '어른을 만나면 인사하는 거야', '밥은 식당에 앉아서 먹는 거야'를 알려주는 것이다.

"시호야, 우리 집에 갈 거야. 집에 가서 제일 먼저 하는 게 뭐야?"

"엄마, 집에 가서 신발을 먼저 벗어요. 신발 벗고 나서 옷을 벗고 그다음에 손을 씻어요. 그리고 옷을 갈아입고 양치를 해요."

규칙을 알려줄 때는 감정에 휩쓸리지 않고 '된다'와 '안 된다'를 정확하게 알려주는 것이 중요하다. 예를 들어 아이가 물을 엎질렀다면 "어, 시호야, 괜찮아. 걸레로 닦으면 돼."라며 규칙을 말해주면 된다. 그런데 감정을 실어서 "이거 누가 흘렸어?"라고 말한다면 아이는 혼동을 느끼게 될 것이다. 일관성 있는 엄마의 모습을 보여줘야 한다. 만약 공동육아를 한다면 공동육아에서 지켜야 하는 규칙들을 집에도 적어놓고 동일하게 지키도록 하면 좋다.

> **육아팁**
>
> 규칙을 지키지 않았을 때, 엄마의 그 날 기분에 따라서 훈육하게 되면 아이가 정서적으로 불안함을 느끼고 분리 불안이 된다. 아이가 예측 가능하도록 일관성 있는 모습을 보여주도록 하자.

셋째, '성공의 목표를 주고 성취감을 느끼게 하기'이다. 미션을 통해서 성공을 자주 경험하게 되면, 다음 활동도 즐겁게 도전할 수 있다. 시호가 한글을 떼고 책을 읽는데, 책에 깊이 빠져서 읽지는 못했다. 그래서 시호에게 '동화책 100권 읽기' 미션을 줬다.

시호가 쉽게 읽을 수 있는 글자가 적고 그림이 많은 동화책을 한쪽 편에 100권을 쌓아둔 뒤, "시호야, 이 책들 오늘 다 읽을 수 있어. 한번 해볼까? 그 대신 절대 책꽂이에 꽂지 말고 반대편에 쌓아둬야 해."라고 말했다.

시호가 책을 읽고 나서 한쪽 편에 계속 쌓아두도록 했다. 읽고 쌓고, 읽고 쌓고! 몇 시간이 지나니까 즐거운 목소리로 "엄마! 나 다 읽었어요."라고 말했다. 목표를 이룬 것이다. 하이파이브도 하고 칭찬과 보상을 해주었다. 시호는 쌓인 책의 높이만큼 성취감을 크게 느낀 하루였을 것이다.

> **육아팁**
>
> 목표를 이루는 과정을 볼 수 있게 해주면, 동기부여가 잘된다. 성공의 결과를 시각화해서 다시 본다면 목표를 이룬 성취감은 더욱 오래간다.

"시호야, 오늘 플래시카드 500장 해야 해. 다 하고 자자. 몇 시까지 하고 잘까?"

"10시까지 할래요."

중요한 것은 아이의 수준에 맞게 성공 가능한 목표를 정해주고, 성공을 경험하도록 하는 것이다. 아이는 이러한 성공 경험을 통해서 '내가 이걸 해냈어'라는 성취감으로 다음 단계를 또 도전할 것이다. '나 이거 못해'라고 쉽게 포기하기보다는 '나 이거 할 수 있어', '나 한번 해 볼래', '나 도전해 볼 거야'라는 마음가짐을 갖도록 하는 것이 중요하다.

◈ 아이를 위한 후회 없는 선택이 되도록

시호는 46개월 때 카우프만 검사에서 160점을 맞았다. 소장님을 만나면서 적기에 필요한 교육을 통해 학습능력뿐만 아니라 체력도 많이 좋아졌다. 엄마와 분리가 되면서 자기 주도와 도전하는 아이로 커가고 있다.

육아 전문가 옆에서 아이를 키우는 것이 얼마나 중요한지 다시 한 번 느낀다. 만약 소장님을 만나지 않았다면 나 역시 평범한 주부로만 살았을 것이다. 교육매니저로서 활동을 하면서 교육의 참 의미를 알게 되었고, 코칭을 통해 긍정적으로 변해가는 엄마들의 모습을 보면서 행복함을 많이 느끼는 요즘이다. 엄마가 변하니 아이 역시 밝고 긍정적으로 변했다.

아이를 양육하기 위해서는 어딜 가든지 시간과 돈이 든다. 교육 철학이 명확하고, '이곳이다!'라는 생각이 든다면 엄마들이 한 가지를 선택하고 집중하면 좋겠다. 대신 엄마가 먼저 배우고 아이에게 가르쳐줘야 한다. 아이의 최고 선생님은 엄마이기 때문이다.

교육매니저를 시작하면서 가졌던 초심을 잊지 않고, 시호를 영재로 키운 노하우를 많은 엄마들에게 알려주고 싶다. 내 아이뿐만 아니라 다른 아이들도 행복한 영재로 자랄 수 있도록 엄마들을 돕고 싶다.

나는 '영재오'를 선택한 일에 지금도 후회가 없다. 그리고 많은 초보 엄마들에게 자신 있게 '영재오'를 권한다. 영재오를 만난 모든 아이가 귀염 받고 사랑받는 행복한 아이들로 커가기를 간절히 소망한다.

시호 맘의 영재 교육 핵심노트

1. 질문과 대화를 통해 생각하는 힘을 길러주어야 한다.
2. 규칙을 알려주고 일관성 있게 훈육하라.
3. 미션을 통해 성공을 자주 경험하게 하라.

남경은 교육매니저/ 영재오 본사팀

교육매니저 5년 차인 남 매니저는 워킹 맘으로서 두 남매를 키우고 있다. 남 매니저는 큰 아이를 100일부터 어린이집에 보냈다. 큰 아이의 상담으로 6년 전, 육아전문가 임서영 소장을 만나게 되었고, 그의 철학대로 아이를 키우면서 현명한 육아의 즐거움을 알게 되었다. 현재는 두 아이 모두 행복한 영재로 커가고 있다. 일과 육아를 어렵게 병행하는 워킹맘들에게 자신의 경험과 노하우를 즐겁게 나누고 있다.

블로그   https://blog.naver.com/nke1
인스타그램   https://www.instagram.com/ojoyjmom

제2장

워킹맘의
육아
성장 스토리

1. 워킹맘, 어떻게 하면 아이를 잘 키울 수 있나요?

나의 직업은 간호사였다. 첫째 명준이를 낳고 복직을 고민하다가, 3교대 근무를 하면서는 명준이를 잘 키울 자신이 없었다. 그래서 저녁에 퇴근하고 아이를 돌볼 수 있는 일자리를 찾아 상담직으로 일하게 됐다. 워킹맘이라 명준이를 100일 때부터 어린이집에 보냈다. 나는 어린아이가 어린이집에 가는 것도 괜찮다고 생각했다. 어린이집에는 책과 장난감도 많고, 밥도 잘 주고, 적절한 교육도 시켜주니 좋지 않을까 하는 생각이었다. 육아에 자신 없는 나보다는 어린이집 선생님이 더 잘 키워주실 거라는 막연한 생각과 믿음이 있었다.

아이를 잘 키우고 싶은 욕심은 있었지만 제대로 된 방법을 몰랐다. 육아 관련 책과 영상, 인터뷰 등을 자주 봤지만 내가 꾸준히 따라 할 만한 것은 없었다. 책에서 알려주는 대로 하더라도 결과가 확실히 나와 있지 않았기 때문에 마음이 불안했다. 육아 고민을 나눌 소통공간도 제대로 찾지 못했기에 내가 할 수 있는 범위에서 육아를 했다. 방문 교사를 집으로 불러 아이를 교육했고, 주말에는 아이가 좋아하는 동물원이나 과학관 등 밖으로 놀러 다녔다.

명준이는 어릴 때부터 사회성이 좋은 아이였다. 어른들을 만나면 언제나 "안녕하세요!" 하고 큰 소리로 밝게 인사를 잘했다. 어른들이 명준이에게 "인사 잘하네.", "어쩜 이렇게 밝을까."라고 하는 말에 마치 내가 칭찬받는 것처럼 즐거웠다. '칭찬받는 아이'로 잘 자라고 있었기에 내가 특별히 육아 공부를 해야겠다는 생각은 하지 않았다. 어린이집 선생님과의 상담

전까지는.

📎 아이가 산만해요

명준이가 39개월(4살) 때 어린이집 선생님과 첫 상담이 있었다.

"명준이가 미술 수업시간에 집중을 못 하고 그냥 끄적거리다가 바로 자리를 떠요! 집중력이 없고 산만해요."

"네?"

처음 그 얘기를 들었을 때는 기분이 나빴다.

'아니, 4살 아이가 집중력이 있으면 얼마나 있다고 집중력을 왈가왈부하시지?'

아마도 아이를 잘 키우고 싶은 마음 때문에 누군가 내 아이를 안 좋게 평가하는 말에 기분이 상했던 것 같다.

그날 이후, '혹시 내가 모르는 다른 문제가 명준이에게 있는 건 아닐까?'라는 생각이 들었다. 나는 워킹맘이니까, 내가 24시간 아이를 돌보지 못하니까. 불안한 마음에 상담기관을 찾아 상담을 받아봐야겠다고 생각했다.

인터넷으로 검색을 해보니 상담기관 몇 곳을 찾을 수 있었다. 그중에서 '영재오(영재들의 오후 학교)'라는 곳이 뚜렷하게 좋아진 아이들의 후기가 많았다. 후기를 읽으며 감동을 받았다. '이곳이 정말 좋은 곳일까?' 하는 의문과 궁금증이 생겼다. 바로 연락했다.

"저, 상담을 받고 싶은데 거기가 어딘가요?"

"서울입니다."

"저는 워킹맘이라 서울로 올라가기 힘들어요. 혹시 광주에 내려오실 계획은 없으신가요?"

"상담은 서울에서밖에 안 돼요. 그런데 며칠 뒤, 광주에서 소장님 강의는 있을 예정이에요."

"상담은 못 가겠지만, 강의는 한번 들어 볼게요."

수학은 사회적 규칙입니다

그날 강연에는 20~30명 정도의 엄마들이 참석했다. 강의 주제는 '수학'이었다. 그날 임서영 소장님 강의에 나는 깊은 인상을 받았다. "수학은 사회적 규칙입니다. 규칙을 잘 지키는 아이가 수학을 잘합니다."라며 단순한 수학 학습법만을 설명하는 것이 아니었다. 또한 '아이의 양육방법', '개월 수에 따른 교육 방법' 등 그동안 내가 궁금했던 핵심 육아 정보를 속 시원히 알려줬다. 워킹맘인 내가 제대로 된 육아를 할 수 있을 것 같은 생각에 소장님에 대한 신뢰가 조금씩 생기기 시작했다.

강의 후 '무표정한 아이 얼굴 사진'을 보여주면 소장님이 아이의 현재 상태를 말해주는 시간이 있었다. 참석한 엄마들이 하나둘씩 아이의 사진을 보여주며 피드백을 받았다. 나 역시 명준이의 사진을 보여줬다. 소장님이 "애착이 불안정해요. 바로 상담이 필요한 아이예요. 엄마가 제대로 키우지 못한 아이예요."라며 "정서적으로 불안한 아이예요. 꼭 상담받으세요!"라고 말했다. '내 손으로 키우지 않은 아이라는 것을 어떻게 알았지?' 신기했다. 하지만 한편으론 '장사꾼 아닌가' 하는 생각도 들었다.

그런데 다른 엄마들에게는 "굳이 상담 안 받아도 돼요. 엄마가 잘 키우고 있네요."라며 모든 아이에 대해 똑같은 피드백을 하지 않았다. 그때, 이 사람은 '특별한 노하우가 있구나.'라고 느껴졌다. 소장님을 '꼭 한 번 만나 봐야겠다'는 확신이 드니 장거리가 더 이상 문제 되지 않았다. 그리고 그 날 바로 서울 상담 일정을 잡았다.

2. 미션을 통해 아이가 달라졌어요

친정엄마와 함께 명준이를 데리고 서울로 상담을 받으러 갔다. 상담 후 소장님이 말했다.

"이 아이는 놀 줄 모르는 아이예요. 집중력이 없는 것이 아니라, 엄마가 가르쳐 주지 않아서 제대로 노는 방법을 모르고 있어요. 장난감을 가지고 놀 줄 모르니까 놀다가 던져 버리는 거죠. 자동차를 가지고 놀면 엄마가 옆에서 '붕붕 타고 가는 거야.' 이렇게 알려줘야 해요."

그러고 보니 나는 단 한 번도 명준이에게 장난감을 가지고 어떻게 놀아야 하는지 방법을 알려준 적이 없었다. 나는 '어린이집'에서 당연히 알려주는 줄 알았다. 어린이집에서 다른 아이들과 함께 놀면서 배울 줄 알았다. '내가 어린이집을 너무 믿었구나!' 나 자신을 책망했다. 소장님이 계속해서 여러 가지 말을 이어갔다.

"이 아이는 원래 앉아서 책 보는 아이인데 지금 산만해 보일 뿐이에요. 이 아이 잘 키우면 앉아서 책 보는 아이가 될 거예요."

사실 내가 키우고 싶었던 아이의 모습이 '책 보는 아이'였다. 내 꿈과 다르게 커가는 아이의 모습을 보며 마음속으로 아쉬움이 있었다. 그런데 소장님이 내가 원했던 내 아이의 미래 모습을 확신 있게 이야기하며 희망을 전했다.

"그런데 왜 이렇게 키웠어요? 이거는 엄마 잘못이에요."

소장님의 그 말을 듣는 순간 눈물이 왈칵 쏟아질 것만 같았다. '왜 내가 그동안 열심히 돈을 벌었던 거지? 아이 좋은 거 먹이고, 좋은 교육시키고, 내 아이 잘 키우고 싶어서 돈을 벌었는데, 그래서 열심히 직장 생활했는데.' 회의감이 들기 시작했다.

내 나름대로 육아와 일, 두 마리의 토끼를 다 잡는다고 열심히 생활했던 것 같은데, 제일 중요한 '내 아이 교육을 제대로 시키지 않았구나.' 하고 생각하니 공든 탑이 무너진 듯했다. 그 날 상담을 통해 나는 새로운 결심을 했다. '그래! 소장님 곁에서 아이 키우는 방법을 열심히 배워보자! 지금이라도 문제점을 발견했으니 다시 시작해보자! 일과 육아, 이번에는 제대로 해내겠어!' 마음을 잡고 나니 다시 힘이 나기 시작했다.

첫 미션- 애착 형성 & 통글자 떼기 & 8바구니 & 칭찬

소장님과 상담하고 온 날, 남편과 명준이에 대해 이런저런 이야기를 나눴다. 나의 말을 듣던 남편이 궁금한 듯 내게 물었다.

"그래서 내가 뭘 도와줘야 하는데?"

"낮에 일하고 밤에 아이들 공부시키는데, 내가 시간이 너무 부족해. 밥하는 시간도 아까울 정도야. 자기가 3개월 동안만 저녁에 밥과 집안일을 대신 해줘. 지금은 엄마인 내가 필요한 시기라고 하니 딱 3개월만 도와주면 우리 명준이가 좋아질 거야."

남편이 흔쾌히 해주겠다고 말했다. 덕분에 나는 저녁 시간을 아이 돌보는 데 온전히 집중할 수 있었다. '3개월이면 내 아이가 변화된다.'는 소장님 말이 다시 한 번 떠올랐다. 저녁 시간은 무조건 내 아이를 위해 사용하자고 마음먹었다.

소장님이 준 미션을 수행하기 위해 명준이와 힘겨루기가 시작됐다.

"엄마와 아이 사이에 애착이 형성되지 않았어요. 애착을 쌓으면서 '통글자'를 3개월만 해보세요! 아이가 변할거예요."

명준이의 영재오 첫 번째 미션은 '통글자'다. 통글자가 아이를 변화시킨다는 이론에는 의문이 들었지만, 신뢰하기로 결정했으니 무조건 시작했다. 통글자는 단어가 들어있는 59장의 플래시카드를 말한다. 통글자 플래시카드를 다 읽게 되면 '통글자를 뗐다'라고 표현한다. 통글자를 떼면 글자를 읽을 수 있다. 엄마와 애착이 좋아야 글자라는 사회적 규칙도 엄마를 통해 배울 수 있으니 나는 애착놀이와 통글자를 함께 병행했다.

'통글자 플래시카드'를 명준이에게 1초에 1장씩 돌려줬다. 창문에 붙여놓고 놀이로도 활용했다. 예를 들면 "사과는 어디 있나?", "여기", "수박은 어디 있지?", "여기"라며 아이가 익힌 단어를 찾도록 했다. "우리, 사과 요리합시다."라고 말하며 냄비에 사과 카드를 넣어 요리하기도 했다. 아이가 통글자 플래시카드에 적힌 단어를 제대로 인지할 때까지 계속 반복하는 것이 중요했다.

한번은 통글자 플래시카드를 사방에 놓아두고 시장놀이를 했다. "사과 사오세요."라고 말하면 명준이가 '사과' 카드를 가져왔다. '사과'라는 단어를 인지한 것이다. "와! 너무 잘했어." 나는 칭찬과 동시에 명준이를 꼭 안아줬다.

이번에는 "수박 사오세요."라고 말했다. 그런데 이번에는 '수박'이 아니라 '바나나'를 사가지고 왔다. 인지가 안 된 것이다. 그러면 "아니~, 수박 사오는 거야. 나랑 같이 다시 사러 갔다 오자."라며 함께 손잡고 갔다 수박 플래시카드를 가져오기도 했다. 가끔은 '뛰어갔다 오자'라며 뛰어갔다 오기도 했다. 통글자 플래시카드에 적힌 단어들을 아는 만큼 아이의 자신감도 점점 커져갔다.

> **육아팁**
>
> 통글자 플래시카드 놀이를 하면 아이가 단어를 인지했는지 않았는지 확인할 수 있다. 또한 자연스럽게 아이와 스킨십이 이뤄져서 애착 형성에 도움이 된다. 주의할 점은 함께 놀아주는 엄마가 아이의 잘하고 못 하고를 판단하는 감독자가 아니라, '나를 도와주는 거야'라는 느낌을 아이가 받도록 놀이로 접근하는 것이 중요하다.

하루에 '통글자 플래시카드'와 영재오 8바구니(선긋기. 한글, 수학, 미로찾기, 칠교, 블록, 그림 그리기, 인성(동화책))를 함께 진행해야 했다. 유아기 때 뇌는 8개 영역으로 나뉘어 있는데, 이 8개 영역을 골고루 균형 있게 발달시켜주는 프로그램이 바로 8바구니다. 즉 아이의 종합사고력을 키워서 행동수정(인간의 행동을 분석하고 수정하는 것)이 가능하도록 도와준다. 방법은 8개의 바구니를 준비하고 각각의 바구니에 영역별 활동지를 하나씩 놓아둔다. 아이가 활동지를 가져가서 바구니를 비우면 보상도 확실하게 하는 것이 중요하다. 하루 동안에 8바구니를 모두 비우면 미션이 완료된다.

그런데 짧은 저녁 시간에 모두 하려니 너무 벅찼다. 가끔은 '전업주부는 정말 좋겠다. 종일 이런 미션들을 다하고도 시간이 남잖아. 아직 반도 못했는데, 너무 힘들어.'라는 비교가 많이 됐다. '전업주부니까 가능하지. 워킹맘이 가능하겠어?'라는 생각이 들기도 했다.

그러다가도 '통글자와 8바구니를 해야 내 아이가 좋아진다는데, 소장님 강연을 직접 듣고 상담받은 사람은 나니까 내가 해야 해. 남편이 대신해 줄 수도 없어. 내가 어떻게 하느냐에 따라 우리 아이가 달라져.'라며 흐트러진 마음을 몇 번이나 다잡곤 했다. 일 때문에 너무 힘든 날은 '정말 오늘 하루는 쉬고 싶다.'고 누웠다가도 다시 벌떡 일어나 '아니야. 오늘 견디면 내일 웃게 될 거야.' 이런 마음으로 3개월을 보냈다. 그리고 정말 3개월 뒤 아이가 통글자를 떼게 되면서 조금씩 변화를 보이기 시작했다. 그리고 모든 영역이 처음보다 훨씬 수월해졌고, 아이 역시 이 모든 것을 즐기기 시작했다.

명준이는 48개월 때 첫 '카우프만 지능검사'를 받았다. 카우프만 지능검사는 영재 아동 판별검사로 좌뇌 IQ, 우뇌 IQ, 인지 과정 처리 IQ, 습득도 IQ를 측정하는 검사다. 영재오의 8바구니를 엄마와 함께하면 자동으로 120 이상의 지능 아이가 될 수 있다는 이야기를 들은 적이 있었다. 검사 결과 명준이는 126점을 받았다. 영재성이 나타나긴 했지만 고른 발달이 아니라 탁월하게 영재성이 뛰어나지는 못했다.

명준이의 보물 상자

한번은 소장님이 '명준이가 동생 때문에 정서가 흔들리는 부분이 있다'며 내게 명준이 만을 위한 '보물 상자'를 하나 만들 것을 권했다. 그 상자 안에 초콜릿, 마이쭈, 사탕을 넣어두고 주방에 두라고 했다. 그러고는 정 많은 할머니가 주는 것처럼 동생 몰래 명준이만 불러서 하나씩 주라고 했다.

"몰래 먹어! 너만 먹어.", "엄마는 너만 사랑해.", "말 못하는 동생 싫어해. 말 잘하는 명준이가 좋아.", "말 안 듣는 동생 싫어해. 말 잘 듣는 명준이가 좋아!"라는 말과 함께 엄마가 너를 좋아하고 있다는 것을 먹을 것을 통해 느끼게 하라고 했다. 아이들은 백 번 말로 해서는 잘 모른다고 했다.

나는 소장님이 알려주는 방법대로 했다. "엄마는 한글 놀이 엄마랑 즐겁게 하는 명준이 너무 좋아!", "엄마는 어른들에게 인사 잘하는 명준이가 너무 좋아", "엄마 말 잘 듣는 명준이 너무 좋아", "밥 잘 먹는 명준이 너무 좋아"라고 말하면서 주방으로 몰래 데리고 간 뒤, 숨겨둔 보물 상자를 열고는 그 안에 초콜릿을 하나씩 줬다. 점점 엄마와 함께 있을 때 좋아하는 아이의 특별한 모습이 보이기 시작했다. 기뻤다.

3. 육아의 재미를 느끼기 시작하다

남편은 눈에 띄는 변화가 없으면 아이가 달라졌다고 생각하지 않는 사람이다. 어느 날 명준이와 수영장을 다녀온 남편이 기분 좋게 자랑했다. 명준이가 입구에 적힌 '수영장'이라는 단어를 읽었다는 것이다.

"수영장을 읽었어! 우와, 영재오를 다니더니 신기하네!"

통글자를 땜으로써 글자 읽기에 흥미를 느끼기 시작한 것이다. 명준이가 대견했다. 그 뒤로 남편은 나의 든든한 지원군이 되었다.

하루는 가족 모두 할머니 댁을 방문했다가 밤늦게 귀가한 적이 있었다. 모든 식구가 녹초가 됐다. 나는 명준이가 잠든 줄 알고 조심스레 침대에

눕혔는데, 자던 아이가 갑자기 거실로 나왔다.

"엄마! 오늘 '미로 찾기' 안 했어요. '미로 찾기' 하고 잘래요."

그러고는 바구니에 있던 '미로 찾기'를 꺼내서 스스로 하기 시작했다.

"아니야. 내일 해도 돼."

"아니에요. 저 미로 찾기 하고 자야 돼요!"

그동안 몸에 밴 습관들이 자연스럽게 나온 것이다. 드디어 아이가 소장님이 말하던 '능동적인 아이가 됐구나!'라고 느껴져 뛸 듯이 기뻤다. 힘들었던 처음의 3개월이 지나고 나니 내 아이가 변하는 것들이 하나둘씩 보이기 시작했다.

육아팁

습관을 만드는 처음의 3개월은 아주 중요하다. 똑같은 행동을 26일 반복하면 습관이 만들어진다. 그것을 3회 반복하면 진짜 그 아이의 습관이 만들어진다. 아이의 평생 습관이 만들어지는 기본이 된다.

끌려다니는 엄마 vs 이끄는 엄마

8바구니를 시작할 때 처음에는 명준이가 "싫어.", "나 안 해."라는 말을 많이 했다. "나 안 해. 왜 해야 되는데?", "하면 뭐 줄건데?", "이거 하면 마이쭈 2개 줘." 하면서 조건을 많이 달았다. 나도 처음에는 아이에게 자주 끌려다녔다. "알았어. 이거 하면 마이쭈 2개 줄게." 그렇게 해서라도 아이의 습관을 만드는 게 중요하다고 생각했기 때문이다.

어느 날, 소장님 강의를 듣고 나서 깨달았다. '어라? 내가 끌려다니는 엄마였네!' 그것을 안 뒤로는 나부터 바뀌기 시작했다.

"엄마, 이거 하면 마이쭈 2개 줘."

"아니, 너 그거 5장 하면 마이쭈 3개 줄 건데?"

아이에게 끌려다니는 엄마였던 내가 이제는 아이를 이끄는 엄마로 점점 바뀌게 되었다. 아이가 자랄수록 엄마도 계속 배워야 한다는 것을 깨달았다.

아이가 통글자를 뗀 뒤, 미션은 더 늘어났다. 8바구니 외에 많은 '플래시카드'를 함께해야 했다. 플래시카드는 영재 교육의 첫 번째 학습으로 플래시카드를 빼면 영재 교육이라 할 수 없을 만큼 중요하다. 어릴 때부터 플래시카드를 하면 어휘력이 늘 뿐 아니라, 기억력에도 탁월한 효과가 있다. 매일 기본 2,000장의 플래시카드를 아이가 볼 수 있도록 내가 손에 들고 말하면서 카드를 돌려줬다. 플래시카드를 중독성 있게 많이 시켰다.

> **육아팁**
>
> 24개월이 될 때까지 아이에게 플래시카드를 계속 돌려주는 것이 중요하다. 돌려줬던 그 단어들이 아이들의 잠재의식 속에 남기 때문이다.
> 25개월부터 36개월까지는 아이가 플래시카드를 보고 따라 말할 수 있도록 엄마가 함께 말해주는 것이 좋다. 아이가 말할 때, 의성어와 의태어를 넣어 칭찬하면 아이들은 신이 나서 더 즐겁게 플래시카드에 집중하게 된다. 37개월부터 48개월까지는 아이가 플래시카드 단어를 아는지 모르는지 확인 학습을 하는 것이 중요하다. 플래시카드는 12살까지 돌려주어야 한다.

육아에 지치지 않도록 내게 힘을 줬던 것은 '영재오 엄마 단체카톡방'이었다. 소장님 강의를 들은 엄마들이 그 단톡방에 초대될 수 있었다. 단톡방에서는 엄마들이 그날 했던 미션들을 공유했다.

어떤 워킹맘은 가족 여행을 갈 때도 '플래시카드'를 가방에 담아간다면서 '여행 가서도 포기 못 하는 플래시카드'라며 사진을 단톡방에 올리기도 했다. 단톡방에는 전업주부 외에 3교대 근무를 하는 간호사 엄마, 의사 엄마, 변호사 엄마 등 직업이 다양한 워킹맘들이 있었다. 심지어 야간 근무를 하는 엄마들도 있었다. 그 엄마들 역시 미션수행을 위해 노력하고 있었다. 세상에서 나만 제일 힘든 워킹맘인 줄 알았는데, '아, 나만 힘든 게 아니었어.'라는 생각에 위로되고, 마음이 한결 편안해졌다.

단톡방에는 하루에도 수많은 메시지가 올라왔다. "아직 말 트지 않은 아이인데, 오늘 플래시카드를 하면서 이 말을 했어요.", "오늘부터 문장이 있는 글을 읽기 시작했어요.", "플래시카드 대단해요!", "오늘 아이랑 이 놀이를 했어요. 너무 재미있어요. 이 방법으로 한번 해 보세요. 효과가 있네요."

나는 광주에서 혼자 아이를 키우고 있지만, 이 단톡방과 함께하니 엄마들과 늘 함께 있고, 아이를 다 같이 키우는 느낌이 들었다. 힘들고 지칠 때 단톡방을 보면서 많은 힘을 얻었다.

행복한 영재 키우기 노하우 3가지

아이를 키우면서 아이가 어릴 때 어떻게 교육하느냐에 따라 아이의 영재성이 개발되기도 하고 그렇지 않기도 하다는 것을 알게 됐다. 그중 중요한 3가지를 정리하면 다음과 같다.

첫째, 아이를 변화시키려 하지 말고 엄마가 먼저 변해야 한다. 아이들은 엄마의 모습을 보고 자라기 때문에 엄마가 먼저 변하면 아이들도 자연스럽게 변하게 된다.

그동안 나는 훈육을 제대로 못 한 엄마였다. 아이가 잘못하면 알려주지 않고 무작정 화부터 낸 적이 많았다. 명준이 39개월(4살) 첫 상담 때 소장님이 명준이를 보고 한 말이 아직도 기억에 남는다.

"보육원에서 자라다 온 아이 같아요. 엄마와 동떨어진 아이네요. 엄마가 부드러운 얼굴이지만 사실은 엄마가 양육을 어떻게 해야 하는지 잘 몰라서 아이에게 애착을 잘 못 주는 스타일이에요. 엄마가 좀 배워야겠어요!"

소장님의 솔직한 표현에 나의 양육 방법에 대해 다시 한 번 생각하게 됐다. 그날 상담에서 소장님이 '결심했어'를 알려주셨다. 아이에게 "엄마, 결심했어! 엄마, 이렇게 하기로 결심했어!"라며 엄마가 먼저 결심하는 모습을 보여주라고 했다.

"나는 착한 엄마 되기로 했어."를 제일 먼저 시작했다. 이때, 9번 알려주고 나서 1번 훈육, 9번 칭찬 1번 훈육, 즉 9:1 비율이 중요하다. "엄마 착한 엄마 되기로 결심했어. 명준이가 모르는 거는 뭐든 다 알려줄 거야. 나 착한 엄마 될 거야. 내가 9번 알려줄 거야."라고 명준이에게 말했다.

처음엔 어색해하던 아이도 계속해서 내 말을 듣고 내 눈빛을 읽기 시작하면서 "나도 착한 아이 되기로 결심했어요."라며 노력하기 시작했다.

예전에는 아이가 잘못하면 "너 왜 그랬어?"라며 늘 혼부터 냈었는데, 그럴 때마다 화내는 내 눈빛에 아이가 '겁을 먹었었구나.'를 알게 되니 마음 한켠이 짠했다.

둘째, 아이가 성공 경험을 많이 갖도록 한다. 성공 경험이 많아지면 도전을 즐기고 능동적인 아이로 자라게 된다.

명준이의 첫 번째 성공 경험은 "우리 개다리춤 추자!"였다. 내가 먼저 명준이에게 "개다리춤 30개를 성공하면 아이스크림 사줄게."라고 제안했다. 아이와 함께 마주 보고 개다리춤을 추고 30개를 성공했다. "와, 성공! 최고 최고! 이제 우리 슈퍼마켓에 아이스크림 사 먹으러 가는 거야." 성공에 대한 칭찬과 보상이 따르니, 아이가 너무 좋아하고 다음에도 즐겁게 도전했다.

엄마가 칭찬을 해줄 때는 아이가 좋아할 수 있도록 '우와', '대단하다!', '대박이다.' 등 눈높이에 맞춰 의성어와 의태어를 넣어 칭찬과 리액션을 함께 해주는 것이 좋다. 엄마의 큰 칭찬이 아이 스스로 뿌듯함을 느끼게 한다.

육아팁

개다리춤은 팔다리의 대근육을 강화시키는 데 도움을 준다. 팔과 다리를 따로 움직이며 손뼉치기를 계속하다 보면 좌·우뇌가 골고루 발달한다.

한번은 명준이와 운동장을 뛴 적이 있었다. 아이가 힘들어했지만 한 바퀴를 무사히 완주했다.

"오늘 운동장 한 바퀴 뛰었는데, 내일은 몇 바퀴 도전할 거야?"

"두 바퀴 도전할 거야."

"정말 도전할 수 있습니까?"

"네! 할 수 있습니다."

"두 바퀴 도전하면 내일은 명준이가 제일 좋아하는 과자를 사줄 거야. 두 봉지 사줄 거야."

다음날, 아이가 먼저 운동장에 뛰러 가자고 말했다.

"명준아 준비! 운동장 두 바퀴 뛰는데 몇 분 만에 뛸 수 있어?"

"저요? 3분 만에 뛸 수 있어요."

"도전 못 할 것 같은데?"

"아니야! 할 수 있어요."

"그러면 빨리 뛰고, 슈퍼마켓에 가서 과자 두 봉지를 사서 아빠와 함께 나눠 먹는 거야. 알았지? 아니야, 이번에는 너만 먹어."

혼자 먹으라는 말에 아이는 더욱 좋아했다. 마지막 한 바퀴가 남았는데, 힘들어 보였다.

"포기할 거야?"

"아니에요. 포기 안 할 거예요."

"30초 남았어. 빨리 뛰어."

운동장을 두 바퀴 뛰고 난 다음, 아이가 갖는 그 희열은 아이에게 큰 성취감을 안겨주고 자신감을 갖게 했다. 도전하면서 자신과 싸움을 하게 되고, 인내심을 자연스럽게 배우게 되면서 아이의 인성으로 자리 잡게 되었다. 도전과 성공의 경험을 하나하나 쌓으며 능동적인 아이로 점점 더 변하게 되었다.

셋째, 규칙을 잘 지키는 아이가 되기이다. 아이들과 식당을 가기 전에 늘 차 안에서 먼저 하는 행동이 있다. "우리 규칙 5가지만 말해보자! 식당에서 지켜야 할 규칙이 뭐지?"라며 아이들과 함께 규칙 정하기를 했다.

"뛰지 않아요, 그리고 큰 소리로 말하지 않아요! 또…."

"규칙을 잘 지키면 엄마가 끝나고 슈퍼마켓에 데리고 갈게. 그런데 못 지키면 어떻게 하지?"

"못 지키면 앉았다 일어나기 100번 할거에요."

아이들이 직접 말했던 규칙이기 때문에 아이 스스로 더 지키려고 노력을 했다.

"어? 큰 소리가 나려는 것 같은데?"

이렇게 말하면 아이들이 입을 다물려고 하는 모습을 보였다. 그런 모습마저 너무 귀여웠다.

규칙을 잘 지키는 아이가 되기 위해서는 먼저 집에서부터 지켜야 하는 규칙을 아이와 함께 하나씩 만들어 보는 것이 중요하다. 예를 들어 첫 번째 규칙 "어른을 보면 인사를 해요."를 적는다. 아침에 일어나면 아이와 함께 그것을 읽는다. 두 번째 규칙 "집에서 뛰지 않아요." 이렇게 아이와 규칙을 만들고, 매일 아침 읽으면서 하루에 하나씩 규칙을 늘려나간다.

이런 규칙들은 아이의 머릿속에 오랫동안 남아있게 된다. 그래서 식당에 가든, 엄마 모임에 가든 기다리는 아이가 되고, 그 규칙대로 행동하게 되고, 스스로 규칙을 만들기도 한다. 나는 8바구니를 아이들과 외출할 때 늘 가지고 다녔다. 어떤 모임에 갔을 때 가만히 앉아서 8바구니를 하는 명준이를 보며 사람들이 신기해했다. '다른 아이들은 핸드폰 보고 뛰고 그러는데, 저 아이는 어떻게 저렇게 가만히 있지?'라며 말이다.

사실 8바구니는 아이에게 있어서 일상이었다. 심지어 여행을 가서도 호텔 안에서 했기 때문에 아이들 입장에서는 공부가 아니라 놀이요, 그냥 일상이었던 것이다. 또한 엄마와 약속한 규칙을 잘 지키면 8바구니 놀이도 언제든 할 수 있게 했다. 그리고 보상도 받을 수 있었기에 아이는 규칙도 잘 지키면서 점점 신나기 시작했다.

그 외에 나는 적기교육이 아주 중요하다고 생각한다. 그 시기를 놓치게 되면 아이의 발달은 점점 늦춰질 수밖에 없다. 언젠가는 받아야 하는 교육이기 때문이다. 숟가락질, 젓가락질을 집에서 제대로 배우지 못해 (초등)학교에서 밥을 제대로 못 먹는 아이들을 본 적이 있는데 너무 안타까웠다.

명준이 역시 영재오를 어린 나이에 만났기에 미션 수행을 시킬 때, 먹는 것으로 '이거 하면 마이쭈 3개 줄게'가 가능했다. 만약 초등학생이었다면 그 보상을 받고도 내 말에 귀 기울지 않았을 것이다. 적기교육은 그래서 중요하다.

4. 엄마는 교육매니저

명준이가 6살 때, 영재오 교육매니저로 인턴 활동을 시작하게 됐다. 당시 나의 역할은 '카카오스토리'에 명준이 육아일기를 올리며 영재오 영재교육을 홍보하는 것이었다. 인턴 교육매니저의 장점은 투잡이 가능하다는 것이다. 그리고 인턴 활동을 잘하면 '정식 교육매니저'로 활동할 기회가 주어졌다. 나는 소장님 곁에서 내 아이를 잘 키우고 싶었기에 정식 교육매니저도 하고 싶은 생각이 있었다.

1년의 인턴 생활을 하면서 나는 교육매니저 일에 매력을 느끼게 되었다. 명준이가 7살 때, 나는 정식 교육매니저로서의 활동을 결정해야 할 시기를 맞았다. 만약 정식 교육매니저가 된다면 지금 다니는 직장을 그만둬야 했다.

　부모님과 다른 가족들은 모두 "남들이 탐내는 너무 좋은 직장인데 왜 그걸 그만두냐?"라며 나를 만류했다. 남편만 내가 결정하는 대로 따르겠다고 했다. 고민을 계속하다가 나는 '교육매니저'로 활동하기로 마음먹었다. 지금도 그 결정을 후회하지 않는다. 무엇보다 내 아이가 변했기 때문에 소장님에 대한 확신이 있었다. '교육매니저로서도 성공하고 내 아이도 잘 키울 거야! 두 가지 모두 성공할 거야.'라는 생각도 들었다. 소장님의 한마디도 큰 도움이 됐다.

　아이 상담으로 소장님을 찾아갔을 때 "저는 명준이가 8살이 되면 직장을 그만둘 생각이에요." 그랬더니, 소장님이 "아니, 지금 명준이 잘 키우면 8살 때 그냥 둬도 잘 클 거예요. 지금 잘 키워 봐요. 그때는 엄마가 직장 다녀도 명준이는 스스로 커 나가는 아이가 될 거예요."라고 이야기해줬다. 그 말에 좀 더 확신이 들었다. 다니던 직장을 그만두고 정식 교육매니저로 활동하기 시작했다.

　나는 소장님에게 배웠던 영재 교육 노하우를 주변의 엄마들에게 전하기 시작했다. 내 이야기가 도움이 되었는지 "너무 신기해요. 더 알려주세요. 감사해요."라며 피드백을 줬다. 교육매니저로서 일이 더욱 보람 있게 느껴졌다. '영재오 교육매니저로 활동하는 것이 내 인생에서 가장 보람된 일이 되겠구나!'라는 생각이 들었다. 현재 나는 20명 이상의 엄마들과 소통하며 아이들을 영재로 키우는 방법과 노하우를 엄마들에게 코칭하고 있다.

초등학교 첫 상담 날

명준이가 초등학교에 입학한 후, 1학기 때 선생님과 첫 상담이 있었다. 그동안 명준이를 아주 공들여서 키웠기 때문에 나는 초등학교 선생님과의 첫 상담이 기대됐다. 아니나 다를까 담임선생님이 명준이에 대해 칭찬을 많이 했다. "아주 능동적이고 밝고 긍정적인 아이"라고 말했다. 또한 정답이 정해져 있지 않고 자신의 생각을 말해야 하는 질문을 하면 손을 드는 아이가 2~3명 정도 있는데, 그중에 명준이는 늘 손을 들어 발표하는 아이라고 했다. 대답 역시 창의적으로 말을 잘하는 아이라고 칭찬했다.

지난 일들이 주마등처럼 스쳐 지나갔다. 명준이가 영재오를 시작한 초기에, 하루는 이런 말을 한 적이 있었다.

"엄마, 다른 아이들은 영재오 안 해도 행복해요. 왜 영재오를 해야 해요?"

세상이 무너지는 듯했다. 어린아이가 어떻게 그런 말을 하지? 그 당시 명준이 스스로 많이 힘들었던 것 같다. 하지만 소장님 강의와 상담, 다양한 활동들을 꾸준히 하면서 그 힘든 시간을 즐겁게 이겨냈고, 이제는 명준이 스스로 자신감에 찬 멋진 아이로 바뀌어있었다. 나 역시 워킹맘으로 힘들어했던 그 시간들에 대해 보상을 받는 듯하여 뛸 듯이 기뻤다.

함께 키워나가요

8살 때 카우프만 검사에서 명준이는 148점을 받았다. 올해 명준이는 10살이 되었고, 중국에서 국제학교에 다니고 있다. 단체 기숙사 생활이기 때문에 엄마가 도와줄 수 없는 환경에서도 모든 일을 스스로 잘 해내고 있다. 너무 즐겁고 행복하게 학교생활을 하는 모습이 기특하다. 중국 학교 선생님이 '기억력이 좋다'며 칭찬도 많이 해주신다.

교육매니저로서 엄마들과 상담을 하다 보면, 문득 옛날 생각이 많이 떠오른다. 사실 엄마들은 지금의 명준이가 잘 자란 모습만 보기 때문에, 자녀 이야기를 하다가 "선생님은 잘 이해 못 하실 거예요."라는 말을 많이 하신다.

"아니요! 처음부터 명준이 쉽게 키운 건 아니에요. 저도 어렵게 키운 엄마예요. 하지만 어릴 때 잘 키우니 초등학생이 되고 나서는 육아가 편해졌어요."

나의 이야기를 풀어내면 엄마들이 "명준이는 처음부터 똑똑한 아이였다고 생각을 했는데, 우리 아이와 다르지 않네요. 힘들게 키워왔네요. 저는 전업주부인데도 그런 마음이 드는데, 워킹맘이었다면…. 지금 상상만 해도 너무 힘든 거 같아요!"라고 나의 이야기에 공감해주신다. 나의 육아 성장 스토리가 육아를 힘들어하는 엄마들에게 도움이 되길 희망한다.

교육매니저로서 나는 우선 본보기가 되어줄 내 아이들을 더 잘 키우고 싶다. 다음으로 나와 만나는 수많은 아이가 잘 커 나갈 수 있도록 돕고 싶다. 마지막으로 육아 맘들을 도와 그들의 아이들을 잘 키우고 싶다. 영재오를 만난 모든 아이들이 이 사회가 필요로 하는 멋진 일꾼들로 커 나가길 간절히 소망한다.

명준 맘의 영재 교육 핵심노트

1. 아이는 엄마의 모습을 보고 자란다.
2. 성공 경험이 많아지면 능동적인 아이로 자란다.
3. 스스로 규칙을 만들고 지키게 하라.

백정미 교육매니저/ 영재오 교육기획팀장

교육매니저 첫 번째 멤버이자 팀장으로 활동하고 있는 백 매니저는 8년 전, 아이를 잘 키우고 싶은 마음에 육아전문가 임서영 소장을 처음 만났다. 8년 전, 자신이 아이를 키울 때 했었던 고민을 지금의 초보 엄마들도 똑같이 하고 있다는 것을 알고, 엄마들의 '육아멘토'가 되어 자신의 경험과 육아 노하우를 아낌없이 엄마들에게 전해주고 있다. 블로그 〈나는 민효맘이다〉에 민효의 육아일기를 꾸준히 올리고 있다.

블로그 https://blog.naver.com/sesang78
인스타그램 https://www.instagram.com/i_am_minhyo_mom

제3장

인생의 결정적 시기, 영유아기

1. 아이를 잘 키우고 싶어요

결혼 후, 민효가 생기면서 바로 육아가 시작됐다. 육아를 시작하며 모든 것이 새로웠다. 민효를 잘 키우고 싶은 마음은 컸지만 육아의 방법은 제대로 몰랐다. '울 때는 어떻게 달래줘야 하지?', '밥을 안 먹을 때는 어떻게 해야 하지?', '아이가 떼를 쓸 때는 어떻게 훈육을 해야 하지?' 등 아이를 키우는 구체적인 방법이 궁금했다. 옆집 언니나 동네 친구들보다는 육아 전문가의 이야기를 듣고 싶어서 인터넷 검색을 했으나 마땅한 곳이 없었다.

육아 서적을 읽어도 현실과 맞지 않는 이야기에 머릿속만 더 복잡했다. 그중 하나가 '수면 교육'이었다. 아이가 잘 자다가도 밤에 깨서 울면 안아주고 아이가 다시 안정감을 느끼도록 토닥토닥 해주면서 재우는 것으로 나는 알고 있었는데, 육아 서적에서는 '일찍 독립해서 재우라'고 했다. 아이가 우는데 계속 안아주면 습관이 돼서 계속 안아줘야만 잠을 잔다는 것이다. 그것을 어설프게 흉내 냈더니, 예민했던 민효는 더욱 심하게 울었다. 내 상황과 맞지 않는 이론이었다. 오늘은 이 사람 이야기가 맞는 것 같고, 이 상황에는 책에서 본 내용이 맞는 것 같고, 육아에 대한 명확한 이론이 없었던 나는 중심을 잡지 못하고 주어진 상황에 따라서 왔다 갔다 했다. '너무 준비가 안 된 상태에서 엄마가 됐구나!' 생각이 들었다. '정말 누군가가 개월 수별로 해야 할 미션을 알려준다면 100가지라도 다 할 수 있는데.'라는 마음이 간절했다.

그때 지인을 통해 육아 전문가를 소개받게 되었다. 모 재벌 그룹 며느

리들에게 임신 초기부터 아이가 태어난 후 육아까지 어떻게 키워야 하는지를 주기적으로 컨설팅하는 분이라고 했다. 너무 만나보고 싶었다. 마침 그분을 만날 수 있다는 모임이 '키즈카페'에 있다고 해서, 아는 후배 엄마와 함께 갔다. 당시 후배 엄마 아이는 15개월, 민효는 18개월이었다. 민효는 예민하고 징징대며 많이 우는 아이였는데, 3개월이나 늦은 그 아이는 아주 차분하고 안정적이었다. 민효가 너무 많이 울었기 때문에 울지 않는 그 아이의 모습이 신기해 보였다.

육아 전문가의 이야기를 듣는다는 아주 큰 기대를 하고 갔지만 민효가 너무 많이 울어서 제대로 된 이야기는 하나도 못 들었다. 키즈카페에서 다른 아이들은 잘 노는데 민효는 내 발을 붙잡고 울면서 떨어지지 않았다. 이런 상황에서 그 육아 전문가가 민효를 보자마자 "애, 미숙아예요?"라고 물었다. 순간 기분이 상했다.

"아닌데요, 엄청 계획해서 일부러 3Kg 안 넘기고 38주에 힘 3번 주고 낳았는데요!"

"미숙아 맞네. 38주면 2주 빨리 나왔으니까 미숙아 맞네."

지금의 임서영 소장님이시다. 그렇게 소장님과 첫인사를 나누고, 잠깐 이야기를 나누게 됐다. 이야기가 끝나고 일어서려는데, 소장님이 '플래시카드'를 꺼내서 돌리며 두 아이에게 보여주셨다. 울기만 했던 민효가 울음을 멈추고 플래시카드를 보기 시작했다. 플래시카드가 뭔지는 제대로 몰랐지만, 내 아이를 안 울게 만드니까 꼭 구매하고 싶었다. 후배 아이는 뭔가를 안 다는 듯이 '베이비 사인'을 보내고 있었다.

그리고 헤어지면서 소장님이 후배 엄마에게는 '육아를 좀 아는 엄마'라고 했지만, 나에게는 "이 아이는 이대로 가면 괴팍해집니다."라고 말씀하셨다. 엄청 기분이 나빴다. '뭐야? 제대로 알지도 못하면서?' 그러면서 집으로 돌아왔다. 그리고 4개월 뒤, 소장님의 예언처럼 민효가 점점 괴팍해지기 시작했다. 더 많이 울고 더 많이 떼를 쓰기 시작했다. 민효의 행동이 심해지면 심해질수록 소장님 말이 계속 떠올랐다.

문제는 나였어

생후 100일 정도에 민효가 고열이 나서 응급실에서 검사를 받고 병원에 입원한 적이 있었다. 뇌수막염 검사를 받는 아이의 모습을 보는데 도저히 눈 뜨고 볼 수 없었고, 엄마인 나는 죄인이 된 심정이었다. 아이에게 큰 병이 생긴 것은 아닌지 우리 부부, 시부모님까지 모두 예민해져 있었다. 1주일 그 지옥 같은 시간을 보내고, 다행히 '요로감염'으로 퇴원을 했다. 그 이후로 나의 최대 관심사는 민효의 건강이었다. 아이가 아프면 안 되니까 결벽증 엄마처럼 집을 깨끗이 닦고 청소했다. 잘 먹어야 안 아프니까 '이유식'에 관심이 쏠렸고, 먹는 것에만 집착하게 됐다. 그때 아이의 교육은 관심도 없었다. 영유아기에 해야 하는 중요한 교육들을 놓쳤음을 뒤늦게 알게 되었다.

나는 온 정성을 기울여 이유식을 만들고 아이에게 먹였다. 아이가 먹지 않으니까 영상을 틀어주고, 영상을 볼 때 숟가락을 입에 '쑤욱' 넣곤 했다. 아이가 스스로 밥을 먹을 기회도 주지 않고, 내가 다 떠먹여 줬다. 그리고 민효는 먹는 것 또한 예민했기에, 나는 매일매일 새로운 이유식을 만들어야만 했다.

> **육아팁**
>
> 유아기에 이유식을 먹기 시작하면, 아이가 혼자 먹도록 하면 좋다. 숟가락을 놓치고 제대로 못 먹더라도 그것 또한 아이에게는 배움의 기회이다. 인내심을 가지고 지켜보자. 특히 밥을 안 먹는다고 해서 영상을 보여주면 안 된다. 영상 보는 습관을 만들 수 있다.

민효 22개월 어느 날, 늘 그랬듯이 밤새도록 인터넷에서 검색했던 이유식을 만들기 위해 아침에 눈을 뜨자마자 유모차를 끌고 마트에 음식 재료를 사러 갔다. 영계 닭, 구기자, 대추 등을 사서 정성껏 육수를 냈다. 맛있게 이유식을 만들어서 민효에게 한 모금을 먹이려고 숟가락을 가져갔다. 그런데 민효가 입을 굳게 닫고 고개를 옆으로 탁 돌렸다. 순간, 어제저녁 다퉜던 남편의 얼굴과 오버랩이 되면서 세상이 나를 거절하는 절망적인 기분이 들었다.

정성 들여 이유식을 만들고 아이에게 먹이는 것에만 온 관심이 집중되어 있던 나는, 남편도 '아이 돌보느라 고생한다'는 말 한마디 없고, 아이까지 먹지 않고 고개를 돌리니, 순간적으로 이성을 잃었다. 들고 있던 밥숟가락을 베란다에 있는 힘껏 던지고, 큰 소리로 아이에게 "먹어!"라고 소리쳤다. 그 소리에 깜짝 놀란 민효는 더욱 악을 쓰고 울기 시작했다.

그때 번뜩 소장님이 말씀하셨던 '괴팍해집니다'의 뜻이 깨달아졌다. '이렇게 괴팍해진 엄마와 24시간을 함께 있으니, 아이가 괴팍해지는 거였구나. 그 사람 말이 맞았네!' 문제점이 '나'라는 것을 알고 나서 소장님을 만나야겠다는 생각이 다시 간절했다.

✎ 다시 만난 육아 전문가

 당시 소장님은 모 유아 잡지의 '육아 상담코너' 고문(顧問)을 맡고 계셨다. 6명의 엄마를 육아 상담 해야 하는데, 인터뷰 대상자가 필요하다는 소식을 듣게 되었다. 나는 소장님을 너무 만나고 싶어서 '우리 집에서 6명의 엄마를 모으겠다'고 말씀드렸다. 인터뷰 일정이 잡혔고, 당일 취재 기자들과 엄마들이 모두 우리 집에 모였다.

 그런데 그날도 민효가 너무 많이 울어서, 나는 소장님의 이야기를 듣지 못하고 민효를 데리고 놀이터에 나왔다. 민효가 진정이 돼서 집에 올라가려고 했는데 소장님이 나오시더니 주차장으로 가셨다. "지금 가시는 거예요? 저는 이야기 하나도 못 들었는데." 그랬더니 소장님이 나의 어깨를 치시면서 "이 엄마는 참는 엄마, 민효는 뱃속에서부터 참는 걸 배워 나온 아이야."라고 하셨다. 그 말을 듣는 순간, '참는 엄마라는 걸 어떻게 아셨을까?'라는 생각이 들면서도 '나는 어른이니까 참을 수 있어. 그런데 이제 막 세상에 나온 민효가 왜 벌써부터 참아야해?'라는 생각에 며칠 동안 계속 눈물만 났다.

2. 실전 육아, 우리 아이가 변했어요

 민효 24개월 때, 소장님이 이번에는 정식으로 민효를 상담해 주시기 위해 집으로 찾아오셨다. 집에서 함께 식사했다. 민효가 밥 먹을 때, 영상을 몇 번 보여줬는데, 하필이면 그날따라 아이가 TV 앞에 앉아가지고 '에디 에디' 하면서 울고 있었다. 당황스러웠다.

"커다란 TV를 앞에 놔두고 왜 아이를 유혹하세요?"라며 소장님이 말씀하셨다. 아이가 한 번을 봤든, 두 번을 봤든 TV에서 '에디'가 나온다는 것을 알고 있는데, 왜 엄마가 TV를 거실 한복판에 두고 아이를 유혹하냐고 하셨다. '아이에게 유혹한다'는 그 말이 뇌리에 깊이 박혔다.

민효와 노는 모습을 상담받기 위해 지난번에 배웠던 쌓기 놀이를 소장님께 보여드렸다. "엄마 한번, 민효 한번, 엄마 한번, 민효 한번…." 이렇게 숫자도 세어 가면서 "와!" 하며 즐겁게 놀았다. '이번에는 칭찬받으려나?' 하고 보여드렸는데, 소장님이 가만히 보시더니 "아주 단순한 놀이만 하고 계시네요."라고 하셨다. 내 예상이 또 빗나갔다. 아이가 자라고 성장하는 만큼 엄마는 그것보다 한 발 더 앞서서 새로운 놀이를 제시하고 칭찬을 해줘야 하는데, 나는 배운 것만 반복해서 하고 있었던 것이다.

민효를 돌보느라 육아 공부할 틈이 없으니까 당연한 결과였을 것이다. 그날 소장님이 한글 통글자 떼기(플래시카드), 3개월간 외출금지, 집 환경 바꾸기 미션을 주셨다.

집 환경부터 바꾸세요!

민효는 산만하고 행동이 빨랐기 때문에 내가 잠깐 딴 곳을 보고 있으면 어딘가에 매달려 있거나 기어 올라가 있곤 했다. 아이가 다치면 안 되니까 거실에는 매트가 빈틈없이 깔려있었다.

소장님은 "매트를 다 치우세요! 넘어져도 편하니까 아이 스스로 위험하다고 인지하지 못해서 계속 뛰는 거예요. 넘어져서 다쳐도 보고, 걷다가 부딪쳐도 봐서 아이가 '아프다'는 것을 알게 되면, 다음부터는 '조심해야겠다'고 생각하게 되죠."라고 알려주셨다. 바로 과감하게 매트를 다 치웠다.

  18개월 전까지는 매트를 깔아서 아이가 다치지 않도록 보호해야 한다. 하지만 민효는 당시 24개월이었기 때문에 다치고 넘어지더라도 그것을 통해 아이가 스스로 '조심성'을 배우게 되는데, 나는 그것을 알지 못했던 것이다. 개월 수에 따라 육아 방법이 다른데, 나는 '아이는 다치면 안 돼, 아프면 안 돼'라는 생각으로 돌 전의 육아 방식만 계속하고 있었다.

> **육아팁**
>
>   영유아기 아이들은 엄마의 행동을 보고 배우기 때문에 아이를 강하게 키우기 위해서는 엄마 역시 강해야 한다. 아이가 살짝 넘어졌을 때, 먼저 나서서 일으켜주는 엄마의 호들갑스러운 모습이 오히려 아이가 놀라고 울게 만들 수 있다. 반면 "괜찮아, 피 안 나면 안 울어도 돼."라며 엄마 스스로 대수롭지 않게 행동하면 아이도 괜찮은 듯이 일어난다.

  또 한 가지, "커다란 TV를 앞에 놔두고 왜 아이를 유혹하세요?"라는 말에 TV를 없애고 싶었다. TV는 남편이 나름대로 스트레스를 푸는 방법인데, 내 마음대로 치워 버릴 수 없었다. 어떻게 하면 좋을까? 한참을 고민하다가 '아! 아빠 방을 만들어줘야겠다'고 생각했다. 마침 남편이 출장을 가 있었던 터라, 전화로 간단히 설명하고 바로 '아빠 방' 만들기를 실행했다.

  방 한켠을 남편이 쉴 수 있는 편안한 공간으로 만들었다. 거실에 있던 TV를 방으로 옮기고 소파를 두고, 암막 커튼까지 달았다. 완벽한 남자만의 동굴이 만들어진 것이다. 출장을 다녀온 남편도 그 방이 마음에 들었는지 화를 내지 않았다.

이제 거실은 TV가 없는 우리 가족을 위한 공간이 되었다. 민효도 '아빠 방'을 확실히 구분하며 거실에서 놀았다. 아빠와 놀고 싶으면 아빠를 데리고 나와서 거실에서 게임이나 블럭을 했다. 아이가 자연스럽게 TV를 보지 않게 되었다.

너와 나는 최고의 친구

'3개월 동안 외출금지' 미션과 함께 아이와 집에서 할 수 있는 다양한 놀이를 소장님이 알려주셨다. 한글 놀이, 영재오 8바구니, 대·소근육 놀이, 산책 등 하루에 해야 하는 30가지 이상의 일들을 체크리스트를 만들어서 매일 반복하라고 했다. 집에서 아이와 할 일이 생겨서 기뻤다. 그 전에는 아이와 집에 함께 있어도 무엇을 해야 할지 잘 몰랐다. 24시간 울면서 나만 바라보고 있는 민효와 집에만 있는 것이 너무 답답했다. 나도 뭔가를 배우고 싶고, 다른 집 아이들은 이 시기에 무엇을 하는지 궁금하기도 해서 선택한 곳이 백화점 '문화센터'였다. 문화센터 리스트를 정해놓고 요일마다 장소를 바꿔 가며 열심히 다녔다.

그런데 '3개월 동안 외출금지'라니. 물론 아이와 집에서 해야 할 일들이 있기는 했지만, '어떻게 3개월 동안 집에 있어?'라는 생각에 처음에는 무척 막막하고 답답했다. 하지만 나는 바로 생각을 긍정적으로 바꿔 먹었다. '3개월 동안 백화점 좀 안 가면 어때? 친구 안 만나면 어때? 이 3개월이 내 아이의 30년을 바꿀 수 있다면 3개월 안 나가도 나는 괜찮아!'라며 생각을 바꾸니 마음이 편안해졌다. 해이해지면 안 되니까 일기를 쓰면서 마음을 다시 굳게 잡았다.

어느 날 소장님이 "낚시 놀이하세요."라고 메시지를 주셨다. 그동안 민효와 집에 있으면서 친해지고 애착이 조금 회복될 때였다. 민효의 눈을 바라보며 "민효야, 소장님이 낚시 놀이하래."라고 말했다. 아직 한글을 떼지 못했던 민효는 '응응'이라며 내 말에 반응했다.

"낚시 놀이하려면 뭐가 필요할까? 아! 나무젓가락을 사러 가자! 자석이 필요하겠다. 실도 있어야 될 것 같아!"

민효는 무슨 말인지는 몰라도 내가 눈을 마주 보며 이야기하니까 계속 "응응." 하며 좋아했다. 그리고 민효와 함께 '낚시 놀이 재료'를 사러 밖에 나왔다. 예전 같으면 유모차에 태우고 나 혼자 다니기 바빴는데, 대근육 운동을 시키기 위해 민효와 손을 잡고 걸어갔다.

> **육아팁**
>
> 심장이 흔들리는 기억을 할 때, 아이들은 행복한 기분을 느낀다. 엄마와 손을 잡고 매일 같은 곳을 산책하면 좋다.

따뜻한 햇볕을 가로지르며 아이의 손을 잡고 걷는데, 기분이 너무 상쾌하고 좋았다. "민효야, 나뭇가지가 필요해."라며 아이를 봤는데, 민효가 나를 향해서 환하게 웃어주고 있었다. 그 울음 많던 아이가 밝게 웃으면서 좋아하고 있었다. 아이와 있으면서 처음 느끼는 행복한 기분이었다. 아이도 나도 기분 좋게 웃는 모습을 셀카와 영상으로 남겼다.

"민효야! 이제부터 너랑 나랑 제일 친한 친구야. 우리 둘이 같이 재미있게 놀자."

예전에 나는 '말도 못하는 아이한테 말해봐야 뭘 알겠어?'라는 생각에 나 혼자 하기 바빴다. '아이가 로봇 장난감을 좋아할까? 소리가 나는 것을 좋아할까?'라며 완제품을 사주기 바빴다. 나와 떨어질 줄 모르고 울음 많던 아이가 장난감을 가지고 노는 동안에는 내가 잠시라도 편안한 시간을 가질 수 있으니까 아이에게 장난감을 수도 없이 많이 사줬었다. 그런데 소장님의 미션으로 거실 한켠에 가득했던 민효의 장난감을 정리했다. 이 3개월 동안은 '너랑 나랑 최고의 친구가 되어야 해'라는 생각으로 모든 것을 아이와 함께하니 예전에 알지 못했던 육아의 재미가 느껴지기 시작했다. '낚시 놀이' 할 준비물을 사고 집에 와서 아이와 함께 낚싯대를 만들었다. 너무 좋아하는 민효를 바라보며 순간적으로 '아! 아이가 바랐던 것은 장난감이 아니었구나. 엄마였구나. 나와 손잡고 걷고 함께 노는 과정을 좋아하는구나.'를 알게 되었다. 내 생각에 '아이가 좋아하겠지?'라며 이유식도 장난감도 그동안 일방적으로 주기만 했었는데, 아이의 눈높이에서 바라보니 아이는 '엄마와 함께하기'를 원하고 있었다는 것을 그제야 깨닫게 되었다.

육아팁

아이와 하루를 보내다 보면 늘 웃는 일만 생기지 않기 때문에 엄마의 감정조절이 안 되는 경우가 종종 있다. 그럴 때 일부러라도 아이의 동영상을 많이 찍으려고 시도해보자. 동영상을 찍어 SNS에 올리거나 누군가에게 보여준다고 생각하면, 아이의 웃는 모습을 많이 담으려고 하기 때문에 그 잠깐은 아이도 엄마도 많이 웃게 된다. 그러면서 자연스럽게 감정조절도 되고, 영상은 기록으로 남게 된다.

3. 학습도 놀이처럼 즐겁게

소장님이 주신 미션을 하나씩 해나가면서 SNS에 육아일기를 매일 쓰기 시작했다. 내 아이를 잘 키우고 싶어서 받은 상담이었지만, 소장님도 바쁘신데 미션을 이렇게 하면 되는지 일일이 물어볼 수 없었기 때문에 내가 육아일기를 쓰면 '혹시나 그분이 보지 않을까?'하는 작은 희망이 있었다. 또한 아이를 키우다 보니 어느새 세상과는 단절되었고, 육아일기를 쓰면서 세상과 소통하는 공간으로 만들어 보자는 마음도 있었다.

처음에는 일상적인 내 이야기 위주로 썼다. 초보 엄마였기에 아이 키우면서 늘 고민했던 것들, 그리고 하루가 다르게 달라지는 내 감정의 변화들을 썼다. 글을 쓰면서 내 감정이 많이 정화됐다. 글을 쓰면서 생각 정리가 많이 됐고, 어느새 마음이 편안하고 안정되곤 했다.

육아팁

육아일기를 SNS에 쓰기를 추천한다. 다이어리나 노트 등에 써도 되지만, 그 일기는 나만 보는 것이기 때문에 감정조절이 제대로 안 될 수 있다. 하지만 SNS에 육아일기를 쓰면 누군가 내 글을 읽기 때문에 2~3번 이상 생각하면서 글을 쓰게 되고, 그 과정을 통해 감정 정화가 이뤄진다.

정신없이 육아를 하다 보니 아이와 함께 있으면서 생긴 '감사한 일'을 찾기보다는 '왜 말을 안 하지?', '왜 울지?', '왜 이렇게 안 먹어?' 등 걱정과 불평만 많이 늘어놓게 되는 것 같았다. 그래서 육아일기를 쓸 때, 감사일기 하나를 꼭 첫 줄에 쓰고 시작했다.

오늘 하루 아이의 변화, 아주 작은 것 한 가지라도 적고 나면 그 한 가지 때문에 미소가 지어지고 기분이 좋아졌다. 오늘 내 아이와 했던 일들을 정리하며, 마지막에는 항상 '내일 이 아이를 몇 번 웃게 해줄까?'를 고민하면서 '내일 아이와 할 일'을 적었다. 내일이 너무 기대되고 설레었다. 지금도 육아일기는 나를 위한 성장이자 민효를 위한 성장의 밑거름이 되고 있다.

> **육아팁**
>
> 육아일기를 쓸 때 '동영상'을 찍어 함께 첨부하면 좋다. 영상은 40~60초가 적당하다. 아이와 놀아주면서 재미있어할 때 '끝' 하면 좋다. 유아기 아이의 집중력은 1분이다. 1분의 집중력을 2분으로 만들어주고, 5분으로 만들어줘야 한다. 너무 긴 시간을 아이와 놀아줘야 한다는 책임감은 엄마와 아이 모두를 힘들게 할 수 있다.

나한테 궁금한 거 없어요?

한번은 소장님이 특강을 하신다는 이야기를 듣고, 강의를 들으러 간 적이 있다. 강의를 듣는 동안 내 마음속에서 '저분 옆에서 민효를 키워야겠다.'는 강력한 확신이 들었다. SNS에 육아일기를 계속 올리던 어느 날, 소장님이 드디어 내 육아일기를 보고 '좋아요'를 눌러주셨다. 그러고는 "민효 엄마, 나한테 궁금한 거 없어요? 많을 텐데."라며 메시지를 보내주셨다.

"정말 여쭤 봐도 되나요? 선 긋기 어떻게 하나요?"

8바구니에서 민효는 '선 긋기'가 안됐다. 시작점에서 마지막 점까지 선을 그어야 하는데, '멈춰'가 안됐다. 항상 마지막 점을 지나쳐버렸고, 멈추지 못해서 동그라미만 계속 반복해서 그리고 있었다. 엄마가 먼저 하는 모습을 보여주라고 해서 혼자서 열심히 했지만 민효는 일절 관심 없었다. 소장님은 "손을 번쩍 드세요!"라고 했다.

   3개월 이상 선 긋기를 계속해본 나는 그 말이 한순간에 깨달아졌다. 선 긋기를 할 때 "출발! 부웅~ 멈춰!"에 맞춰 진행한다. 그런데 맨 마지막 '멈춰'를 할 때 손을 번쩍 들라는 것이다. 그동안 말로만 '멈춰'를 했더니 재미없어서 아이가 도망을 간 것이다. 그날 아침에 민효에게 바로 적용했다. 늘 도망가던 민효가 너무 신나 하고 기분이 좋아서 '선 긋기' 한 권을 끝냈다. 말도 잘 못 할 때였는데, '곰', '나비', '삐에로'라며 세 글자를 말하는데, 영상을 찍다가 너무 놀라서 "와!" 하다가 뒤로 넘어가버렸다. 그 모습이 민효는 아직도 기억에 남는지 "엄마, 내가 이거하면 '와~!' 하고 좋아해주세요."라고 지금도 말한다. 덕분에 나는 민효에게 최고의 칭찬을 해주는 사람이 되었다. 임 소장님이 알려주신 '선 긋기'의 팁은 대성공이었다. 너무 기분이 좋아서 그날 소장님께 감사하다며 상황을 알려드렸다.

   "민효 엄마. 내가 민효 잘 키우게 해주면 민효 엄마 나한테 뭘 해줄 수 있어요?"라고 물으셨다. 특이한 질문이었지만, 소장님 옆에서 민효를 키우고 싶었던 나는 무엇을 해줄 수 있을지, 원하시는 게 무엇일까, 계속 고민했다.

   "나는 민효 엄마가 민효를 잘 키우게 해줄 수 있어요. 그런데 그 배운 노하우를 민효 엄마 혼자만 갖고 있지 말고 많은 엄마에게 나눠줄 수 있어요?"라고 하셨다. "네, 알겠습니다!" 바로 답을 드렸다. 지금 교육매니저로서 활동하게 된 계기이다.

📖 아이는 부모의 거울이다

24개월 때 민효는 말문이 틔기 시작했다. 한글 놀이(플래시카드), 8바구니를 하면서 27개월에 한글을 뗐고, 29개월에는 문장으로 말을 했다. 민효는 플래시카드를 돌릴 때 울음을 멈추고 봤다. 말을 못해서 많이 징징거렸는데, 플래시카드를 한 다음부터는 아주 짧은 시간에 수많은 단어를 말했다. 그 모습이 신기하기만 했다. 민효는 내가 하는 말과 행동을 통해서도 많이 배웠다. 민효가 많이 했던 이야기는 "엄마 예뻐, 엄마랑 하니까 너무 좋아.", "우리 사이좋게 지내자.", "우리 재미있게 놀자."의 긍정적인 언어였다. '9번 칭찬, 1번 훈육'처럼 평소에 긍정적인 말들을 임팩트 있게 많이 했더니 아이가 긍정의 말을 쓰면서 행동 역시 많이 달라졌다.

민효는 마음이 바쁘고 성격이 급해서 많이 뛰어다니고 산만했다. 한번은 내가 멀리서 민효에게 "어머! 우리 민효, 지금 왕자님처럼 멋지게 걸으려고 준비하는구나."라고 했더니 빠르게 걸어가다가 천천히 걸으려고 행동을 바꿨다. 그 모습이 귀여웠다.

"아이는 부모의 거울이다."라는 말이 있듯이 엄마가 먼저 행동을 보이면 아이는 따라 하려고 한다. 아이가 나의 행동을 따라 하게 하려면 우선 나를 좋아하도록 만들어야 한다. 민효의 눈높이에 맞춰 함께 놀아주면서 아이가 나를 좋아하기 시작한 것 같다. 낚시 놀이, 한글 놀이, 빨대 자르기 놀이 등 옛날에는 '유치해'라고 생각했던 것들을 아이의 눈높이에서 같이 하게 되면서 엄마가 친구처럼 됐다.

> **육아팁**
>
> 18개월 전까지는 아이의 안전이 최고다. 24개월 전까지는 이유 없이 사랑을 많이 줘야 하는 시기, 24개월부터 36개월까지는 '친구' 같은 시기이다. 특히 '친구' 같은 시기는 엄마에게서 첫 사회성을 배우는 시기로, 이때 엄마와 손잡고 다니면서 자연스럽게 '엄마 친구'를 통해서 세상을 배우게 된다.

그리고 "민효야, 너랑 하니까 너무 좋아, 너무 재미있어, 신나.", "엄마 지금 화났어.", "엄마 지금 슬퍼." 등 감정을 애써 숨기려 하지 않고 자연스럽게 민효에게 표현을 많이 했다. 자연스러운 육아, 아이는 자연스럽게 키워야 한다는 소장님의 교육철학에 마음이 편했다. 내가 먼저 변하여 마음이 편안하고 행복해지니까 내 아이 역시 자연스럽게 나처럼 편안해지고 행복해하는 것 같았다.

4. 육아 멘토 민효 맘입니다

41개월 때 민효는 카우프만 검사를 받았다. 138점이 나왔다. 이후 영재오 프로그램과 소장님의 미션으로 중국에 가기 전, 157점을 받았다. 그리고 중국 어학연수를 3개월 다녀온 뒤, 카우프만 최고점수 160점을 받았다. 중국에서는 기숙사 생활을 해야 하는데, 독립적인 생활환경 속에서 공부하고 친구들과 어울렸던 것이 지능을 쓰게 만들면서 만점을 받게 된 것 같다.

> **육아팁**
>
> 10살 이전의 아이들이 카우프만 검사를 받는 이유는 단순히 지능의 높고 낮음을 알기 위함이 아니다. 아이의 약점을 발견하고 보완해서 두뇌의 고른 발달을 돕기 위함이다. 약한 부분에 대한 정확한 솔루션과 적극적인 실행이 이뤄진다면 아이의 지능은 바뀔 수 있다. 10살 이후의 아이들은 검사를 통해 강점을 찾고 성향을 분석하여 공부방향을 잡아주기 위함이다. 36개월 이상이 되면 카우프만 검사를 받을 수 있다.

처음 민효를 중국에 보낼 때, 시부모님과 남편의 반대가 엄청 심했다. 보수적이었던 남편은 아이가 친구네 집에 가서 자는 것도 허락하지 않았기 때문에 아이를 중국에 공부하러 보내자고 설득하는 것은 쉬운 일이 아니었다. 중국을 보내자는 엄마와 반대하는 아빠 사이에서 민효도 많은 머리를 썼던 것 같다. 중국을 가기 전, 남편과 민효만 1박 2일 여행을 보냈다. 남편과 아이가 함께하는 시간이 필요하다고 생각했기 때문이다.

"민효야, 네가 중국을 가야 하는 이유를 말해봐."

"아빠! 나도 힘들어요. 나도 두려워요. 그런데 더 멋져지기 위해서 나 도전하는 거예요!"

엄마가 중국에 가라고 해서 가는 거라고 생각했었는데 '도전한다'며 9살 아이가 중국에 가야 하는 이유를 명확하게 말하는 것에 남편은 깜짝 놀라 했다. '고등학생과 이야기하는 줄 알았다'며 민효와의 여행을 이야기해줬다. 결국 민효 스스로 아빠를 설득시켰고, 3개월간 중국 어학연수를 갈 수 있었다. 그리고 남편이 민효의 든든한 지원군이 되어서 시부모님을 설득했다.

어학연수를 다녀온 후 달라진 민효의 모습을 보고, 우리 부부는 민효를 중국 학교에 2학년으로 정식 입학시키기로 했다. 어릴 때 예민하고 많이 울던 아이가 자신감이 넘치는 밝고 잘 웃는 행복한 영재로 커가고 있음에 감사하다.

'도전한다'며 중국에 간 민효 덕분에 우리 가족도 새로운 터닝 포인트를 맞게 되었다. 못다 이룬 자신의 꿈을 민효에게 투영했던 남편도 민효의 독립을 응원해주며, 스스로도 많이 긍정적으로 바뀌었다. 또한 신혼 없이 육아가 시작됐던 우리 부부에게도 각자의 인생을 되돌아볼 수 있는 귀한 시간이 되고 있다.

> **육아팁**
>
> 아이마다 시기는 다르지만, 평균적으로 37개월부터는 아이가 독립적인 생활을 할 수 있도록 기회를 줘야 한다. 엄마의 도움 없이 혼자 밥 먹기, 혼자 옷 입기, 혼자 잠자기 등이다. 아이가 커서 독립해야 할 시기에 과감하게 독립시킬 수 있도록 부모 역시 명확한 교육철학을 가지고 아이의 독립을 준비하는 마음가짐을 가지는 것이 중요하다.

행복한 영재 키우기 노하우 3가지

아이를 키우면서 아이가 어릴 때 어떻게 교육하느냐에 따라 아이의 영재성이 개발되기도 하고 그렇지 않기도 하다는 것을 알게 됐다. 그중 중요한 3가지를 정리하면 다음과 같다.

첫째, SNS 육아일기 쓰기이다. 일기를 쓰면 쓸수록 긍정적인 엄마가 되는 것 같다. 육아일기의 형식은 정해져 있지 않지만, 첫 줄에 꼭 '감사일기'

를 쓰고 시작하기 바란다. 그리고 동영상을 함께 첨부하자. 오늘 아이와 있었던 일을 메시지 형식으로 써도 좋다. 처음부터 욕심내서 내용을 많이 쓰기보다는 내가 할 수 있는 분량만큼 가볍게 시작하는 것이 좋다. 우선 시작하고, 꾸준히 육아일기를 쓰다 보면 조금씩 아이디어가 생기고 재미가 붙을 것이다.

처음부터 잘하는 사람은 없다. 나도 2013년, 카카오스토리에 육아일기를 처음 썼을 때, "오늘은 기분이 나빴어. 그런데 기분이 나쁘면 안 되니까. 내일은 민효와 더 많이 웃어야지." 2~3줄 간단하게 시작했다. 중요한 것은 꾸준함이다. 말 못하고 울던 18개월 민효의 모습부터 현재 10살이 되어 행복한 영재로 커가는 모습까지 계속 육아일기에 담고 있다. 아이가 더 컸을 때, 이 일기를 읽는다면 나는 너무 행복할 것 같다.

둘째, 엄마의 빠른 판단력과 실천력이 중요하다. 육아를 처음 시작할 때 100가지의 육아팁을 알려주는 전문가가 있기를 간절히 바랐었다. 간절함 끝에 육아 전문가를 만났고, 상담 이후 진행된 미션을 나는 빨리 받아들였고, 바로 실천했다. "왜 해야 하나요?"를 묻기 전에 우선 실천했다. 바로 해보고 아니라면 빨리 다른 것을 해보면 되기 때문이다. 이론이 명확하고 내 아이에게 맞는 교육이라는 확신이 든다면, 엄마들이 빨리 판단하고 선택하면 좋겠다.

넘쳐나는 육아정보 속에 엄마들은 이미 어느 정도는 육아지식을 가지고 있다. 그런데 나는 오히려 '백지상태'였기 때문에 육아 전문가의 육아 노하우를 그대로 다 흡수할 수 있었던 것 같다. "왜 한글을 지금 떼라고 하는 거지?" "왜 외출을 하지 말라고 하는 거지?" 의문도 있었지만, 육아 전문가를 신뢰했기에 '다 이유가 있겠지'라는 생각으로 실행했다. 그리고 정말 좋아지는 것을 경험하면서 계속 솔루션을 찾았고 그것을 바로 실행했다.

셋째, 영유아기에 엄마가 롤모델이 되어주고, 아이의 독립을 도와주는 것이다. 아이와 함께 보내는 일상에서 영재교육은 시작된다. 이때 아이는 엄마의 모습을 보고 따라 하므로 엄마가 롤모델이 되어 줘야 한다. 만약 아이가 긍정의 말을 많이 하길 원한다면 엄마가 먼저 아이에게 더 많은 긍정의 말을 하면 된다. 아이가 밥을 잘 먹기를 원하면, 엄마가 아이 앞에서 더 맛있게 밥을 먹는 모습을 보여주면 된다. 아이가 블록을 가지고 놀게 하고 싶다면, 엄마가 킥킥대면서 재미있게 놀고 있는 모습을 보여주자. 아이가 살짝 와서 보고 같이 놀려고 할 것이다. 36개월까지는 아이에게 활동을 시키기보다는 엄마가 함께하는 것이 좋다.

37개월부터는 독립적으로 아이 혼자 할 수 있도록 엄마가 인내심을 가지고 기다려주면 좋다. 엄마가 먼저 나서서 도와주기보다는 아이 스스로 할 기회를 더 많이 주고, 자기 주도적인 생활을 할 수 있도록 훈육도 함께 해야 한다.

> **육아팁**
>
> 영유아기에 긍정의 마인드를 만들어주자. "할 수 있어요. 도전할 거예요."라는 말을 많이 들려주고, 아이가 스스로 많이 말하도록 하면 좋다. 질문할 때도 긍정적인 대답이 나올 수 있는 질문을 한다. 실패해서 낙담하는 경우 "처음부터 잘하는 사람은 없어. 100번 연습해야 할 수 있어. 너 지금 몇 번 연습했어? 1번밖에 안 했으니까 못하는 것은 당연한 거야. 울 일이 아니야. 우리 이제 몇 번 더 연습하면 돼? 99번 더 연습하면 돼. 빨리 더 연습하자."로 긍정의 언어로 대화를 해보자.

🏫 육아 멘토와 함께라면

올해 10살이 된 민효는 영재오에서 소장님을 제일 처음 만났고 가장 많이 만났다. "영재오를 빛내겠습니다."라고 자랑스럽게 말하는 민효에게 나는 "동생들도 잘 가르쳐줘야 해. 너만 똑똑해지면 안 돼. 자기만 잘하는 건 진짜 멋진 게 아니야. 그건 8만큼 멋진 거야. 친구들과 같이 멋져져야 10만큼 멋진 거야!"라고 말한다. 민효가 영재오 친구들과 잘 지낼 뿐만 아니라 동생들을 잘 돌보는 멋진 형과 오빠의 모습을 보여주길 기대한다.

민효를 키우면서 내가 했었던 육아 고민을 지금도 많은 초보 엄마들이 하고 있다는 것을 알게 되었다. 아이의 1년은 어른의 10년과도 같다. 엄마들이 고민하는 이 시간에도 아이들은 계속 성장하고 있으므로 엄마들의 고민하는 시간을 줄이고 아이를 행복한 영재로 키울 수 있는 노하우를 전해주고 싶다. 아이의 문제행동이 있어야만 육아 전문가 상담을 받는 것은 아니다. 어른들이 매년 건강검진을 받듯이 아이들도 육아 전문가와의 주기적인 상담으로 아이의 성장을 확인해보는 것이 필요함을 엄마들이 간과하지 말았으면 좋겠다.

영재오 교육매니저로서 나는 엄마들에게 '육아 멘토'가 되고 싶다. 아이가 성장하면서 발생하는 순간순간의 어려움을 함께 고민하고, 내가 배웠던 솔루션을 전해주고 싶다. 앞으로도 나는 소장님과 했던 처음의 약속을 잊지 않고, 많은 엄마들과 소통하며 세상의 모든 아이들이 행복해지도록 도울 것이다.

엄마들과 대화하다 보면 "저희 아이는 늦은 거 아니에요?"라고 많이 물어온다. 아이에게 늦은 때는 없다. 다만 엄마가 몰라서 못 해줬던 때가 있는 것이다. 그동안 몰라서 못 해줬던 것을 채워준다고 생각하고 엄마가 더 열심히 배우고 아이와 함께 그 시간을 알차게 보내면 된다. 엄마가 아이를 직접 가르치고 키우는 시간은 영유아기 때 잠깐이다. 그 시간을 어떻게 보내느냐에 따라 아이의 인생이 바뀐다.

민효 맘의 영재 교육 핵심노트

1. 육아일기를 쓰면 차분해지고 객관적인 눈으로 아이를 바라볼 수 있다.
2. 육아 전문가의 솔루션을 믿고 바로 실천한다.
3. 엄마의 말과 행동이 아이의 거울이 된다.

NOTE

서미선 교육매니저/ 영재오 미술특강 강사

육아전문가 임서영 소장의 강의를 듣고 영재오를 시작한 8년 차 교육매니저다. 유아교사였던 경험이 무색할 정도로 육아는 새로운 도전이며, 어려운 일이었다. 어렵게 얻은 아이를 누구보다 잘 키우기 위해 시작한 이 일이 이제는 자신 또한 성장시킨 멋진 커리어로 자리 잡았다.
서 매니저는 자신의 경험을 초보맘들에게 나누며 육아의 즐거움을 알려주는 첫 길잡이가 되고자 한다. 블로그 〈생각하며 노는 아이들〉을 통해 육아와 교육에 대한 정보를 나누고 있다.

블로그   https://blog.naver.com/klee0701
인스타그램   https://www.instagram.com/shmom0701

제4장

아이 교육의 골든타임, 엄마의 선택에 달려있다

1. 너와 함께라면

어렵게 얻은 아이 선혁이와 보내는 하루하루는 행복의 연속이었다. 생후 17~18개월까지 육아를 어렵다고 생각해본 적이 없었다. 아이와 함께 있는 시간이 즐거웠고, 매일 아침 일어나서 아이를 안고 창밖을 보여주는 일이 너무 좋았다. 사실 선혁이를 임신하고 나서 나는 태교에도 신경을 많이 썼다. 임신 안정기에 들어서면서 산전 요가를 다니고 산책도 많이 했다. "아이가 배 속에 있을 때는 엄마와 똑같이 느끼기 때문에 엄마가 좋아하는 것을 하고 엄마가 마음이 편해야 한다. 아이가 아직 태어나지는 않았지만, 곁에 있다고 생각하고 아이와 대화를 해라."라는 지인의 이야기를 듣고 매일 밥을 먹을 때도 "엄마는 이 반찬을 좋아해서 이걸 먹을 거야."라고 말하면서 배 속에 있는 아이와 소통하곤 했다.

자연분만으로 아이를 건강하게 낳고 나서, 집에서 내가 양육했다. 아이를 임신하기 전, 나는 13년 동안 어린이집에서 교사로 활동했기에 아이를 집에서 돌보는 데 어려움이 없었고, 미술 선생님이었기 때문에 아이와 가끔 미술 활동을 하기도 했다. 선혁이는 늘 방긋방긋 잘 웃는 아이여서 밖에 데리고 나가면 "아이가 너무 예쁘게 잘 웃네요."라는 말을 많이 들었다. 예방 접종을 해도 "아!" 하면 끝날 정도로 아주 순한 아이였다.

선혁이 22개월 어느 날, 민효 맘의 소개로 육아 전문가 특강을 듣게 되었다. 임서영 소장님 특강이었다. 육아를 하면서 별다른 어려움이 없었던 내게 그 강의는 '아! 이거다.'라는 확신을 주었다. 앞으로 내가 아이를 어떻게 양육할지 많은 영감을 주는 감명 깊은 강의였다. 그날 강의를 계기로 나는 소장님 강의가 있을 때 한 번씩 들으러 가게 되었고, 몇몇 엄마들과 함께 한 달에 한 번씩 만나서 소장님과 육아 공부를 하게 되었다.

집착증을 보이는 아이

선혁이 23개월 때 소장님이 "선혁이는 엄마한테 배울 거 다 배웠으니까 어린이집에 일찍 가야 돼요."라고 말씀하셨다. 나와 다른 생각에 잠시 주춤했었다. 우선 나는 36개월 전에 아이를 어린이집에 보낼 생각이 없었을 뿐만 아니라 그렇게 하면 안 된다고 배웠다. 선혁이가 말을 잘하는 것도 아니고, 이제 배변을 가릴 정도의 시기인데, '왜 어린이집에 보내라고 하시지?' 의문스러웠다. 한편으론 '이유가 있겠지.'라는 생각이 들어 집에 돌아와서 집 주변 어린이집을 알아봤다. 그런데 우리 집보다 열악한 환경과 선혁이보다 발달이 느린 아이들이 모여 있는 모습을 보고는 고민 끝에 나는 선혁이를 어린이집에 보내지 않기로 마음먹었다.

한 달 뒤 모임에서 소장님이 왜 아이를 어린이집에 안 보냈느냐고, 벌써 집착이 생겼다고 말씀하셨다. 당시에 선혁이가 기차놀이를 하듯 무엇이든 계속 줄을 세우곤 했다. 나는 단순한 놀이라고 생각했는데, 소장님은 '집착증'으로 보셨다. 그냥 놀이일 수도 있지만 방금 했던 것을 하고 또 하고, 계속 반복하면 똑같은 집안환경에서 더 이상의 확장이 안 되어 아이들은 '집착증세'가 온다고 알려주셨다. 집착증세가 오면 별거 아닌 일에 계속 짜증을 내거나 운다는 거였다.

원래 순했던 아이였는데 최근 들어서 계속 짜증을 내서 막막해하던 시점이었다. 어느 날은 영재오 8바구니에서 '칠교' 활동지를 하는데, 풀이 넘어졌다고 짜증을 부렸다. 풀을 다시 세웠는데도 울고 손에 묻었다고 울기도 했다. '어떻게 하라는 거지? 아이가 갑자기 왜 이러지? 뭐가 문제야?'라며 어리둥절하기만 했었다.

소장님과 한참 대화를 나누고 있는데, 그때 선혁이가 정수기 앞에 서서 계속 정수기를 만지고 있었다. 집에서는 내가 보리차만 끓여 먹으니, 처음 보는 정수기가 아이에게는 신기했던 것 같다. 뜨거운 물에 손이 데지 않을까 걱정되어 "선혁아, 그거 만지면 안 돼. 앗! 뜨거워." 유아어를 써서 못 만지도록 말렸다. 그 모습을 본 소장님이 한 말씀 하셨다.

"선혁이 엄마, 그렇게 친절하게 설명을 하기 때문에 아이가 헷갈리는 거예요."

"소장님, 설명을 계속 해줘야 하는 거 아니에요?"

"아이들은 그런 뇌가 아니에요."

아이들은 짧은 파장의 소리가 잘 들린다고 소장님이 알려주셨다. 나는 설명을 길게 할 뿐만 아니라 훈육할 때와 칭찬할 때의 억양이 높낮이가 없고 항상 똑같아서 아이가 듣고 나서도 '하라는 거야? 말라는 거야?'라고 헷갈린다는 것이다.

> **육아팁**
>
> 유아기 아이들은 처음으로 말하는 긴 설명을 알아듣지 못한다. "사과야, 빨갛다. 맛있겠다. 향기도 맡아봐."라고 말해도 사과를 인지하지 못한다. "이건 사과야, 사과, 사과, 사과."라고 파장이 짧은소리로 여러 번 명확하게 알려주는 것이 사물 인지에 도움이 된다.

그리고 내가 부르면 대답을 안 했다. "선혁아"라고 부르면 아이가 뒤를 돌아볼까? 말까? 고민하는 모습이 느껴졌다. 소장님이 옆에서 나에게 선혁이를 몇 번 불러보라고 하셨다.

"선혁아."라고 불렀지만, 선혁이는 정수기만 계속 만지면서 돌아보지 않았다. 몇 번이나 불렀지만 호명 반응이 없었다. 그때 나는 아이가 반응을 '안 할 수도 있다'고 생각했다. 어른들도 뭔가에 집중하다 보면 부르는 소리를 못 듣듯이 아이도 당연히 그럴 수 있다고 생각했다. 잠시 후 나는 아이가 '일부러' 대답을 안 한다는 것을 알게 되었다.

"엄마가 온종일 선혁이와 대화하는 것을 녹음해보세요!"

엄마가 얼마나 많은 잔소리를 아이에게 하고 있는지 확인해보라고 소장님이 말씀해주셨다.

> **육아팁**
>
> 아이를 불러도 반응하지 않는 일이 자주 일어난다면 아이가 반응하기 싫어서 스스로 차단하고 듣거나 보지 않으려는 가능성이 있다. 그 행동이 습관이 되면 어느 순간 자기만의 세계에 빠지게 될 수 있고, '자폐'로 갈 수 있으므로 전문가와 상담받기를 권한다.

긴 잔소리를 하지 마세요!

소장님의 이야기를 듣고 아이와의 대화를 '녹음'했다. 녹음기에는 "안 돼!", "위험해!", "하지 마!"라고 말하고 있는 저음의 내 목소리만 들렸다. '아이가 그동안 얼마나 힘들었을까? 그래서 내 말에 아이가 반응하지 않았구나.'를 알고 나니 눈물만 나왔다. '귀하게 얻은 아이라 잘 키우고 싶었고 알려주고 싶어서 말했는데…' 하염없이 쏟아지는 눈물이 멈추지 않았다. 아이에게 잔소리하지 않기로 결심했다. 아이의 행동을 관찰하다가 위험한 순간이 오면 그때 "안돼"라고 단호하게 말했다. 나의 목소리가 명확하게 들렸는지, 정확한 규칙을 인지했는지 아이의 표정이 점점 좋아졌다. 그리고 매일 선혁이와 함께 찍은 사진을 카카오스토리에 올리기 시작했다. 내가 아이를 바라볼 때 무슨 표정을 많이 짓는지 사진을 통해서 확인할 수 있었다.

한 달 뒤, 아이의 변화가 느껴졌다. 단어만 말하던 아이가 "엄마, 사랑해요.", "엄마, 너무 좋아요."라며 나에게 다시 다가왔고, 나의 말에 대답하기 시작했다. 신기하게도 아이와 깨졌던 애착이 회복되었다. 아이의 달라지는 모습을 보면서 '소장님 곁에서 육아를 배워야겠다'는 확신이 들었다. 소장님의 제안에 따라 코칭맘(**지금의 교육매니저**)으로 활동하기로 마음을 먹었다.

2. 감정을 모르는 아이

"어린이집에 빨리 보내세요."라는 소장님 말씀에 선혁이는 27개월에 어린이집에 갔다. 보통은 36개월 4살 반에 가지만, 선혁이는 12월생이었기 때문에 27개월에 4살 반에 들어가게 되었다. 어린이집에 가기 전까지 선혁이는 집에서 한글(**통글자**)과 8바구니 활동지를 했다. 특히 선긋기를 잘했다. 24개월 때 동그라미를 그렸고 사람 형상을 그리기 시작했다. 콩 줍기, 수건 접기, 지퍼 올렸다 내리기 등 두뇌와 연결되어 있는 일상에서 할 수 있는 것들도 집에서 내가 시켰다. 활동지도 잘했고 정서도 안정이 되어 갔다. 아이가 이른 개월 수이기는 했지만, 어린이집에 가도 될 만큼 충분히 성장이 빨랐기 때문에 소장님이 자신 있게 권하셨던 것 같다.

하지만 나는 어린이집에 보내는 것이 아직 불안했기에 26개월에 소장님 상담을 받았다. 소장님은 "선혁이는 머리는 빠른데 말이 늦어서 답답증이 생겼어요. 행동도 과격해지고 거기서 오는 짜증이 생긴 거예요. 선혁이는 한 달이면 한글을 뗄 거예요."라고 말해주셨다. '어린 개월 수에 어떻게 한글을 떼지?'라는 생각이 들었다. 알고 보니 이때 한글을 뗀다는 말은 사물 인지를 하면서 좌뇌가 조금씩 열린다는 뜻이었다. 좌뇌가 열리면 이해력이 생기기 때문에 규칙을 알고 지키려고 노력하게 된다. 즉 조절하는 능력이 생기게 되는 것이다.

> **육아팁**
>
> 보통 24개월이 되면 아이가 "엄마, 물 주세요."라고 세 개의 음절로 말을 한다. 이때 아이가 말하기 전에 엄마가 모든 것을 알아서 해주면 아이는 말하는 기회를 점점 놓치게 되고 말이 늦어지게 된다. "뭐라고?" 못 들은 척해서 아이가 한마디라도 더 말하게 하자. 그리고 아이와 대화를 자주 주거니 받거니 하는 '핑퐁' 놀이를 많이 하면 좋다.

"엄마가 그 아이는 못할 거라고 생각하면 그 아이는 계속 못 해요! 할 수 있다고 생각하고 계속 긍정적으로 말해줘야 아이가 잘해낼 수 있어요."라며 계속 걱정하는 나에게 소장님이 말씀해주셨다. 사실 내가 어린이집 교사로 있으면서 기본 생활습관이 안 되어 온 아이들을 맡을 때 너무 힘든 경험이 있었다. 그래서 아이를 36개월 전에 기관에 보내는 것은 아니라는 생각을 굳게 가지고 있었던 것 같다. 한글을 떼고 기저귀 떼고 선혁이는 어린이집에 갔다.

그때 선혁이가 숫자를 읽기 시작하면서 시계를 채워줬다. 어린이집이 끝나는 시간에 맞춰 "엄마가 숫자 4에 선혁이 데리러 올 거야."라고 말했다. 4시보다 일찍 도착하더라도 잠시 기다렸다가 그 시간에 맞춰 아이를 데리러 갔다. 그것이 습관이 되면서 선혁이는 '엄마는 약속을 지키는 사람'으로 생각하게 되었다. 다행히 선혁이가 어린이집 활동을 잘했고, 1년 후 수료를 할 때는 담임선생님에게 칭찬도 많이 받았다.

"9명의 반 친구 중에서 가위질하고 풀칠해서 똑바로 붙이는 건 선혁이밖에 없어요. 어머니 집에서 뭐하신 거예요?"

"제가 집에서 홈스쿨링으로 같이 했어요. 저도 예전에 유아 교사 일을 했고 어릴 때부터 그렇게 해줬어요."

너무 잘하셨다는 칭찬과 함께 선혁이는 빠른 아이니까 어린이집에 보내지 말고 꼭 '유치원'을 보내라고 말씀해주셨다. 그리고 선혁이는 유치원에 입학하게 되었다.

육아팁

유치원은 교육부의 지도·감독을 받는다. 유치원은 유아의 전인 교육을 위하여 유아교육법에 따라 설립·운영되고 있다. 반면 어린이집은 보건복지부 보육정책국의 지도·감독을 받는다. 어린이집은 취학 전 교육의 기능 중 보호적 기능을 주목적으로 하며, 주로 직업을 가진 여성들의 자녀를 맡아 보호 및 교육하고 있다.

🖋 감정을 소통하다

나는 웃는 것을 좋아한다. 교사로 활동하면서 항상 많이 웃었는데, 그것이 습관이 되어 일상에서도 늘 많이 웃게 되었다. 나의 웃는 모습을 보고 자란 선혁이도 방긋방긋 잘 웃었다. '아이 앞에서는 긍정적인 모습을 보여주자.'는 생각이 강했던 나는 아이 앞에서 남편과 말다툼을 하는 것도 자제했다. 아이가 불안해하면 안 된다고 생각했기 때문이다. 그러다 보니 나의 솔직한 감정을 숨긴 채, 아이와 보내는 시간이 종종 있었다. 그런데 소장님과 함께 육아 공부를 하며 사람 사이의 일어나는 감정을 아이 앞에서 자연스럽게 보여주는 것이 중요하다는 것을 깨닫게 되었다. 혹시 부부 싸움을 하게 되더라도 "엄마와 아빠도 말할 때 의견이 다를 수 있는 거야. 너도 화날 때 있지? 엄마도 그래. 하지만 엄마와 아빠는 화해도 잘해."라며 반드시 아이 앞에서 화해하는 모습을 보여주라고 하셨다.

선혁이는 상대방의 감정을 읽는 것이 서툴렀다. 특히 화난 표정을 잘 못 읽었다. 감정을 제대로 못 읽었기 때문에 눈치 없이 행동하는 일이 자주 있었고, 해야 하는 말과 하지 말아야 하는 말을 잘 구별하지 못했다. 상대방이 화가 났으면 잘못했다는 표정을 지어야 하는데 선혁이는 늘 웃는 얼굴이었기 때문에 표정 문제로 적지 않은 오해가 생기곤 했다. 긍정적인 것이 좋다고만 생각했던 나의 큰 실수였다. 아이가 상대방의 감정을 읽는 데까지 오랜 시간이 걸렸다.

선혁이가 5살 때였다. 소장님께서 30가지의 '감정카드'를 만들어주셨다. 감정카드에는 놀라다, 긴장되다, 사랑하다, 뿌듯하다, 화나다 등 다양한 감정이 그림으로 표현되어 있었다. 그날부터 선혁이는 감정카드 미션을 시작했다. 매일 아침 감정카드로 그날의 기분을 체크했다.

"선혁아, 너 지금 기분이 어때?"

"엄마, 나 오늘은 '신나요'예요."

"아, 그렇구나. 엄마는 '기쁘다'야."

아침·저녁으로 아이가 감정카드에 있는 그림을 따라 그리면서 감정을 익히기 시작했다. 내가 뽑은 감정카드의 표정을 지어보고, 그 감정에 대해서 이야기도 했다. 감정카드가 없더라도 "엄마는 어제 푹 자서 그런지 기분이 좋아. 오늘 좋은 일이 있을 것 같아."라며 오늘 일과를 선혁이에게 말해주기도 했다. "엄마는 오늘 미술 특강이 있어. 이모들한테 재미있게 그림 그리는 방법을 엄마가 알려주는 거야. 멋지지?" 그러면 선혁이가 "엄마 잘 갔다 오세요! 파이팅."이라며 편지를 써 주기도 했다. 조금씩 상대방의 기분을 이해해서 맞추려고 노력하는 듯했다.

> **육아팁**
>
> 감정은 36개월 이전에 엄마에게서 배워야 한다. 엄마와 주고받는 대화를 많이 하고 자연스러운 대화를 통해 아이와 감정을 소통해 보자.

아침에 일어나면 선혁이와 늘 함께 사진을 찍었다. "너의 표정이 이래."라며 보여줬다. 어느 날은 선혁이의 우는 사진, 화내는 사진, 웃는 사진을 인화해서 한쪽 벽에도 붙여놓기도 했다.

"선혁아 어떤 표정이 좋아? 엄마는 이 모습이 좋더라."

"선혁아, 울 때 봐. 엄청 못생겼네."

선혁이가 자신의 사진을 보고 표정을 알아갔다. "엄마가 지금 기분이 안 좋거든. 혼자 블록 가지고 놀고 있어. 엄마가 시간이 좀 필요해. 모래시계가 다 떨어질 때까지 놀고 있어."라고 말하면 "네."라고 대답하며 엄마를 이해해 주기 시작했다. 나의 표정을 통해서도 읽고 내가 말을 해주니 아이가 이해하는 것 같았다. 숨기려고만 했던 나의 감정을 아이와 자연스럽게 소통하게 되니, 아이 또한 자신의 감정을 엄마에게 잘 이야기하게 되었다.

> **육아팁**
>
> 엄마의 감정을 숨기지 말고 아이에게 제대로 표현을 해주는 것이 아이가 타인의 감정을 이해하게 되는 첫 시작점이 된다는 것을 잊지 말자.

감정카드 일기를 써요

선혁이는 5살부터 감정카드 일기를 썼다. 글은 읽지만 글자 쓰는 것이 아직은 미숙한 시기여서 이 또한 연습이 필요했다. 처음에는 감정카드를 보고 그림 그리는 미션을 줬다. 오늘의 감정카드를 뽑은 다음 카드와 똑같이 그림을 그리고 그 밑에 감정카드의 이름을 적었다. '신난다'라고 썼다. 아이가 글자를 쓸 수 있게 되면서 그 옆에 왜 신났는지를 글로 쓰게 됐다.

예를 들면, "나는 오늘 엄마가 친구들하고 나눠 먹으라고 초콜릿을 주셨는데 친구가 나한테 고맙다고 말했다. '다음번에 너에게 더 맛있는 것을 줄게.'라고 말해서 나는 너무 기분이 좋고 신났다."라고 썼다. 선혁이는 감정카드 일기를 3~4년 정도 계속 썼다. 그 활동들이 일기 쓰기의 기초가 되었고 지금도 '일기'를 꾸준히 쓰고 있다.

일기를 쓰면서 자신의 감정을 정화할 뿐만 아니라 타인의 감정을 이해하게 되면서 아이의 사회성도 점점 좋아졌다. "나랑 얘기했을 때 친구가 했던 말에 그때 내가 화가 났지만, 가만히 생각해보니 '친구가 기분이 나빴을 수도 있네.' 내일 그 친구를 만나면 내가 먼저 말해줘야지."라고 일기를 쓰면서 반성도 하고 내일 목표도 정하게 되었다.

> **육아팁**
>
> 유아기에 생각지 못한 갑작스러운 상황이 발생하면 아이가 당황해서 말을 못하거나 눈을 깜빡이는 경우가 있다. 평소에 엄마가 일어나지 않은 상황에 대한 예시를 많이 들려줘서 아이가 미리 알고 스스로 대처할 수 있도록 하면 좋다. 아이가 스스로 생각을 많이 할 수 있도록 하면 좋다. 가장 좋은 방법은 아이가 스스로 책을 많이 읽어서 책 속에서 깨닫도록 하는 것이다. 5세 이전에는 아이의 실생활과 관련된 이야기들이 많은 '생활습관' 책을 많이 읽으면 좋다.

3. 그림을 좋아하는 아이

어릴 때부터 엄마의 그림 그리는 모습을 많이 봤고 영재오 '선 긋기'를 꾸준히 했던 선혁이는 '그림 그릴 때가 제일 행복하다'고 말한다. 한번은 내가 재능기부로 영재오 도서관을 꾸미기 위해 풍선을 들고 있는 여자아이 모습을 한쪽 벽면에 그린 적이 있었다. 그때 선혁이도 내 옆에서 종이 위에 그림을 그리기 시작했다. 관찰력이 좋은 선혁이가 7개의 풍선을 들고 있는 여자아이의 모습을 그린 다음, 색연필로 멋지게 색칠까지 했다. 그 모습이 어찌나 놀랍던지. 그날, 내 그림 옆에 선혁이가 그린 그림을 나

란히 붙여놓았다. 너무 좋아하며 활짝 웃는 선혁이의 모습이 지금도 나를 미소 짓게 한다.

> **육아팁**
>
> 영유아기 미술은 그림을 통해 심리를 끌어내는 중요한 활동이다. 말을 대신하여 자기 생각을 표현할 수 있는 좋은 방법으로 아이의 숨은 감정을 찾고 풀어줄 수 있다.

그림 그리기를 좋아하고 그림을 잘 그렸던 선혁이는 길을 가다가 특이한 것을 보면 그것을 기억해서 집에 와서 항상 똑같이 그림을 그려서 남기려고 했다. 소장님은 복잡한 모형을 투시해서 전개도처럼 그림을 그리는 것이 선혁이의 특별한 재능이라고 칭찬해주셨다.

선혁이 7살 때였다. 영재오 친구들이 '책 파티'를 할 때 선혁이는 유일하게 '그림 전시회'를 열었다. 그때 '선 다빈치'라는 별명도 얻었다. '선 다빈치의 그림 전시회'는 2주 동안 진행됐다. 그리고 이 그림을 어떻게 그리게 되었는지 친구들에게 설명해주는 것이 '특별 미션'이었다. 자신의 생각을 그림으로 표현은 잘했지만 조리 있게 말하는 능력이 부족했기 때문이다.

그림 전시회에는 또래 친구들뿐만 아니라 3~4살 어린 동생들과 어른들도 와서 구경했다. 선혁이가 그림을 설명해 줄 때 상대방의 수준에 맞춰 표현해야 했기 때문에 말하는 연습 또한 많이 하게 된 시간이었다. '그림의 주제가 무엇인지', '왜 그리게 되었는지', '어떻게 그렸는지'를 설명해주면서 아이는 상대방과 소통하게 되었다. 그림을 그리는 것도 중요하지만, 자신이 그린 그림을 상대방에게 설명하며 소통하는 것도 중요하다는 것을 알게 된 것 같았다.

"선혁아, 대단하다! 이것을 어떻게 그린 거니?"

"엄마가 미술 선생님이잖아. 멋진 그림을 그리는 엄마가 있는 네가 부러워. 그러니까 선혁이도 '그림 박사'가 되었나 봐. 진짜 너무 멋지다. 이모는 아무리 노력해도 그림이 안 그려져."

선혁이 그림을 본 사람들 누구나 칭찬을 많이 해주면서 선혁이의 자존감도 많이 높아졌다. '앞으로도 그림을 잘 그려야겠다'는 다짐을 하는 듯했다. 그리고 다른 사람이 엄마를 칭찬해주면서 선혁이가 엄마를 자랑스러워하고 존경하는 마음을 갖게 된 것 같다. 전시회를 통한 일석이조(一石二鳥)의 효과였다.

> **육아팁**
>
> 다른 사람이 엄마를 칭찬해주거나 존경해주면 그 모습을 본 아이도 엄마를 자랑스러워하고, 존경하는 마음을 갖게 된다.

✎ 노력의 과정을 칭찬해요

2주간 진행된 전시회는 선혁이에게 도전의 즐거움을 안겨줬고 오랫동안 멋진 추억으로 기억되었다. 밝게 웃으며 자신감 넘치게 설명하는 선혁이의 모습이 자랑스러웠다. 전시회 기간 나뿐만 아니라 많은 사람들이 선혁이를 칭찬했다. 칭찬을 해줄 때는 결과보다는 노력의 과정을 중심으로 칭찬하는 것이 중요하다.

"너, 정말 대단한 것 같아! 어떻게 그런 생각을 했어? 엄마는 너랑 똑같이 가서 봤는데도 그 모습이 안 보였는데. 너는 어떻게 보였던 거야?"

이때 아이가 그림을 잘 그리게 된 기본에 대한 중요함을 잊지 않도록 계속 상기시켜줘야 한다. "선혁이가 그림을 잘 그리게 된 이유가 뭐야? 선 긋기를 어려서부터 해서 그렇지. 엄마하고 같이 '출발! 부웅~ 멈춰!' 엄청 많이 했지." 나는 기본의 중요성에 대해 아이에게 많이 말해주곤 한다. 아이가 그림을 잘 그리게 되었지만, 왜 잘 그리게 되었는지 그 이유를 제대로 알지 못하면 자신의 능력만 믿고 노력을 게을리할 수 있기 때문이다. 선혁이가 지금 그림을 잘 그리게 된 이면에는 '선 긋기나 동그라미'를 많이 그렸던 노력의 과정이 있었음을 잊지 않도록 늘 상기시켜줬다.

> **육아팁**
>
> 똑똑한 아이들은 '금방 외울 수 있어. 짧은 시간에 할 수 있어.'라며 자신의 뛰어난 능력을 믿고 기초 훈련과 노력의 과정을 소홀히 할 수 있다. 머리가 좋아서 빨리 습득하기는 하지만, 그것을 반복 연습하지 않으면 쉽게 잊어버리게 된다는 것을 잊지 말자.

"선혁아, 플래시카드가 중요해. 매일 플래시카드를 해야 말을 조리 있게 더 잘할 수 있어."

"선혁아, 네가 어려서부터 계속 그림을 그렸기 때문에 지금 이렇게 잘 그릴 수 있는 거야. 매일 열심히 해서 지금의 실력이 된 거야!"

기본의 중요성과 반복된 노력이 필요하다는 것을 인지하게 되면, 아이 스스로 목표 설정을 하게 되고 목표를 이루기 위한 체크리스트를 만들어 실천하게 된다. 부족한 부분을 보완해야 한다는 것을 아니까 힘들어도 열심히 활동하기 시작했다. 지금도 나는 선혁이에게 기본의 중요성을 입이 닳도록 강조한다. 1~2번의 말로는 아이가 잘 모르기 때문이다.

> **육아팁**
>
> 자기 주도적인 습관을 만들기 위해서 아이 스스로 계획하고 노력을 해서 성공했던 좋은 경험을 많이 갖게 하는 것이 좋다. 이때 칭찬을 통해 성공에 대한 좋은 기억을 아이에게 남겨주자. 성공의 경험을 기억함으로써 아이가 스스로 즐겁게 도전하게 될 것이다.

인사를 잘해요

일관성 있는 부모의 모습을 보여주는 것은 중요하다. '어른을 만나면 항상 인사하기'라는 규칙을 정했으면 아이가 잘 지킬 수 있게 지도해야 한다. 어렸을 때 어른을 보면 인사를 잘하던 선혁이가 크면서 부끄럼증이 생겼다. 어른을 보면 내 뒤에 살짝 숨고는 인사를 안 하기 시작했다. 그래서 선혁이에게 '인사판 만들기' 미션을 진행했다. 먼저 '인사판'에 표를 그리고 1부터 100까지 번호를 썼다. 그것을 코팅하고 줄을 연결하여 목에 걸었다. 그리고 '인사판'과 함께 항상 스티커를 들고 다니면서 만나는 사람마다 인사했을 때 스티커를 붙여달라고 요청했다. 100개의 스티커를 모두 모으면 성공파티를 열어 축하해주었다.

"인사를 계속 아이에게만 시키지 말고 엄마가 함께 90도 숙여서 인사하는 모습을 계속 보여주세요."라는 소장님 말씀을 듣고, 나도 선혁이 옆에서 열심히 인사를 했다. 스티커를 모으기 위해 대중교통을 많이 이용했다. 그곳에는 어른들이 많이 있기 때문이다. 한번은 지하철을 타고 이동하는데, 문이 열리자마자 나도 모르게 자동으로 들어오는 낯선 사람에게 "안녕하세요."라고 인사를 하게 됐다. 아이의 손을 잡고 있는 나에게, 옆에 계신 할머니가 웃으시면서 "아이한테 교육적으로 보여주려고 그러나 보네."라고 말씀해주시기도 했다. 덕분에 나도 낯선 사람에게 인사를 잘하는 습관이 생겨버렸다. 나의 이런 노력 때문인지 선혁이의 인사성이 점점 좋아지기 시작했고 '인사판' 미션 성공 축하파티도 즐겁게 할 수 있었다. 그리고 부끄러움이 많았던 아이가 이 미션을 통해 언제 어디서라도 유연하게 행동하게 되었다.

4. 독립을 응원하다

선혁이는 40개월 첫 카우프만 검사에서 151점을 받았다. 처음엔 얼떨떨하고 부담스러웠지만 꾸준히 노력했다. 그리고 영재오 프로그램과 소장님의 미션으로 작년 8월에 카우프만 최고점수 160점을 받았다. 날마다 조금씩 도전하고 성장하는 선혁이가 대견하고 믿음직스럽다. 선혁이는 6살 때부터 영재오 주말 리더십캠프(1박 2일)를 다녔다. 외동이기도 했지만 당찬 면이 부족했기에, 캠프를 통해 독립심을 키우고 스스로 성장할 수 있는 경험이 필요했기 때문이다. 그렇게 보낸 시간 덕분에 선혁이는 어린 나이지만 독립해서 중국 국제학교에 입학해 당차게 자신의 인생을 스스로 만들어가고 있다. 많은 엄마들이 나에게 물어본다.

"매니저님, 그 예쁜 아이를 어떻게 외국에 일찍 보냈나요?"

"엄마로서 누구보다 제 곁에 두고 함께 있고 싶은 마음이 컸던 아이였어요. 하지만 더 넓은 곳에서 더 멋지게 성장하는 아이의 모습이 그려졌기에, 5살 때부터 소장님과 준비를 많이 했어요. 아이의 독립을 위한 마음의 근육이 생긴 것 같아요."

9살 선혁이가 중국으로 3개월간 어학연수를 떠날 때 아쉬움도 두려움도 있었지만, 나는 아이에게 힘찬 응원의 메시지를 더 많이 보냈다. 어느 곳에 있든지 잘해낼 선혁이를 그만큼 믿기 때문이다. 그리고 그날 밤은 아이를 양육하면서 8년 만에 깊은 잠을 잤던 것 같다. 선혁이가 중국에서 열심히 공부하듯이 나는 내가 맡은 이 자리(교육매니저)에서 최선을 다할 것이다.

행복한 영재 키우기 노하우 3가지

아이를 키우면서 아이가 어릴 때 어떻게 교육하느냐에 따라 아이의 영재성이 개발되기도 하고 그렇지 않기도 하다는 것을 알게 됐다. 그중 중요한 3가지를 정리하면 다음과 같다.

첫째, 실패든 성공이든 늘 응원해주고 그 과정을 칭찬해주는 엄마가 되어야 한다. 머리가 좋고 성격이 급한 아이는 빠르게 습득하기는 하지만 꾸준히 반복하지 않으면 그 습득한 것을 잊어버리게 된다. 그래서 결과보다 노력하는 과정이 더 멋지고 중요하다는 것을 아이에게 반드시 이야기해줘야 한다. 아이의 진짜 실력은 노력하는 과정에서 쌓이기 때문이다. 선혁이는 어릴 때 '선 긋기'를 열심히 했기 때문에 그림을 잘 그리게 되었다는 것을 알고 있다. 그래서 새로운 목표를 세우더라도 기초를 다지는 노력을 게을리하지 않게 되었다.

 둘째, 아이의 성격과 특징을 잘 알고 거기에 맞게 대응해야 한다. 또한 내 아이가 성장하는 만큼 엄마도 공부하고 함께 성장해야 한다.
 영재성이 있는 아이들은 대부분 감각이 매우 예민하다. 그 부분을 엄마가 알고 있다면 아이가 예민하다고 혼내거나 고치려고 하기보다는 먼저 이해하고 공감해줄 수 있을 것이다. 그래야 그다음부터 아이가 그 예민함을 단점이 아닌 특별함으로 인정하고 클 것이다.
 선혁이가 다닌 어린이집에는 낮잠 자는 시간이 있었다. 다른 아이들은 낮잠을 자는데, 선혁이는 잠을 자지 않고 계속 깨어 있었다. 그 시간에는 선생님도 잠깐 쉬는 시간일 텐데 아이가 중간에 깨어 있으니 선생님도 제대로 쉬지 못하는 듯했다. 나는 어린이집 선생님과 상담을 했고 "낮잠 자는 시간에 할 수 있는 놀잇감을 좀 보내도 될까요?"라며 말씀드렸다. 그 후로 낮잠 자는 시간에 선혁이가 깨면 가지고 간 놀잇거리를 시켰고, 선혁이는 조용히 앉아서 그것을 했다. 내 아이가 예민해서 어린이집에서 낮잠을 잘 수 없다는 것을 알았기 때문에 적절한 솔루션을 발견할 수 있었던 것이다.
 영재에게 흔히 보이는 것이 '틱'이다. 이것은 머리가 빨리 발달한 반면에, 다른 기능의 발달이 늦어서 균형이 맞지 않기 때문에 생기는 증상이다. 이때는 플래시카드를 돌려 어휘량을 늘려주고 운동을 많이 하게 되면 좋아진다.

 셋째, 일관성 있는 부모의 말과 행동을 보여야 한다. 아이에게 명확한 규칙을 알려주고, 규칙을 지키는 부모의 일관성 있는 모습을 보여주는 것이 중요하다. 선혁이를 어린이집에서 데려올 때 시계를 보여주며 "엄마가 숫자 4에 올 거야."로 알려주고 항상 그 시간에 맞춰 아이를 데리러 갔었다. 엄마는 규칙을 지키는 사람이라는 것을 알려준 것이다.

36개월 이전에는 아이의 개인 생활 습관이 중요하다. '혼자서 신발을 신는다', '나갔다 들어오면 손을 씻는다', '밥을 먹으면 양치를 한다' 등 생활 규칙을 적어놓고, 아이가 규칙을 모두 알 수 있도록 각인시킨다. 규칙이 몸과 마음속에 새겨져 있어야 그 상황이 되었을 때 어떻게 행동해야 하는지를 알기 때문이다. 또한 규칙을 지키지 않을 때의 벌칙을 미리 아이와 정해놓으면 좋다. 그것 또한 규칙의 일환이다.

일관성 없는 어른의 모습은 아이가 신뢰하지 않는다. 규칙을 정했다면 부모 역시 꼭 지키도록 하자. 규칙을 많이 가진 아이들이 머리가 좋고, 그 규칙을 습관처럼 잘 지키게 되면 결국에는 자기주도학습을 잘할 수 있게 된다.

함께 키워나가요!

중국에서 쓴 선혁이의 일기장을 보면서 나도 모르게 미소 지을 때가 많다. 엄마가 곁에 없어도 하루의 일과를 정리하며 마음을 정화시키고 매일매일 꾸준하게 일기를 써내려가고 있는 좋은 습관을 가지게 된 것에 감사하다.

나 역시 '생각하며 노는 아이들'이라는 블로그에 육아일기를 올리고 있다. 선혁이와의 추억을 남기고, 교육매니저로서 활동들을 남기고 있다.

내 아이를 잘 키우고 싶지만, 제대로 된 육아 방법을 찾기는 쉽지 않았다. 내가 가지고 있는 육아 상식을 깨기도 쉽지 않았다.

하지만 육아 전문가를 만나고 꾸준히 공부하고 미션을 하다 보니 결국에는 내 아이가 행복한 영재로 커가고 있다. 교육매니저로 활동했기 때문에 가능했던 것이 아니라 '엄마'였기 때문에 가능했다. '엄마라면' 누구든지 할 수 있다. 내가 받았던 영재 교육의 노하우를 많은 엄마들에게 전해주고 소통하고 싶다. 이제는 엄마들의 선택에 달려있다. 영유아기 아이 교육의 골든타임을 엄마들이 놓치지 않기 바란다.

선혁 맘의 영재 교육 핵심노트

1. 결과보다는 과정을 칭찬해야 한다.
2. 아이의 성격과 특징을 잘 알고, 아이의 성장 속도에 맞춰 엄마도 공부해야 한다.
3. 아이에게 명확한 규칙을 알려주고, 먼저 엄마가 규칙을 잘 지켜야 한다.

윤공숙 교육매니저/ 영재오 한글 선생님

교육매니저 7년 차인 윤 매니저는 영재반, 심화반, 국제반에서 아이들을 가르치는 선생님으로도 활동하고 있다. 코칭맘 1기로 영재오를 시작했다. 울음이 많은 자신의 아이를 위해 28개월 때 육아전문가 임서영 소장 육아 상담을 받았고, 한글 떼기 미션을 통해 아이를 남다르게 키우고 있다. 그 노하우를 바탕으로 현재 영재오 한글선생님으로 활동 중이다. 유튜브 강의 동영상을 통해 엄마들에게 많은 육아 노하우를 전하고 있으며, 오프라인 부모강의도 진행하고 있다.

블로그 https://naver.me/G2SQ0ryw
인스타그램 https://www.instagram.com/kkongsuki

제5장

한글을 떼고 아이가 달라졌어요

1. 팝콘브레인을 아시나요?

희재가 6개월이 되면서 조리원 동기 엄마들과 모임을 하기 시작했다. 동기 엄마들과 만남은 집에서 혼자 육아하며 쌓였던 몸과 마음의 피로를 풀기에 충분했다. 엄마들끼리 티 타임을 가져야 하니까 아이들은 6명씩 앉혀놓고, '뽀로로', '호빗' 등 영상을 보여줬다. 동기 엄마들의 집에 한 번씩 모여서 육아를 함께하기도 했다. 그때도 아이들에게는 영상을 보여주며 놀게 했다.

내 주위에는 공부에 열의가 가득한 열성 맘들이 많았다. 나 역시 아이를 잘 키우고 싶은 마음은 여느 엄마들 못지않았다. 집에 있을 때는 한글부터 시작해서 과학·수학·영어·인지프로그램 등 교육 영상을 틀어놓고 보게 했다. 희재 역시 영상 보는 것을 좋아했다. 덕분에 희재는 계속 영상에 노출되어 있었다.

희재가 돌이 지나면서 나는 책 육아를 시작했다. 내 옆에 희재를 앉혀 놓고 같은 책을 반복해서 읽어줬다. 팝업 북, 사운드 북 등 흥미 있고 재미 있을 만한 책들로 보여주니, 아이가 관심을 가지고 보기 시작했다. 책을 읽어주는 것 역시 아이에게 영상을 보여주는 것과 똑같은 효과가 있다는 것을 그 당시에는 알지 못했다.

희재가 15개월이 되면서 많이 울기 시작했다. 엄청 징징대기 시작했다. 자다가 일어나서 옷을 안 입고 벌거벗고 다니기도 했다. 엄마들 모임에 나가도 희재는 징징대며 울었다. 영상을 보여주는 것도 한계가 있었다. 영상이 끝나고 다른 아이들과 놀 때 희재는 울기 시작했다.

우는 희재를 안고 달래느라 엄마들과 어울리지 못하는 일이 많아졌다. 우는 희재 때문에 약속을 잡아놓고도 나가지 못하는 일도 계속 생겼다. 자연스럽게 모임을 나가지 못하고 외출을 삼가게 됐다. 하지만 아이가 왜 징징대며 우는지 이유를 알지 못했다.

문화센터에 가도 희재는 놀지 않았다. 적응을 못 하고 내 품에만 있으려고 했다. '돈까지 내고 문화센터에 왔는데. 내가 왜 이러고 있지?'라는 생각이 들면서 몸도 마음도 지쳐가기 시작했다.

전문가 상담을 찾다

희재가 23개월 되었을 때, '징징거림'을 해결해보고자 상담기관을 찾았다. 그때는 지금처럼 육아상담이 대중화되지 않았고 초등학생 대상의 검사가 많았다. 물어보고 싶어도 물어볼 곳이 마땅치 않아서 속상했다. '징징거림'을 계속 검색하다가 우연히 '영재오(영재들의 오후학교)'라는 아이 양육방법을 알려주는 카카오스토리(카스)를 발견하게 됐다. 소식 받기를 하면서 영재오의 육아정보를 눈여겨보기 시작했다.

23개월 전까지는 문화센터를 다니면서 내가 "희재야. 이건 사과, 포도."라고 말을 하면, 희재도 "사과, 포도."라고 따라서 말하며 반응을 보였다. 그런데 어느 날부터 아이가 '멍'해지기 시작했다. 눈빛도 '멍'했다. 아이의 반응 속도도 느리고, 무기력한 모습을 보면서 예전 같지 않음을 느꼈다. 24개월쯤 희재의 행동이 점점 심해짐을 알고 나서 남편에게 상담을 받고 싶다고 말했다.

"영재오는 어린 아기들을 상담해주는 것 같아. 상담 한번 받아볼까?"

"애들이 다 그렇지. 왜 굳이 상담받으려고 해?"

나는 아이와 24시간 함께 있으니 이상함을 느꼈는데, 남편은 퇴근 후에 잠깐 보니 잘 몰랐다. 희재는 또 기차를 집착적으로 좋아했다. 6개월 정도 집 앞에 있는 기차역을 매일 갔다. 내가 육아를 어떻게 해야 할지 잘 몰라서, 아이를 데리고 기차역이 있는 집 앞 공원을 산책하러 가듯이 다녔는데, 그때 본 기차를 좋아한 것이다. 아이가 '기차'를 좋아하면서 '토마스 기차 퍼즐' 시리즈와 기차 레고, 기차 장난감, 기차 책 등을 사주기도 했다.

> **육아팁**
>
> 18~24개월까지 아이 뇌의 80%가 발달한다. 아이가 한 가지만 고집한다고 해서 그것만 사주거나 보여주면 안 된다. 두뇌가 확장되지 못하며 골고루 발달하지 못할 가능성이 있다. 아직 한글을 떼지 않았다면 한글을 가르치는 것이 좋다.

희재가 27개월이 되면서 남편 역시 아이의 상태가 점점 심각해짐을 느끼고서 상담을 받는 계기로 이어졌다. 점점 우는 것과 떼쓰는 것이 심해지고 얼굴에는 징징징이 늘 가득했다. 아이가 예민해질수록 나와 남편 역시 매우 예민해지기 시작했다.

우동을 먹으러 식당에 간 적이 있었다. 우동 한 가닥이 탁자에 떨어지자 아이가 "주어!"라며 큰 소리 치고 울기 시작했다. 손수건으로 우는 아이의 코를 닦아주면 "닦지마, 닦지마!"라며 울었다. 안 닦아주면 "닦아줘, 닦아줘."라며 울었다. 물을 엎질렀을 때는 "담어, 담어."라며 난리가 났다. 티스푼으로 물을 담는 시늉까지 해야 아이가 그나마 괜찮아졌다.

식당 주인에게 "죄송합니다. 못 먹겠습니다."라며 말하고 계산만 하고 나왔다. 아이의 이런 행동 때문에 그 뒤부터는 식당에 안 가기 시작했다.

팝콘브레인을 아시나요?

희재가 28개월 때는 2~3시간씩 울었다. '아이가 이상한 행동을 하는 데에는 이유가 있을 텐데.'라는 생각에 그 이유를 찾기 위해 인터넷 검색을 했다. 그때 마침 영재오에서 '코칭 맘(지금의 교육매니저) 1기'를 모집한다는 내용을 발견했다. 회비가 있었고, 재택근무 가능, 아이 키우는 것을 가르쳐 주겠다는 조건이었다. 반가운 소식이었다.

영재오 카스에서 희재 또래 아이들이 '한글 떼기'를 많이 한다는 것을 알게 된 후, 한글 프로그램을 구매했었다. 혼자 하려니 힘겨웠는데, '코칭 맘 1기'로 참여해서 도움도 받고, 육아 방법도 배워보자는 생각이 들었다. 남편에게 말했다.

"코칭 맘 1기로 참가하고 싶어. 희재를 잘 키우고 싶은데, 내가 직접 배워서 키우고 싶어."

남편 역시 동의했다. '코칭맘 1기' 참가와 동시에 영재오 임서영 소장님과 '상담'이 잡혔다. 첫 상담에는 남편도 함께 갔다. 소장님과의 상담에서 나는 희재가 왜 그동안 징징대며 울었는지 이유를 알게 되었다.

소장님은 희재가 전형적인 '팝콘브레인'이라고 했다. 팝콘브레인은 팝콘이 튀어 오르는 것처럼 즉각적인 현상에만 반응할 뿐, 깊이 생각하지 않는 뇌의 상태를 말한다. 즉 자극적이고 단편적인 영상물에만 반응을 하는 것이다.

희재가 어릴 때부터 영상에 많이 노출된 것이 문제였다. 재미있고 자극적인 영상에만 반응하는 팝콘브레인 성향을 만들어 놓은 것이다. 그래서 '멍'하게 있는 경우가 많았고, 집이 아닌 다른 공간을 가거나 활동을 시키면 짜증 내거나 심하게 징징대며 울었다.

> **육아팁**
>
> 팝콘브레인을 방치하면 자폐가 될 가능성이 있다. 영상에서 많이 봤던 '이미지'를 떠올리며 '멍때리기'를 하거나 사고(思考)를 안 하기 시작하면서 혼자만의 세계에 빠지게 된다. 그러면서 외부와는 소통하지 않으려고 하며, 한 가지만 집착할 수 있다. 따라서 아이에게 무분별한 영상 노출을 자제해야 한다.

2. 징징대며 울고 떼쓰는 이유는?

희재는 대근육(몸의 가슴이나 어깨, 복부, 허리, 팔, 다리 따위와 관련된 큰 근육) 또한 발달 되지 못했다. 영상을 보느라 매일 앉아있었고, 나 역시 아이가 어디로 뛸지 모르니 안고 다녔기 때문에 아이 스스로 다리 근육을 쓸 일이 별로 없었다. 그 날 상담실에는 희재가 오를 만한 높이의 침대가 있었다. 희재가 스스로 올라가려고 낑낑대고 있었는데, 올라가지를 못했다. 다리 근육이 발달하지 못하니까 오르기가 힘들었던 것이다. 낑낑대며 애쓰는 희재에게 소장님이 큰 소리로 말했다.

"그것도 못 올라가니?"

그 한마디에 희재가 울기 시작했다. 30분 정도 계속 울었다. 소장님과 상담해야 하는 시간인데도 상담실로 들어오지 않았다. 소장님께 물어봤다.

"희재를 데리고 올까요?"

"아니요. 놔둬 보세요. 저 아이 그러다가 들어올 거예요."

잠시 후, 희재가 엄마 아빠를 찾아 상담실로 들어왔다. 소장님이 아이한테 "집게를 이용해서 이 휴지를 들어 올려봐."라고 말했더니, 아빠 품에 앉아서 휴지를 들어 올리기 시작했다. 그러고는 곧 잠이 들었다. 30분을 울고 났더니 피곤했는지 깊은 잠이 들었다. 소장님과의 상담은 1시간 정도 진행됐다. 상담이 끝나갈 무렵 희재가 깨어나더니 갑자기 다시 큰 소리로 울기 시작했다.

그 상황에서 나는 어떻게 해야 할지 몰랐다. 희재가 우는 것을 한참 동안 지켜본 소장님이 "우는 것을 고쳐줄게요."라며 희재에게 다가갔다.

"다 울고 나와. 다 울고 나와."

희재가 울고 있는 방문 앞에 소장님이 앉았다. 희재가 울음을 그칠 때까지 방을 나오지 못하도록 지키고 있었다. 30분가량 대치 상태였다. 울고 있는 희재에게 소장님이 휴지를 던져주며 말했다.

"네가 닦아! 네가 닦아!"

희재는 눈물을 닦아주면 닦지 말라며 울었고, 닦아주지 않으면 안 닦아준다고 우는 아이였다. 늘 어찌해야 할지 모르는 상황이 또 벌어졌다. 소장님은 '이때다' 싶었는지, 당황해하지 않고 희재에게 "네가 닦아. 네가 닦아."라며 휴지를 계속 던졌다.

30분이 지나자 희재가 아무렇지 않게 혼자서 휴지로 얼굴을 닦고 방을 나왔다. 남편과 나는 희재가 스스로 눈물을 닦는 모습에 깜짝 놀랐다.

"아이가 스스로 닦고 나올 수 있는데, 그동안 부모님이 안 가르쳐서 안

닭은 거예요. 훈육도 안 되어 있어요. 되는 것과 안 되는 것을 명확하게 가르쳐줘야 합니다."

소장님의 말씀에 남편과 나는 귀를 기울이기 시작했다.

🖋 사랑의 회초리

소장님은 희재가 4살 수준의 어휘력을 가지고 있고 똑똑하다고 말씀해주셨다. 문제점은 영상에 노출이 많이 되었다는 것과 '훈육'이 되지 않았으며 아이의 두뇌가 발달함에 따라 성장해야 하는 이해력이 부족하다고 하셨다. 이어서 소장님이 솔루션을 주셨다.

"안 되는 것은 '안된다'는 양육자의 단호한 태도가 필요합니다. 당분간 문화센터나 여행을 삼가고 한글을 빨리 떼서 이해력을 향상시키는 것이 좋습니다. 퍼포먼스 미술은 그만하고 동그라미, 세모, 네모 도형 그리기를 연습하여 스스로 그림을 그리면서 놀기를 권해드립니다."

이어 "훈육이 가능한 시기가 24개월부터입니다. 좌뇌의 20%가 열리기 때문이죠."라며 "30~36개월은 좌뇌와 우뇌가 충돌하는 시기입니다. 나는 울고 싶지 않은데 우는 시기입니다. 인생에서 맞아도 되는 시기 6개월이니 매를 드셔도 됩니다."라고 말씀해주셨다.

희재는 28개월이었다. 그때 이미 희재 상태는 훈육을 해도 되고, 매를 들어도 되는 시기였다. 그런데 우리 부부는 훈육해도 되는 시기인 걸 몰랐기 때문에 그동안 희재가 원하는 대로 다 해주고 있었다.

"소장님, 정말 회초리 사도 되나요? 때려도 돼요?"

"네, 때려도 되는 시기입니다. 아이는 안 울고 싶은데, 자기 몸이 본능적으로 반응하는 거니 강제로라도 빨리 울음을 그치게 하는 것이 좋습니다."

남편과 돌아오는 길에 우리는 '사랑의 회초리'를 샀다. 차를 타고 이동하는데, 희재가 또 떼쓰고 울려고 했다. 엄마와 아빠만 있으니까 또 떼를 쓰는 듯했다.

"희재, 울 거야? 차를 돌려서 저기 소장님한테 가자. 소장님한테 가면 안 울 것 같아."

"아니야. 나, 안 울 거야. 소장님한테 안 갈 거야."

회초리보다 더 무서운 소장님 덕분에 희재의 울음은 금방 그쳤다. 첫 번째 훈육이 성공했다. 팝콘브레인 희재가 영상을 더 이상 보지 못하도록 거실에 있는 TV를 '아빠 방'으로 옮겼다. 가지고 있던 영상물, 팝업 책 등 모두 박스에 싸서 창고에 보관했다. 그리고 거실은 책으로 채우기 시작했다.

첫 미션 - 한글 떼기 & 8바구니

소장님이 주셨던 미션 중에 제일 중요했던 것은 '한글 떼기'였다. 이해력이 부족했기 때문에 한글을 떼서 이해력을 키워 주기 위함이었다. 한글 떼기는 통글자, 낱글자, 동요, 동화, 논술의 5단계가 있었다. 단계마다 플래시카드와 교재가 제공됐다. 진행 방법을 익히고 교재를 함께 풀었다. 그리고 8바구니의 활동지를 병행했다.

통글자는 총 59장의 플래시카드를 이용해서 사과, 포도 등 이미지로 사물을 인지해 한글을 익히는 단계다. 통글자 플래시카드의 앞면에는 이미지, 뒷면에는 한글이 있다. 이미지가 있는 면을 아이에게 보여주고 1초에 한 장씩 뒤에서 앞으로 엄마가 한글을 말하면서 돌려주면 된다. 아이가 이미지를 통해 사물 인지를 할 수 있도록 계속 반복하면 좋다.

플래시카드 59장은 매일매일 아이에게 보여줘야 한다. 집에서 아이가 이동하는 동선 곳곳에 카드를 10장씩 두고 수시로 돌려주는 것도 좋다. 연달아 26일을 3번(3개월 동안) 반복하면 아이는 한글을 익히고 뗄 수 있게 된다. 26일을 최소 3번 반복하면, 전두엽에서 받아들인 정보가 후두엽까지 전달되기 때문에 장기 기억으로 저장된다.

> **육아팁**
>
> 모든 한글 단계 중에서 통글자가 차지하는 비율은 50%다. 그만큼 어렵고 중요한 단계다. 어려워하는 이유 중 하나는 아이를 어떻게 집중시켜서 가르쳐야 하는지 잘 모르기 때문이다. 플래시카드를 돌리면서 아이의 이목을 집중시키면 된다. 플래시카드를 돌리는 것이 처음에는 익숙하지 않기 때문에 엄마가 혼자서 연습을 많이 해야 한다.

3. 한글을 알다

희재는 전형적인 '팝콘브레인'이기 때문에, 밋밋하게 플래시카드를 돌려서는 아이의 관심을 끌지 못했다. 플래시카드를 보지 않거나 '싫어'라며 도망가기 바빴다. 희재의 관심을 끌기 위해 여러 가지 방법을 시도했다. "여기 봐."라며 탬버린을 치기도 하고, 뿅 망치 들고 아빠와 야밤에 게임도 많이 했었다. 노력을 많이 했지만, 여전히 플래시카드에는 관심을 보이지 않았다.

  소장님에게 상황을 전하니 플래시카드 놀이 방법을 알려주셨다. 희재는 재미있는 놀이를 해야만 집중하면서 잘 봤다. 몇 가지 놀이를 소개해 보겠다.

  '이사 놀이'는 한쪽 벽면에 익혀야 하는 한글 단어를 5장 붙여놓는다. 아이가 단어를 하나씩 떼어서 다른 쪽 벽면에 붙이도록 한다. 이때는 몇 발자국이라도 걸어갈 수 있는 거리면 좋고, 엄마가 단어를 어느 위치에 붙이라고 안내를 해주면 좋다.

  '원숭이 엉덩이는 빨개' 노래에 나오는 단어들을 골라서 바닥에 나열해 둔다. "원숭이 엉덩이는 빨개, 빨간 건 사과, 사과는 맛있어, 맛있는 건 바나나, 바나나는 길어, 긴 것은 기차." 아이와 함께 노래를 부르며, 단어가 나올 때마다 그 단어 위를 지나가며, 익히도록 한다.

  '스케치북에 아이가 알고 있는 단어'를 검정 크레파스로 써 주고 한 번씩 읽어준다. 아이가 몇 번을 듣고 익힌 글자이기 때문에, 엄마가 불러주는 글자를 손가락으로 짚어보라고 하면 잘 짚을 수 있다. 또한 말하는 펜으로 플래시카드의 글자 면을 콕콕 찍어서 '한글' 소리를 들려준다.

  아이가 그날 해야 하는 '통글자 떼기'와 8바구니를 잘 끝내면 반드시 보상을 해줘야 한다. 희재에게는 초콜릿, 과자 등 먹을 것을 사주거나 "지금 이거 잘하면 놀이터 가서 놀게 해줄게." 등 아빠가 놀아주는 보상을 많이 줬다.

> **육아팁**
>
> 보통 아이들의 경우에는 플래시카드를 정석대로 진행하다가 심심하다 싶을 때, 놀이를 겸하는 것이 좋다. 놀이도 헷갈리고 글자도 헷갈릴 수 있기 때문이다.

희재는 8바구니 중에서 '선 긋기'를 많이 했다. 선 긋기는 내 몸을 내 의지대로 움직이게 하는 가장 기초적인 연습이다. 선 긋기를 하면 자기 조절력이 생긴다. 대소변 가리기, 달리다가 멈추기 등 행동조절이 가능해진다. 이때 엄마가 아이의 손을 잡고 "자, 따라 하는 거야. '출발! 부웅~ 멈춰!'"를 함께 해주면 된다.

> **육아팁**
>
> 통글자(한글) 떼기와 8바구니는 기초가 되는 프로그램이다. 반드시 병행해서 진행해야 한다. 한글은 '기호'다. 기호를 알게 되면서 아이의 좌뇌가 열린다. '규칙'을 이해하게 된다. '여기서는 뛰지 않는 거야', '밥 먹을 땐 손을 씻는 거야'라는 말을 인지하고 규칙을 받아들인다.

✏️ 천 단어를 수집하다

어렵고 힘들게 3개월 만에 희재가 통글자를 뗐다. 플래시카드의 59단어를 알게 된 희재는 자신감이 넘쳤다. 징징거리던 얼굴이 사라지고 밝아졌다. 나 역시 희재가 통글자를 뗀 성취감이 말할 수 없을 만큼 컸다. 희재는 울지 않으려고 노력하고, 엄마의 말을 듣고 이해하기 시작했다. 소장님이 말씀하셨던 이해력이 생긴 것이다.

 가장 크고 중요한 변화는 영상을 끊었다는 점이다. 영상 대신 놀 수 있는 놀잇거리를 찾았는데, 바로 한글 떼기와 8바구니 활동지였다. 공부를 놀이처럼 느끼기 시작했다. 나도 희재도 함께 성장해가며 '행복하다'고 느끼기 시작한 순간이었다. 3개월 만에 일어난 전혀 예상치 못한 변화에 '영재오'에 대한 확신과 그다음 한글 떼기가 기대됐다. 다음 단계는 '낱글자' 떼기다. 통글자를 뗀 희재가 먼저 '낱글자' 플래시카드를 보여달라고 말했다.

 "엄마, 이거 해줘, 이거 또 해줘."

 '어떻게 나한테 먼저 플래시카드를 보여 달라고 말하지?'라는 생각에 대견하면서도 신기했다. 아마 희재는 이때부터 스스로 지식을 탐구하기 시작했던 것 같다.

 낱글자는 통글자 플래시카드를 이용해서 글자를 하나씩 구분해서 읽게 하는 단계다. '책상'이라는 플래시카드가 있다면 반으로 접어서 '책'과 '상'이 따로 보이도록 한다. 아이에게 뿅망치나 손가락 지시대를 가지고 직접 가리키면서 하나씩 낱글자로 읽게 하는데 2주 정도 하면 된다.

 '낱글자'를 하면서 희재가 한글에 재미를 붙이기 시작했다. 나에게 계속 단어를 알려달라고 했다. 그래서 희재와 나는 '1,000 단어 수집하기'를 함께했다. 집에 있는 물품에 포스트잇으로 이름을 붙이고 따라 읽으면서, 단어를 익히기 시작했다.

 "오늘은 화장실에 있는 단어를 할 거야. 이거는 거울, 이거는 변기, 이거는 수도꼭지야."

 "오늘은 부엌 할 거야. 이거는 냄비, 이거는 냄비뚜껑, 이거는 손잡이야."

포스트잇을 떼고 붙이고를 반복하면서 놀이를 했다. 집에 있는 단어를 놀이처럼 했더니 1,000개의 단어를 빨리 수집하게 됐다. 이때 소장님이 '거꾸로 말하기'를 시켜보라고 알려주셨다. 이것은 지금까지도 희재와 많이 하는 놀이 중 하나다.

"희재야, 크레파스를 거꾸로 하면 뭐지?"

"스파레크."

희재는 두 글자 단어부터 여섯 글자 단어까지 거뜬히 성공했다. 희재의 어휘량이 점점 풍성해지고 있었다.

육아팁

좌뇌와 우뇌 사이에 '뇌량'이 있다. 뇌량은 이 둘을 연결해 주는 다리다. 양쪽 뇌의 정보가 여길 통해 오고 간다. 뇌량을 자극해주는 가장 좋은 학습 방법이 '거꾸로 말하기'다.

한글은 창의력이다

한글 떼기 제3단계 '동요' 단계에 들어가면서 희재는 글자를 읽기 시작했다. '동요'는 노래다. '나비야 나비야. 이리 날아오너라!'의 동요를 통해 쉽게 글자를 익히는 단계다. 노래를 부르면서 율동도 병행하면 좋다. 제대로 인지했는지 확인하기 위해 동요 플래시카드를 바닥에 내려놓고, 엄마가 부르는 단어를 아이가 찾아오도록 하는 것도 좋은 방법이다.

8바구니의 선 긋기 활동지를 하면, 아이들은 'ㄱ', 'ㄴ', 'ㄷ'을 제대로 구분하고 읽을 수 있다. 한글은 암기가 아니라 창의력이다. 'ㅅ'과 'ㅏ'가 합쳐져서 '사'라는 글자가 되는 것을 익혔기 때문에, 단어를 하나씩 알아가면서 새로운 단어들을 만들어보고 읽으려고 시도했다.

희재가 34개월 때, 길을 가다가 간판에 적힌 '금 이빨 삽니다'를 읽었다. 교재에도 없고 내가 알려주지도 않은 단어였다. 아이가 창의적으로 글자를 읽은 것이다. 'ㄱ'과 'ㅡ'와 'ㅁ'이 만나서 '금'이 된다는 것. 희재는 글씨를 조합해서 만들어 읽은 것이다. 희재는 한글을 알고 이해력이 생기면서 책에 푹 빠지게 되었다.

> **육아팁**
>
> 한글의 모든 단어를 알려줄 수 없고 암기를 할 수 없으므로 글자를 만들어서 스스로 읽어보는 연습을 하는 것이 중요하다.

4. 한글 선생님이 되다

학습 못지않게 중요한 것이 운동이다. 희재는 신체적으로 약하고, 운동신경이 발달하지 않은 편이다. 7살 때 조기 입학을 했다. 정신은 성숙했지만 같은 학년 아이들에 비해 한 살이 어리니 덩치가 작았다. 초등학교에서 줄넘기 테스트를 하는데 당시 희재는 겨우 줄넘기 10개를 넘기는 수준이었다. 그때 소장님이 한 달 안에 '줄넘기 연달아 150개 성공시키기' 미션을 주셨다. 한 달 안에 '쉬지 않고 줄넘기 150개'를 성공시키기 위해 공원에 가서 연습을 계속했다. 신체발달을 다른 아이들과 맞추기 위해 희재는 다른 아이들이 100번 하면 될 것을 1,000번을 연습해야 비슷한 수준이 되었다. 소장님은 희재에게 운동을 통해 만들어지는 '근성', '끈기', '인내'를 가르치고 싶으셨던 것 같다.

처음에는 연달아서 뛰기도 어려워했다. 나는 희재에게 '5개'를 해보라고 했다. 성공하면 물개 박수와 함께 '잘했다'며 칭찬을 해주고 보상도 했다. "오늘은 무슨 일이 있어도 10개를 해보는 거야." 그다음에는 "오늘은 12개만 하자."라며 천천히 개수를 올렸다. 그리고 나 역시도 아이 앞에서 똑같이 줄넘기 150개를 함께 뛰었다.

"희재가 목표를 다 채우지 않으면 집에 못 가."

저녁이 되어도 그날 정해진 개수를 채우지 못하면 집에 가지 않았다. 나는 아이가 포기하지 않기만을 바랐다. 한 달 뒤, 희재는 보란 듯이 150개를 성공했다. 운동을 통해 또 한 번 성장하는 계기가 됐다. 희재는 스스로 해낼 수 있음을 느꼈고 자신감도 생긴 듯 즐거워했다.

두 번째 운동은 '철봉에 매달리기'였다. 희재는 손힘이 약해서 매달리기를 오래 하지 못했다. 소장님께 속상해서 마음을 털어놨다.

"희재가 매달리기를 30초도 못해요. 너무 속상해요"

"아니요, 아이마다 달라요. 먼저 성취감을 느끼게 해줘야 해요. 엄마가 할 수 없는 숫자를 계속 주니까 아이가 더 자신감이 없는 거예요. 할 수 있는 숫자부터 주세요."

그다음부터 희재에게 10초를 스스로 카운트하도록 했다. '1, 2, 3, 4, 5, 6, 7, 8, 9, 10.'을 3초 만에 말하고 철봉에서 내려왔다. "와! 대단해."라며 박수를 쳐줬다. 다음에는 11초를 말했다.

'1, 2, 3, 4, 5, 6, 7, 8, 9, 10, 11.', 이번에도 빨리 말하고 내려왔다. 초대로 정확하게 매달려있지는 않았지만, 희재는 매일매일 성취감을 느끼게 되었다.

> **육아팁**
>
> 지구력, 자기 주도, 인내심을 키우고, 자기와의 싸움에서 이겨낼 수 있도록 '혼자 하는 운동'을 하면 좋다. 달리기, 철봉 오래 매달리기, 줄넘기, 수영 등을 하면 좋다.

행복한 영재 키우기 노하우 3가지

'팝콘브레인'이었던 희재를 영재로 키우면서, '한글'을 빨리 떼는 것이 중요하다는 것을 알게 되었다. 또한 아이를 어떻게 교육하느냐에 따라 '팝콘브레인' 아이도 영재가 될 수 있다는 것을 깨닫게 됐다. 그중 중요한 3가지를 정리하면 다음과 같다.

첫째, '영상을 보여주지 않는다'이다. 영유아기에 미디어(스마트폰·TV·영상) 노출은 후천적 자폐, 팝콘브레인, ADHD(주의력결핍과잉행동장애)의 원인이 될 정도로 위험하다. 희재는 6~8개월 때부터 영상에 노출되면서, 소장님을 만난 28개월 때는 전형적인 '팝콘브레인'의 모습을 보였다. 자극적인 영상물에만 반응하는 뇌로 변해버린 것이다. 징징대며 울고 억지를 부리는 등 감당하기 힘든 아이의 문제행동들이 계속 발생했는데, 그 원인이 '영상' 때문이었다.

아이에게 영상이 노출되지 않도록 주변 환경을 만드는 것이 중요하다. 먼저 거실에 있는 TV를 다른 공간에 옮겨야 한다. 옮긴 방 이름을 '아빠 방'이라고 말하고, 만약 아이가 영상을 보고 싶어 한다면 아빠 허락을 구하고 보도록 한다. TV가 없어진 거실에는 책이 많은 공간으로 꾸민다. TV

를 뺄 수 없다면 TV를 큰 천으로 덮는 것도 좋은 방법이다. 플러그를 빼 놓고 아이에게는 "TV 고장 났어."라고 말해준다. 이때 엄마와 아빠 또한 TV를 보지 않아야 한다.

2시간 이상 장거리를 가야 하는 상황이 생겼다면 영상을 보여주는 대신에 엄마가 아이와 함께 놀아주면 좋다. '손 게임', '가위바위보 게임', '끝말잇기 게임', '선 긋기' 등 영상 대신할 수 있는 놀잇거리를 아이에게 알려주면 된다. 내 경우엔 영재오 8바구니를 놀이로 만들어 줬기 때문에 영상을 더 이상 찾지 않았다.

영재오 교육을 아무리 많이 해도 영상을 보여주면 교육 효과가 '제로'가 된다. 영상은 모든 것을 제로화 시킨다. 영상을 많이 본 아이들은 몸을 움직이지 않기 때문에, 몸이 무기력해지고 의욕도 없어진다. 아이가 영상에 많이 노출되어 있다면 지금 당장 영상을 보지 못하도록 조처를 해야 한다.

육아팁

아이에게 '시리즈' 영상을 보여주는 것은 위험하다. 다음 편 이야기를 기대하게 되기 때문이다. 만약 영상의 캐릭터가 광고, 책, 과자, 테마공원 등으로 외부에 노출되어 있다면 아이는 24시간 그 영상만 생각하게 될지도 모른다.

둘째, 육아 멘토가 될 수 있는 '전문가와의 상담'이 필요하다. 나 역시 소장님과의 상담을 통해서 희재의 문제점을 발견하게 됐다. 지금은 소장님이 나의 육아 멘토다. 소장님을 만나면서 그 시기에 맞는 적기 교육과 훈육 방법을 제대로 배우고 있기에, 이제는 육아가 두렵지 않고 재미있다.

아이를 훈육할 시기와 방법, 문제행동에 대한 적절한 솔루션을 육아 전문가에게 상담받고 실행한다면 육아의 시행착오를 줄이고, 아이를 행복한 영재로 잘 키울 수 있을 것이다. 모성은 본능이지만 육아는 학습이다. 제대로 된 육아 방법을 엄마가 배우지 않으면 아이를 절대 행복하게 키울 수 없다.

현재 영재오 교육매니저들은 오픈 채팅방을 운영하면서 '영재오'에 대한 기본적인 정보와 상담을 엄마들과 하고 있다. 교육매니저들은 문의 오는 엄마들을 직접 가르치고 코칭한다. 엄마들이 지치지 않고 아이를 잘 키울 수 있도록 육아 노하우들을 알려준다. 그리고 코칭 받은 그 엄마들이 자신의 아이들을 직접 가르치고 있다.

교육매니저들은 엄마들의 육아 멘토 역할을 함께 하고 있다. "이건 어떻게 할까요?", "놀이동산 가도 될까요?", "이번 주는 뭘 할까요?" 엄마들의 다양한 질문에 대해 선배 육아 맘으로서 조언을 아끼지 않고 있다.

> **육아팁**
>
> 엄마들이 시간이 남기 때문에 아이와 놀아준다고 생각하면 안 된다. 아이와의 시간을 먼저 확보하고 나머지 일정을 정해야 한다.

셋째, '책을 스스로 읽게 하는 것'이다. 책을 읽는 것과 읽어주는 것은 차이가 크다. 절대로 엄마가 책을 읽어주면 안 된다. 책을 읽어주는 것 역시 영상을 보여주는 것과 같기 때문이다. 만약 엄마가 책을 보여준다면, '사물 인지'를 시키며 보여줘야 한다. 예를 들면 그림책을 볼 때 글자만 읽지 않는다. "어머 구름이 있네. 꽃도 있네. 나무도 있네."라며 먼저 설명을 하고 아이에게 질문을 한다. "이건 뭐야?" 아이가 대답한다. "꽃." 엄마가 다시 물어본다. "이건 뭐야?" 아이가 "구름."이라고 스스로 대답하도록 읽어주는 것이 좋다.

　아이 스스로 책을 읽게 하기 위해서는 한글을 빨리 떼는 것이 중요하다. 희재는 한글을 떼면서 재미를 느끼고 단어 수집을 빨리 했다. 희재는 34개월부터 8줄 책을 읽었다. 그리고 책에 풍덩 빠지면서 책에서 많은 정보와 지식을 스스로 탐구하게 되었다. 희재는 지금도 책 읽기를 굉장히 좋아한다. 희재가 빠르게 고도지능이 된 이유 역시 책이다.

✐ 저는 늘 그 자리에 있어요

　희재가 36개월 때 카우프만 검사를 했는데 143점이 나왔다. 이후 43개월에는 160점 최고점수를 찍었다. 그리고 9살 지금까지도 160점을 유지하고 있다. 현재 중국에 있는 국제학교에 다니고 있다. 시험을 보면 늘 1, 2등을 한다. 중국 담임선생님이 "영어 부분은 특히 탁월합니다. 희재가 발표하면 모든 중국 아이들이 부러워합니다."라며 칭찬을 많이 해주셨다. 기숙사 선생님도 "인사 잘하고 착해요. 희재 같은 아들 있으면 좋겠어요."라고 했다. 영재오 센터에서도 엄마들이 "선생님, 희재 방금 봤는데 어쩜 이렇게 잘 키우셨어요?"라며 물어본다. 매일 울고, 떼쓰고 징징대던 희재의 과거 모습을 모르는 분들의 말이다.

　나 역시 여느 엄마들처럼 아이를 잘 키우고 싶다는 절실함이 있었고, 소장님을 만나면서 미션을 통해 '한글'을 빨리 뗀 것이 많은 도움이 되었다. 희재에게 한글을 가르쳤던 노하우를 이제는 많은 영재오 엄마들과 아이들에게 가르쳐주고 있다. 교육매니저인 동시에 한글 선생님으로도 활동 중이다.

내가 희재를 영재로 키운 것처럼, 다른 엄마의 아이들도 잘 키워주고 싶다. 엄마들이 상담을 받으러 왔다가 여러 가지 이유로 안 오고, 다시 오는 엄마들도 많다. 나는 그분들에게 항상 말한다.

"저는 제 아이 잘 키운 노하우를 엄마들에게 공유하며 도움을 드리고 싶어요. 저는 늘 그 자리에 있어요. 언제든지 다시 오세요. 항상 응원합니다."

'영재오'를 통해 엄마와 아이가 모두 행복해지기를 간절히 바란다.

희재 맘의 영재 교육 핵심노트

1. 아이가 영상에 노출되지 않도록 주의한다.
2. 아이의 시기에 맞는 적기 교육과 훈육 방법을 제대로 배우고 익혀야 한다.
3. 아이 스스로 책을 읽게 하라.

이재연 교육매니저/ 영재오 플래시카드 강사

교육매니저 7년 차인 이 매니저는 현우 39개월 때, "엄마는 가장 좋은 선생님"이라는 영재오 코칭맘 1기의 카피글을 보고 코칭맘을 시작했다. 육아전문가 임서영 소장의 노하우로 아이와 애착이 좋아지고 아이의 지능도 향상되었다. 그중 플래시카드 효과를 가장 많이 본 아들 현우 덕분에 현재 영재오 플래시카드강사로 활동 중이다. 블로그 〈현우맘과 함께하는 엄마공부〉를 통해 그 놀라운 육아 경험을 많은 엄마들과 소통하고 있다.

블로그 https://blog.naver.com/purin76
인스타그램 https://www.instagram.com/1000_jaeyoun

제6장

플래시카드로 똑똑한 두뇌 만들기

1. 엄마의 생각 비우기

　나는 놀러 다니는 것과 사진 찍는 것을 좋아하는 엄마였다. 옷을 좋아해서 주말마다 현우에게 예쁜 옷을 입혀 사진을 찍고 SNS에 올렸다. 여자아이 옷도 예쁜 것들은 사진을 찍어 지인들에게 돌렸다. 이런 일이 계기가 되어 주말에는 '어린이 옷 쇼핑몰'을 운영하게 됐다.
　평일에는 아이들을 가르치는 방문교사로 일했다. 집에는 아이들을 가르치는 교구들이 많이 있었지만, 현우에게는 제대로 해준 적이 없었다. '내 아이는 내가 못 키워.'라는 생각이 강했기 때문이다. 방문교사를 하는 지인들도 자신의 아이를 직접 가르치지 않았고, 다른 교사에게 맡기는 경우가 많았다.
　그런데 나는 현우를 다른 교사에게 맡겨서 수업해본 적이 별로 없었다. 아이가 산만하고 말이 조금 느렸는데, 교사들끼리 모인 자리에서 내 아이 이야기가 나오는 것이 싫었기 때문이다. 36개월 때 처음으로 한 달 동안 책 읽어주는 선생님이 집에 와서 수업을 한 적이 있다. 선생님이 온 날은 아이가 여기저기 돌아다니며 '엄마'를 부르고 울고 난리였다. 공부방에 들어가 보니 개구리가 10마리 접혀져 있었다. 선생님이 현우를 집중시키려고 개구리를 접었던 것이다.
　나는 그때만 해도 아이가 크게 문제 있다고 생각하지는 않았다. 말이 조금 늦었지만 "쥬뚜주세요, 쥬뚜." 정도의 의사소통은 되었기 때문이다. 남자아이들은 여자아이에 비해 발달이 조금 더 늦고, 특히 완벽주의 성향을 가진 아이들은 '완벽하게 준비하지 않으면 말을 안 한다'라는 말로

합리화를 하곤 했다.

　방문교사를 오래 하다 보니 일에 염증을 느끼기 시작했다. 내가 맡은 아이들을 끝까지 책임질 수 없고, 엄마들 역시 나를 선생님으로 생각하기보다는 주어진 시간에 자신의 아이와 놀아주는 사람 정도로 여기는 태도가 불편했다. 엄마에게 아이 칭찬을 많이 하면 수업이 연장되었지만, 아이의 문제행동을 이야기하면 기분 나빠하고 수업을 그만 두는 엄마들도 있었다. 진정성을 담아서 아이를 가르칠 수 없다는 생각에 많이 지쳐 있었다.

　그때 우연히 '영재오' 카카오스토리에서 '코칭맘 1기'를 뽑는다는 소식을 보게 됐다. 재택근무가 가능했고, 내가 먼저 내 아이를 가르쳐 보고, 그것을 바탕으로 다른 엄마들에게 육아 방법을 가르쳐 주는 거라 '할 수 있겠다'는 생각이 들었다. 코칭맘 1기에 신청했고 새로운 일을 시작하게 되었다.

◈ 새로운 일에 도전! 코칭맘

　현우가 4살(39개월)때 영재오 코칭맘 1기로 활동하면서 임서영 소장님을 처음 뵙게 되었다. 소장님이 현우를 사진으로 처음 보시면서 "아이를 왜 이렇게 약하게 키웠어요? 마음이 약해서 엄마가 혼내거나 훈육하면, 엄마는 나를 지켜줄 수 없는 사람으로 생각해요. 지금은 훈육하면 안돼요."라고 말씀하셨다. 보통 30~36개월은 훈육이 가능한 시기로 아이에게 사회적인 규칙을 알려 줘야한다. 현우는 39개월이라 개월 수로는 훈육이 가능했지만, 애착형성이 안되어 있고 마음이 여려서 훈육을 하면

'엄마가 날 미워한다, 엄마가 내 편이 아니구나'라고 생각할 수 있다는 것이다. 나는 성격이 털털한 편이어서 아이를 약하게 키웠다고 생각하지 않았기에 소장님이 잘못 보셨다고 생각했다. 그런데 코칭맘으로 일하면서 소장님이 말하는 '약하다'의 의미를 이해하게 되었다.

방문교사로 일했을 때, 나는 현우를 80일 때부터 시어머니댁에 맡겼다. 다른 교사들은 회사소속 어린이집에 아이들을 모두 맡겼다. 그 어린이집에서는 다양한 교구와 교재를 활용하여 수업을 진행했다. 시어머니가 "어린이집에 너무 일찍 가면 안 된다."라고 말씀하셔서 나는 보내지 않았다.

영유아기에 엄마들이 아이와 애착 형성 놀이를 하거나 문화센터를 다니는 등 아이에게 다양한 자극을 주려고 노력한다는 것을 알고 있었다. 반면에 현우는 매일 할머니와 집에만 있으니, 차라리 어린이집에 보내는 것이 낫겠다는 생각이 들었다. 친구들을 만나면서 사회성을 기르고 여러 가지 교구와 교재로 자극을 받으면 두뇌 발달도 빨리 될 거라고 생각했기 때문이다. 시어머니를 설득하고 아이를 어린이집에 보내기로 했다.

어린이집에 간 지 15일 만에 어린이집 선생님에게서 "아이가 울다가 잠시 숨이 넘어갔어요."라며 연락이 왔다. 아이가 울다가 기절을 했다는 것이다. '정신 차려'라며 톡톡 치면 눈빛이 돌아오기는 했지만, 벌써 몇 번을 기절했다는 것이다. 나도 놀랐지만 어린이집 선생님도 많이 놀라 했다.

아이를 병원에 데리고 갔더니 '분노발작'이라고 했다. 성격 급한 아이들이 급작스럽게 울다가 숨을 들이마시면서 숨을 쉬지 않고 넘어간다는 거였다. 병원에서는 "성격 급한 아이들에게서 가끔 일어나는 일이기는 한데, 그냥 놔두면 저절로 사그라들어요."라고 했다.

그 일 후로, 시어머니가 현우를 다시 키우게 되었다. 아이가 울면 '분노발작'으로 또 기절할까 봐 되도록 아이가 울지 않는 환경을 만들었고, 과잉보호하며 키웠다. 할머니가 화를 내지도 않고 울기 전에 챙겨주고, 먹여줬다.

내가 코칭맘으로 활동한 지 한 달이 지나서 소장님이 현우를 직접 보셨다. 그리고 어느 날, 소장님이 말씀하셨다. "사실 현우 맘의 아이를 처음 봤을 때 놀랐어요. 뇌의 공백기가 느껴졌어요."라고 말씀하시는데 깜짝 놀랐다. "분노발작으로 그 숨을 쉬지 않는 0.001초라도 유아들한테는 굉장히 치명적이었을 거예요. 엄마가 현우에게 미안한 거예요. 현우가 지금 산만하고 집중 못 하는 것은 그 일 때문일 수도 있어요."라고 하셨다.

현우에게 제대로 된 교육을 하지 않으면 굉장히 산만한 아이가 될 거라고 하셨다. 한글을 떼면 좋다는 말에 플래시카드를 열심히 돌렸고, 현우는 40일 만에 한글을 뗐다. 아이의 산만함이 조금씩 줄어드는 듯했다.

🌿 내가 아는 육아 상식이 정말 맞을까?

소장님은 미션 실행을 먼저 시키고, 미션 뒤에 숨어 있는 깊은 이야기는 미션이 끝나면 알려주셨다. 미션 안에 숨은 뜻이 대단히 많은데, 그것을 이해하려면 엄마들이 본인이 가지고 있는 지식과 헷갈리기 때문에, 우선 실행을 먼저 시키는 편이었다.

내가 방문교사를 하면서 중요하다고 알게 된 것이 '책 육아'였다. 집에 약 2천 권이 넘는 책을 구매해서 두기도 했다. 그런데 소장님은 "책 너무 많이 읽어주면 안 돼!"라고 하셨다. 내가 아는 상식에서는 '책 육아'가 좋은 건데, 영재오에서는 왜 책을 읽어주면 안 된다고 하는지 이해할 수 없었다. 지금은 그 속뜻을 알게 됐지만, 그 당시에는 잘 몰랐기 때문에 육아 코칭할 때, 혼란이 오면서 영재오 교육 반, 내가 가진 상식 반으로 코칭을 하기 시작했다.

    코칭맘을 시작한 지 8~9개월이 지났을 때였다. 소장님의 이론대로 아이를 키우고 육아 맘들을 코칭하는데 '이런 이론들이 맞을까?'라는 의구심이 계속 들었다. 시중에 나와 있는 육아서와 반대되는 이론에 더욱 혼란스러웠다. 결국 마음을 잡지 못하고 일을 잠시 쉬게 되었다. 쉬는 동안 나는 맘블로그와 유명한 육아서를 공부하며 열정적으로 홈스쿨링을 이어갔다. 하지만 혼자서 하는 육아는 어려움이 있었고 이론이 명확하지 않은 교육에 머리는 복잡하기만 했다. 3개월 정도 지나서 오랜만에 영재오 코칭맘들을 만나게 됐다. 그때 영재오 아이들의 눈빛과 현우의 눈빛이 다르다는 것을 알고 충격을 받았다. 소장님의 이론대로 자란 아이들은 그 사이에 많은 성장을 했을 뿐만 아니라 총명함으로 눈빛 또한 반짝거렸다. 그제야 경솔했던 내 행동을 반성하게 됐다. 다시 소장님의 교육철학대로 내 아이와 육아 맘들을 제대로 코칭해봐야겠다는 간절한 마음이 들었다. 그리고 '내가 처한 상황에서 내 판단만으로 회사를 그만뒀는데, 내가 현우에게 굉장히 중요한 것을 뺐었구나.'라는 생각이 들었다. 7~8개월을 함께 보냈던 현우의 소중한 친구들을 내가 아무 말도 없이 뺐었구나 싶었다. 외동이었던 현우가 그 아이들과 함께 지내면서 배웠던 점들도 많았던 것을 내가 생각하지 못했던 것이다. 소장님을 뵙고 '코칭맘'을 다시 시작하고 싶다고 말씀드렸다.

    "저와 다시 일하기 위해서는 한 가지만 기억해주세요. 현재 알고 있는 것들을 모두 비우고 오세요."

그때부터 내가 어설프게 알았던 육아 상식을 모두 내려놓고, 소장님의 육아 방법을 그대로 해보기로 마음먹었다. 그리고 현우의 놀라운 변화가 시작되었다.

2. 한글을 떼고 '행복'을 알게 되다

현우가 영재오를 시작하기 전에는 자다가 일어나서 울고 떼를 쓰는 행동이 많았다. 말로 표현을 못 하니 뭔가 마음에 안 들면 발로 '쿵쿵'거리기도 했다. 한글을 떼고 말을 하기 시작하면서 행동에 조금씩 변화가 있었다. 내 말을 이해하면서 말도 잘 들었다.

그러던 어느 날, 갑자기 아이의 성질머리가 나빠졌다. 어린이 주스를 주면 "내 꺼야. 안 줘."라며 가져가곤 했다. "누가 뺏어 먹는다고 그래? 누가 그렇게 못 되게 이야기하라고 했어?"라며 혼을 냈다. 아이의 행동이 점점 이상해져서 소장님께 "현우가 갑자기 짜증을 많이 부려요."라고 말씀드렸다. 현우 사진을 보내달라고 해서 메시지로 보내줬다.

"현우가 살면서 행복하다는 것을 모르다가, 이제야 행복을 알게 됐어요. 그래서 그 전에 불행했던 것을 알게 된 거예요. 말 못하던 시기 어린이집에서 억울했던 상황, 엄마 없이 보낸 시간들이 갑자기 떠오를 때 그런 행동들이 나오게 될 거예요."

영재오 코칭맘을 시작하면서 나는 그동안 하던 일을 그만뒀기 때문에 아이와 함께 보내는 시간이 많았다. 아이의 손을 잡고 온전히 1주일 동안 있었던 것이 40개월 때였다. 아이가 이제 서야 행복하다는 것을 느끼면서 이전에 '내가 힘들었구나'를 기억하게 됐고, 그 힘들었던 순간의 스트레스가 갑자기 표출된 거라고 소장님이 알려주셨다.

"유아기에 받은 스트레스가 지금 나오는 거예요. 언젠가는 그 스트레스가 표출되는데, 지금 나오지 않으면 청소년기에 나와요. 그때는 걷잡을 수 없어요. 유아기 때 받은 스트레스는 유아기 때 엄마가 잘 풀어줘야 해요. 너무 다행히 지금 나오는 거예요. 지금부터 현우를 혼내지 마세요. 그것을 인정해주고 받아주세요. 같이 화를 내도 좋아요!"

그 말을 듣는데 순간 눈물이 나면서 현우에게 너무 미안했다. 엄마가 워킹맘이라 바빠서 제대로 놀아주지 못했고, 말도 안 트인 상태에서 어린이집에 갔을 때 받았던 스트레스를 지금 푼다는 것을 알게 되니 현우의 행동이 이해되기 시작했다. 그때부터 현우의 편이 되어줬다.

현우가 "이거 내 꺼야!"라고 하면 나는 벽을 탁탁 치면서 현우의 행동을 공감했다. "누가 우리 현우 거 뺏어 먹으려고 그래? 누가 우리 현우 말도 못하는데 뺏어 먹었어? 이거 현우 다 먹어."라며 화를 같이 내주고 현우가 편안하게 잘 먹을 수 있도록 했다.

그리고 1주일이 지나자 아이의 행동이 다시 온순해졌다. 신기했다. 현우가 한글을 떼고 말을 하기 시작하니 '행복'을 알게 된 것이다. 현우의 가슴에 맺혔던 것이 풀려나가면서 아이의 행동이 많이 달라지기 시작했다.

현우에게 못되게 구세요

6살 때, 현우는 당황하면 말을 하지 못했다. "현우야, 왜 이걸 여기다가

났어?"라고 물어보면 큰 콧구멍을 벌렁벌렁 거리면서 말을 못했다. "아니! 혼내는 게 아니라 왜 여기 뒀는지 물어보는 거야. 먹으려고 갔다 놨어?"라고 물어봐도 가만히 있었다. 이모들이 물어봐도 마찬가지였다. 약간만 화나는 말투나 집요하게 빠르게 물어보면 현우는 당황하면서 말문이 막혔다.

"너 오늘 옷이 왜 이래? 설날인데 옷을 왜 이렇게 입고 왔어?"라고 이모들이 물어보면 "옷은 엄마 가방에 있어요."라고 말을 하면 되는데 말을 못하고 가만히 서 있었다. 내가 뒤에서 "가방에 챙겨왔잖아. '엄마 가방에 옷 챙겨왔어요. 갈아입을 거예요.'라고 말해."라며 알려주는 일이 많았다.

어느 날 소장님이 강의 때 "이번에는 현우의 미션 달이에요. 현우가 당황하면 말을 못하고 울먹이는 것을 고칠 수 있게 모두 도와주세요! 이제 현우한테 못되게 구세요!"라며 미션을 주셨다. 며칠 뒤, 나는 현우에게 맛있는 과자를 소장님께 가져다 드리라고 했다.

"소장님, 과자 드세요."

"나 이거 싫어해. 이거 왜 가져왔어?"

그 말에 당황해서 현우가 말을 못했다. 평소의 소장님은 아이들이 간식을 가져오면 "우와! 너무 맛있겠다. 나 왜 주는 거야? 사랑해서? 나도 너 사랑해."라고 웃으며 좋아해 주신다. 그런데 이번에는 '현우에게 못되게 굴기' 미션 달이었기 때문에 소장님 또한 현우를 테스트하려고 일부러 못되게 행동하셨다.

한번은 소장님을 스케치북에 예쁘게 그려서 "소장님." 하고 가져갔다. "나 치마 싫어해."라는 말에 또 당황해서 어쩔 줄 모르고 가만히 서 있었다. 내가 현우 뒤에서 "소장님은 치마 입으면 예쁠 것 같아요."라고 말하라고 알려주자 소장님이 한마디 하셨다.

"현우 엄마, 그만 좀 얘기해요. 현우한테 아무 얘기도 하지 마세요. 도움이 하나도 안 돼요."

이후로도 이모들이 현우에게 못되게 굴며 공격하는데, 현우는 아무 말도 못 하거나 울었다. 너무 답답해서 소장님께 물어봤다.

"소장님, 제가 아무리 생각해도 이해가 안 돼요. 말을 잘 못 하고 핑계도 못 대는 아이인데, 제가 뒤에서 '이렇게 말하는 게 좋아.'라고 알려줘야 말하는 훈련이 되지 않겠어요?"

"그게 엄마들이 가장 많이 하는 실수예요. 그거는 24개월 전에 한글을 몰라서 배우는 시기의 아이들이죠. 지금 현우의 경우는 달라요. 그냥 놔둬야 해요. 못되게 구는 환경 속에서 아이가 더 이상 참지 못하고 '제발 나 좀 그만 놔둬, 왜 이러는 거야!'라며 말을 터야 해요."

아이 스스로 "나한테 이제 그만 좀 해!"라고 소리 지르는 용기가 필요한데, 엄마가 뒤에서 늘 이야기해주면 그런 용기가 안 나온다는 거였다. 이제는 한글을 뗐고 이해력이 생겼기 때문에 강한 훈육이 필요했다. 하지만 나는 현우에게 훈육을 강하게 하지 못했다. 얼마 후, 소장님이 '엄마 바꾸기' 미션을 주셨다. 현우가 '모든 사람이 엄마처럼 친절하지 않다'라는 것을 미리 알고 연습을 해야 학교에 가서 선생님들을 만났을 때 당황하지 않고 자신의 의견을 잘 말할 수 있기 때문이다. 내가 아닌 다른 엄마들과 생활하는 불편한 환경과 어려움 속에서 대처 방법을 스스로 찾도록 하기 위함이었다.

> **육아팁**
>
> 아이가 친구들도 좋아하고 5살 이후가 되었다면, 1박 2일 캠프 또는 다른 집에서 재워 보는 것도 좋다. 편안했던 집을 떠나 불편한 환경 속에서 생활해보며, 부모에 대한 감사함을 느끼게 될 것이다. 또한 어려운 상황을 스스로 해결해보는 노력으로 머리를 계속 쓰는 동시에 아이의 독립심을 키우는 기회가 될 것이다.

조기 입학과 참관수업

현우는 7살 때 조기 입학을 했다. 한 달 후, 학부모 참관수업이 있어서 학교에 갔다. 그날이 세상에서 제일 슬픈 날이었다. 나는 내 아이가 ADHD(주의력 결핍 및 과잉행동장애)인 줄 알았다. 맨 앞줄 선생님 바로 앞에, 다리를 의자에 하나 걸치고 비스듬히 앉아있었다. 빨간색 색연필을 하나 까서 한 시간 동안 계속 손으로 만지작거리면서 한 번씩 나를 쳐다봤다.

현우와 조기 입학을 같이한 친구들은 오늘 참관수업에서 발표도 잘하고 예쁘게 잘 앉아있는데, 현우만 그렇게 앉아있었다. 그날 현우 모습을 사진으로 담을 수도 없었다. 참관수업이 끝나고 나는 주차장 차 안에서 1시간 동안 울었다. 아이의 산만함이 이 정도일 줄은 몰랐다. 그날 오후, 아이를 조용한 곳으로 데리고 가서 엄청 혼을 냈다. "수업시간에 어떻게 그런 자세로, 엄마가 있는데. 어쩜 그럴 수 있니?"라며 화를 냈다. 아이가 잘 못했다며 엉엉 울었다.

마음을 진정시킨 뒤 소장님께 메시지를 드렸다. 오늘 참관수업에서 본 현우의 모습을 이야기하며, 창피해서 사진도 못 찍었다고 말씀드렸다. 그리고 "제가 코칭맘으로서 일을 하는 게 맞는지 모르겠어요. '영재오를 하면 잘 클 수 있어요.'라는 말을 어떻게 할 수 있겠어요? 소장님께 누가 될까 봐 제가 떠나는 게 맞을 것 같아요."라며 긴 글을 남겼다. 잠시 후 "ㅋㅋㅋ 나는 알고 있었는데."라며 소장님이 메시지를 주셨다.

조기 입학을 앞두고, 2월에 소장님이 조기 입학하는 아이들 5명과 매일 1시간씩 데이트를 해줬다. 코코아를 사주면서 아이들과 많은 이야기를 나눴는데, 그때 느꼈던 현우의 모습이라며 "지금 창의력이 나오려고 해요. 이제 막, 말이 나오려고 해요."라고 말씀해주셨다.

"보통 아이들은 4~5살에 말이 터져 표현을 하는데, 현우는 그렇게 못했어요. 말 못하고, 친구들에게 당하고, 울고, 콧구멍을 벌렁벌렁했는데, 지금 아이가 몸으로 먼저 표현하고 있어요. 그래서 몸의 자세가 안 좋아요. 이럴 때 혼을 내면 안 돼요."

엄마로서 너무 하기 힘든 미션이었다. 그리고 얼마 안 지나서 소장님 말씀대로 아이의 말이나 행동이 많이 좋아졌다. 특별한 미션을 더 하지 않았는데도, 친구들 사이에서 자신의 의견을 말하기도 하고, 현우 스스로 자신을 방어하는 능력도 생기면서 소소한 복수를 하기도 했다. 달라진 현우의 모습이 반가웠다.

> **육아팁**
>
> 아이의 부족했던 부분을 환경을 통해서 스스로 극복해나가는 경험은 아이에게 '할 수 있다'는 자신감을 줄 수 있다.

3. 플래시카드 돌리기

어느 날, 소장님이 "플래시카드 수업 좀 해봐요."라고 말씀하셨다.
"저 플래시카드는 해본 적이 없는데요."
"돌리면 돼요. 그냥 계속 돌려주세요. 일단은 현우 데리고 돌려주세요."
그때 현우는 한글은 뗐었지만 책을 줄줄 읽지는 못했다. 현우에게 플래시카드를 반복해서 매일 돌려줬다.

> **육아팁**
>
> 플래시카드는 놀이처럼 즐겁게 하는 것이 중요하다. 플래시카드를 시작할 때는 "출발!" 외치며 시작한다. 태교부터 초등학교 5학년까지 단계별 플래시카드를 할 수 있다. 플래시카드를 돌릴 때, 율동과 노래를 만들어서 진행하면 아이가 더 즐겁게 따라 한다. 개월 수, 아이 상황에 따라 다르기는 하지만, 하루에 2,000장 이상 매일 반복해서 돌려주면 좋다.
> 플래시카드를 통해 매일 아이 두뇌에 노크를 하고 그 방에 계속 불을 켠다는 느낌으로 돌려주면 된다.

플래시카드는 1초에 한 장씩 빠르게 돌려주는 것이 핵심이다. 플래시카드의 앞면에는 이미지, 뒷면에 한글이 있다. 이미지 면을 아이에게 보여주면서 빠르게 돌린다. 이때 뒤에 적힌 단어를 같이 말해준다. "사과, 포도, 바나나."를 말하면서 플래시카드를 계속 돌려주면, 아이가 이미지 그대로 사물을 기억하게 된다. 단어를 쉽고 빠르게 암기하는 좋은 방법이다.

나는 현우가 외울 수 있는 플래시카드가 늘어나면서 퀴즈를 내듯이 빠르게 돌리기도 했다. "이게 뭐야?" 하면 "소파.", "이건 뭐야?" 하면 "침대."

라며 대답을 잘했다. 단어 놀이하듯이 놀 수 있어서 즐거워했다.

현우가 5~6살 때 플래시카드를 엄청 많이 돌려주면서 플래시카드 수업을 듣게 했다. 처음에는 50장 국가 카드를 외웠다. 교통 표지판도 100장을 거뜬히 외웠다. 48개월 첫 카우프만 검사에서 현우는 70점을 넘지 못했다. 그런데 5~6살 플래시카드를 많이 돌리고 나서는 130점을 넘더니, 중국 학교를 다녀와서 작년 여름 카우프만 검사에서는 최고점수 160점을 받았다.

> **육아팁**
>
> 플래시카드를 단어카드라고 생각하는 경우가 많다. 하지만 단어카드와는 다르다. 단어카드로는 스토리텔링을 만들 수 있고, 놀이로 할 수 있지만, 플래시카드의 목적은 이미지를 1초에 한 장씩 빠르게 돌리면서 두뇌에 자극을 주는 것이다. 뇌에 새로운 자극을 계속 주게 되면 뇌세포가 활성화되면서 능동적인 뇌의 활용이 가능하다.

플래시카드 효과

아이가 너무 어렸을 때 운동량이 부족하고 엄마가 책만 많이 읽어주면 'TV'를 보는 것과 똑같이 영상물 중독처럼 된다. 듣는 귀는 열려있지만, 아이가 말할 줄 모르기 때문이다. 플래시카드 역시 눈으로만 보면 TV를 보는 것처럼 중독될 수 있으므로 플래시카드를 돌릴 때 아이의 몸을 움직이게 하고 노래를 부르면서 즐겁게 해야 한다.

> **육아팁**
>
> 플래시카드에 흥미를 갖기 시작하면 몸을 움직이고 말을 하는 응용동작을 적용하면 좋다. 예를 들면 책상 박수를 따라 하게 하거나 율동을 넣어서 지시하는 글자가 나오면 '손 머리 반짝반짝' 하도록 하는 것이다.

플래시카드는 외국어부터 시작해서 수학, 작곡가, 속담, 위인 등 종류가 다양하다. 플래시카드에 흥미를 갖게 하기 위해서는 아이가 좋아하는 분야를 선택하면 좋다. 현우는 국기카드를 좋아해서 국기카드를 계속 돌려줬다. 아이가 좋아하는 분야의 카드를 500장 정도 만들어 계속 돌려준 다음, 아이가 싫어하는 분야의 카드도 섞어서 돌려주면 자연스럽게 외우게 된다.

한번은 현우에게 플래시카드 선택권을 줬더니 계속 국기카드만 선택했다. 아이가 다른 종류도 즐겁게 선택하는 방법이 필요했다. 아이 앞에 '공룡', '국기', '지명' 플래시카드를 놓고 긴 지시봉을 주면서 고르게 했다.

"내가 지시봉을 왔다 갔다 하면 현우가 '멈춰'를 외쳐줘."라며 지시봉을 움직였다. 일부러 '국기'가 선택된 것처럼 속아주기도 했다. 아이가 선택한 것을 신나게 돌려준 다음에는 엄마가 선택한 것을 돌려준다. 엄마와 아이의 선택을 7:3 비율로 섞어서 하면 좋다. 아이가 선택한 것을 한번 돌리고, 엄마가 선택한 것을 2번 돌려도 좋다.

현우에게 국기 플래시카드를 계속 돌려줬더니 국기카드 150장을 외웠다. 나는 현우를 서점으로 데리고 가서 '국기 책'을 사줬다. 친숙하게 봤던 국기와 함께 책을 읽으면서 그 나라의 수도, 인구, 문화 등을 탐색하기 시작했다. "엄마, 여기 국가는 인구가 100만 명밖에 안 살아요. 이 나라는 나라 이름이랑 수도 이름이랑 똑같아요."라며 즐겁게 책을 읽었다. '강아지' 플래시카드를 열심히 외운 다음에는 한강에 가서 산책하는 '강아지'를 보면서 종류 맞추기를 했다. "엄마, 비글이에요."라며 즐겁게 말하는 모습을 보면서 뿌듯했다.

> **육아팁**
>
> 플래시카드를 오래 했던 아이들은 순간적인 질문에 답이 바로 나온다. 한 번 본 이미지를 기억하는 것이 훈련되어 있기 때문에 책의 내용을 빨리 파악하고, 학습 능력이 뛰어나다.

미션 축하파티로 성공의 기억을 최고로 만들기

이미지 플래시카드의 경우에는 매일 몇천 장씩 반복해서 돌려주면 좋다. 글자 플래시카드의 경우에는 아이의 수준에 맞게 단계별로 진행하면 된다. 현우는 중국 국제학교 입학하기 전, '영어 단어 1,000개 외우기' 플래시카드 미션을 성공했다. 그리고 친구들 앞에서 미션 성공 축하파티를 했다. 정장을 멋지게 차려입은 현우는 친구들의 축하를 받으며, 그 성공의 경험을 최고의 기억으로 간직하게 되었다.

5살 때부터 현우에게 플래시카드를 돌려주면서 뇌를 계속 자극한 덕분에, 이제는 아이가 자기 주도적으로 지식을 탐구하기 시작했다. 현우는 중국에서 중국어를 공부하며 뇌를 계속 능동적으로 사용했다. 입학 후, 현우는 중국어 글자 쓰기에 집착했다. 선생님 말씀으로는 한 학기 동안 쓸 중국어를 이틀 동안 다 썼다고 한다. 그리고 나서 놀랍게도 중국어가 눈에 띄게 늘었다. 엄마도 없고 중국어도 들리지 않는 환경 속에서 현우는 어려움을 스스로 해결하기 위해 지능을 썼던 것이다. 현우가 기특했다.

> **육아팁**
>
> 어릴 때 아이에게 플래시카드를 돌려서 150장의 카드를 외웠다면, 아이의 뇌는 150만큼 능동적으로 사용할 수 있다. 풍선에 비유한다면 아이는 150개의 풍선을 분 것이다. 처음 풍선을 불 때는 볼이 너무 아프지만, 150개의 풍선 부는 것에 성공했기 때문에 처음보다 적은 에너지로 150만큼의 풍선을 능동적으로 사용할 수 있다.

4. 플래시카드의 유익을 알려주고 싶어요

현우는 이제 모든 것을 플래시카드로 만든다. 얼마 전에는, 부수 한자 214자를 플래시카드로 만들었다. 앞면에는 한자를 쓰고, 뒷면에는 뜻을 썼다. 부수 한자 214자 전체를 모아서 고리로 뚫고 가지고 다니면서 본다. 수시로 보지 않더라도 플래시카드를 만드는 과정에서 눈으로 스캔해버리기 때문에 내용에 익숙해져 있다. 손으로 동그라미 치면서 공부했던 것과 다르게 현우만의 공부법이 정립이 되고 있는 것이다. 플래시카드로 공부도 놀이처럼 재미있게 한다.

플래시카드를 돌린 덕분에 암기력 또한 뛰어나다. 중국 국제학교 2학년 때, 중국 고시(古詩)를 외어 전체 학년 앞에서 대표로 발표하기도 했다. 중국 담임선생님이 현우는 "성적이 상위권이고, 중국어 단어 받아쓰기는 대부분 만점입니다. 엄마와 떨어져서 기숙사 생활하는데도 학습적으로 떨어지지 않고 중국에 있는 아이들에게 굉장히 귀감이 되는 아이입니다."라며 칭찬을 많이 해주셨다. 이제는 엄마가 옆에 없어도 독립적으로 잘 해내고 있는 현우가 대견하고 자랑스럽다.

행복한 영재 키우기 노하우 3가지

아이를 키우면서 아이가 어릴 때 어떻게 교육하느냐에 따라 아이의 영재성이 개발되기도 하고 그렇지 않기도 하다는 것을 알게 됐다. 그중 중요한 3가지를 정리하면 다음과 같다.

첫째, 결핍과 시련의 환경을 만들어 아이 스스로 해결하고 성장하도록 하는 것이다. 아기일 때는 엄마가 옆에서 도와줄 수 있지만, 평생 엄마가 옆에서 도와줄 수는 없다. 5살 이후부터는 아이가 스스로 해결할 수 있도록 환경을 만들어주는 것이 좋다. 이때 엄마 역시 독립심을 가진 강한 아이로 키우겠다는 마음가짐을 갖는 것이 중요하다.

현우는 '엄마 바꾸기'를 통해 불편한 환경 속에서 자신의 결핍을 느끼고, 스스로 해결하도록 했다. 현우와 같은 또래의 친구 두 명이 있었다. 삼총사라며 자주 어울려 다녔다. 당시 다른 두 아이는 카우프만 검사에서 모두 160점을 받았는데, 현우는 70점을 못 넘었다. 현우와 다르게 두 아이는 똑똑하고 성격 역시 강했다. 불편한 환경이고, 친구들과 생활하며 부딪치는 여러 가지 어려움 속에서 현우는 스스로 해결 방법을 찾고 머리를 쓰는 노력을 했다. 그리고 똑똑한 친구들의 영향을 많이 받게 되면서 현우도 조금씩 변화를 보이기 시작했다.

당황하면 말을 못하던 현우가 친구들 사이에서도 자기의 의견을 당당히 말할 줄 아는 아이가 되었다. 엄마도 없는 중국 학교 기숙사 생활도 잘 해내며 자기주도학습을 잘하게 되었다. 그러한 환경의 도움으로 현우는 시험을 봐도 1~2등을 하는 영재로 커가고 있다. 결핍과 시련의 환경 속에서 더욱 굳건해진 현우의 모습이 믿음직스럽다.

둘째, 작은 성공의 기억으로 큰 성공에 도전하도록 만들기이다. 성공의 경험은 꼭 학습에만 국한되지 않는다. 일상생활 속에서도 작은 성공을 경험할 수 있다. 집에 3분, 5분, 10분의 모래시계를 가지고 있으면 좋다. 타이머나 모래시계를 활용해서 아이가 주어진 시간 안에 미션을 성공하도록 하는 것이다. 모래시계를 아이가 보는 앞에 두고 '3분 안에 옷 입기', '5분 안에 신발 신기'를 말한다. 아이가 주어진 시간 내에 성공했다면 "너, 정말 성공을 잘하는 아이야. 도전하는 아이야. 너무 멋있어."라며 칭찬과 보상을 반드시 해줘야 한다. 아이가 왜 칭찬을 받는지 그 과정을 이해하기 때문에 작은 성공의 경험을 즐겁게 기억하게 된다.

이러한 일상생활 속에서 경험한 작은 성공의 기억으로 큰 성공에 도전할 수 있고, 학습 역시 즐겁게 도전할 수 있게 된다.

> **육아팁**
>
> 일상 속에서 모든 것을 게임처럼 생각하면 싸울 일이 없고 아이들의 지능을 올리는 데 도움이 된다. 아이들이 장난감을 가지고 놀다가 정리해야 할 때, 바구니에 라벨지를 붙여둔다. 집에 폴라로이드가 있다면 즉석에서 사진으로 찍어 라벨지로 만들면 좋다.
> "이 바구니는 과자 집, 이 바구니는 빨간색 레고 집, 이 바구니는 파란색 레고 집."이라고 정해놓는다. 한참을 놀다가 마무리할 때, 모래시계를 앞에 두고, 시간 내에 누가 빨리 바구니를 채우는지 '분류 놀이'로 마무리를 한다. 정리 또한 놀이처럼 즐겁게 할 것이다.

셋째, 플래시카드 돌리기이다. 영유아기 내 아이에게 딱 한 가지만 교육한다면, 묻지도 따지지도 말고 '플래시카드'를 돌리라고 엄마들에게 강력히 추천한다. 아기는 태어날 때 천억 개의 뇌세포를 가지고 태어난다. 뇌는 쓰면 쓸수록 좋아지지만 안 쓰고 자극 없는 뇌세포는 소멸하여 없어진다. 영유아기에 플래시카드를 돌리면 뇌에 새로운 자극을 계속 주게 된다. 뇌세포가 활성화되면서 능동적인 뇌의 활용이 가능하게 된다.

플래시카드는 즐겁게 하는 것이 중요하다. 몸을 움직이거나 노래를 부르면서 플래시카드를 빠르게 돌리면 아이들이 호기심을 갖고 참여하려 한다. 현우는 플래시카드 중에서 '국기카드'를 150장 외웠다. '미국, 중국, 영국, 싱가포르' 등 나라의 국기를 보면서 나라 이름을 외웠다. 그리고 현우를 데리고 서점에 가서 국기 책을 사줬다. 플래시카드로 친숙했던 국기를 보면서, 그 나라에 관해 관심을 가지고 수도나 인구, 문화 등을 즐겁게 공부하게 되었다. 플래시카드를 열심히 돌리면 이처럼 자기주도학습도 가능하다.

📎 플래시카드를 엄마들에게 알려주고 싶어요

지금 현우의 모습을 보면 고마운 점이 많다. 영재오 프로그램에 잘 적응한 것도 감사하다. 카우프만 점수가 높고 말을 잘하는 아이들 중에서도 성장하는 과도기에 말을 잘 안 듣는 친구들이 있다. 이때는 훈육을 강하게 해서 아이가 말을 듣고 학습을 따라오게 해야 한다.

현우 역시 훈육을 굉장히 강하게 해야 하는 시기에 내가 훈육을 잘 못하니까 영재오 엄마들이 나 대신 혼을 많이 내줬다. '엄마 바꾸기'나 '캠프'를 통해 엄마들이 강하게 훈육을 도와줬다. 플래시카드를 열심히 해서 암기력이 좋고 머리는 좋아졌지만, 훈육이 안 되었다면 학습이 제대로 들어가지 않았을 것이다.

육아 전문가 임 소장님의 육아 미션과 플래시카드로 현우가 영재로 커 가는 것을 경험하고 있다. 교육매니저로서 나는 다른 엄마들의 아이들도 영재로 클 수 있도록 노하우를 전하고 싶다. 또한 '플래시카드'의 유익을 전국의 많은 엄마들에게 알려주고 싶다. 육아 교육이 시스템적으로 점점 체계화되어가는 '영재오'를 통해 많은 엄마와 아이들이 영유아기를 행복하고 즐겁게 보내기를 소망한다.

현우 맘의 영재 교육 핵심노트

1. 결핍과 어려움을 제공하여 아이 스스로 해결하고 성장하도록 돕는다.
2. 일상생활에서 작은 성공을 자주 경험할 수 있게 한다.
3. 플래시카드를 잘 활용하면 자기주도학습이 가능하다.

전영은 교육매니저/ 영재오 선생님

국제반, 주말캠프, 집중트레이닝반, 탐큐 선생님으로도 활동하며 영재오 아이들과 가장 많은 시간을 보내고 있다. 처음에는 자신의 아이 마음을 전혀 알지 못했다. 갈팡질팡하며 혼자 고민하던 초보 엄마였다. 아이 4살 때 육아전문가 임서영 소장을 만나면서 아이의 마음도 육아 방법도 하나씩 알게 되었다. 2017년부터 교육매니저로 활동하며 갈팡질팡하는 육아맘들, 독박육아에 지친 엄마들에게 즐겁게 육아할 수 있도록 길을 인도하는 선배로서 함께하고 있다.

블로그 https://m.blog.naver.com/eung961717
인스타그램 https://www.instagram.com/eung96171717

제7장

엄격한 규칙과 적절한 훈육이 자기주도성을 키운다

1. 늦둥이 엄마

늦둥이 석진이는 세 살 때부터 어린이집에 다녔다. 나는 첫째 아이를 순하게 키웠다. 매를 들어 때리고 야단을 쳐본 적이 없었기에 둘째 아이 역시 순하게 키울 거라 생각했다. 어느 날, 유치원 선생님이 "석진이는 활동할 때, 뒤에 나와서 20분 정도 지켜보고 있다가 거의 끝날 무렵에 참여해요. 활동에 관심이 없고 아이들과 잘 어울리지 못해요."라고 말씀해주셨다. 그때는 왜 그런지 이유를 몰랐다.

유치원이 끝나면 놀이터에서 자주 놀았다. 석진이는 항상 '엄마'를 찾았다. 동네 엄마들과 이야기하며 친해질 틈도 없이 나는 석진이를 쫓아다니기 바빴고, 아이 옆에서 같이 놀아줬다. 어느 순간, 석진이는 점점 자기 마음대로 하려는 성향이 강해졌다. 친구들과 놀다가도 자기 뜻대로 안 되거나 화가 나면 "엄마, 나 집에 갈 거예요!"라며 친구들과 인사도 안 하고 나에게 와서 떼를 썼다. "석진아, 조금만 더 놀다 가자." 말을 해도 통하지 않았다. 할 수 없이 나는 동네 엄마들에게 "나 먼저 갈게요."라고 말하고 집으로 들어가는 횟수가 많아졌다.

키즈카페에 가도 마찬가지였다. 함께 간 엄마들과 차 마시고 이야기하려고 하면 석진이가 "엄마." 하고 불렀다. 아이들과 놀지 않고 나와 놀려는 것이다. 엄마들과 커피 마시러 갔지만, 나는 이번에도 어쩔 수 없이 석진이와 놀아야 했다. 한참을 놀았다고 생각하면 "이제 갈 거예요."라며 떼를 썼다. 2시간을 예약해서 겨우 30분 정도 지났는데 집에 간다고 말했다. "석진아, 조금만 더 놀자." 달래봤지만 막무가내였다. 할 수 없이 아이를 데리고 집으로 왔다.

그 당시에는 훈육을 어떻게 해야 하는지 방법을 제대로 몰라서 늘 석진이가 원하는 대로 맞춰줬다. 내가 달래주고 맞춰줘야만 아이가 행동을 멈췄기 때문이다. 유난히 떼를 많이 쓰니까 동네 엄마들 모임이 불편해지기 시작하면서 모임도 안 나가게 됐다. 석진이와 밖에서 노는 것이 어려워지면서 집에서 노는 시간이 많아졌다.

엄마는 부지런쟁이

'집에서 뭐 하고 놀지?' 고민을 하고 있었는데 '아이와 엄마가 함께 노는 방법'을 알려준다는 곳이 있다고 해서 가보게 되었다. 직접 가보니, 놀이 방법을 알려주는 것이 아니라 카메라를 설치해놓고 엄마와 아이가 2시간 동안 노는 것을 지켜보고 '피드백'을 해주는 곳이었다. 놀이방에 들어가니 장난감이 가득했다. 석진이와 놀기 시작했다. "석진아, 이거 빨간 자동차야. 부릉부릉 해 볼까? 바퀴가 4개야. 여기 기차도 있네. 길지?" 이야기하며 놀았다. 석진이는 내 이야기에 호응하는 정도였다.

놀이가 끝나고 "석진이가 다른 아이들과 어울리지 못하는 것이 엄마 때문이네요."라는 피드백을 받았다. 깜짝 놀라서 "왜요?"라며 반문했다.

"엄마가 다 맞춰주고 있잖아요. 엄마가 노는 것도 제시해주고, 대답도 다 해주고. 아이의 행동에 맞춰서 해주니까 아이가 불편함이 없는 거죠. 엄마가 이런 육아 방법을 하기 때문에 어디 나가서 누구랑 노는 것이 재미없을 거예요. 어디 가도 엄마처럼 맞춰주는 사람이 없잖아요. 그래서 유치원이든, 어디든 안 가려고 할 거예요."

나는 아이에게 맞춰주는 스타일이었다. 하지만 '내가 그렇게 심하게 맞춰주고 있었나?'라는 생각이 들었다. 첫째 아이에게도 7~8살 때까지 밥을 떠 먹여줬다. 그때는 회사에 출근해야 하니까 늘 시간에 쫓겼다. 아이가 밥을 빨리 먹어야 하는데, 안 먹고 징징거리고 있으면 내가 직접 먹여주는 게 빠르니까 아이가 혼자 먹도록 기다리지 않고 내가 대신 먹여줬다. 그게 습관이 되어서 석진이도 내가 먼저 놀아주고, 밥을 먹여주고, 옷을 입혀줬다. 아이 스스로 하도록 기다려주는 것보다 내가 하는 것이 오히려 편했다.

> **육아팁**
>
> 생후 6개월이 되면 이유식을 먹을 수 있다. 유아 식탁 의자에 앉히고, 아이가 스스로 먹을 수 있도록 기회를 주자. 엄마도 식탁에 앉아서 함께 밥을 먹으며, 아이에게 '이렇게 먹는 거야'라고 보여주고 가르쳐주면 된다. 엄마의 모습을 보고 아이가 시도해보는 것이 중요하다. 자조 능력(아이들이 일상생활에서 스스로 돌볼 수 있는 능력)을 키울 뿐만 아니라 손으로 먹는 연습을 통해 소근육도 발달하게 될 것이다.

밤에 아이가 잠들면 나는 그날 아이가 불편해했던 부분을 모두 치우거나 편안하게 바꿔놓았다. 아침밥을 먹을 때나 놀 때 걸리적거리던 부분을 없애고, 동선이 편하도록 만들어 놓았다. 이렇게도 해보고 저렇게도 해보고, 아이가 불편함을 느끼지 않도록 하는 것이 목적이었다. 아이가 가지고 놀던 모빌도 새롭게 바꾸고, 띠 벽지도 다시 붙였다. 아이가 좋아하는 그림책을 뽑아서 띠 벽지로 그려 넣기도 했다. 아이는 할 줄 아는 게 없으니까 '엄마가 다 해줘야 한다'는 생각으로 키웠다. 아이가 좋아해주면 힘든 것도 몰랐다.

🌿 엄마가 하녀네요!

아이가 4살이 되면서 나는 하던 일을 그만두고 육아에 전념했다. 아이와 함께 하는 시간이 많아지면서 아이의 문제행동이 보이기 시작했다. 떼쓰는 것이 너무 심해서 "석진아, 이거 하면 안 돼!"라고 말하며 아이를 혼낸 적이 있었다. 아이가 화가 나서 사춘기 아이처럼 문을 확 닫아버리고, 들어가서 소리를 질렀다. 너무 놀랐다.

'혼을 내야 하나? 말아야 하나? 혼을 내면 아이가 더 그럴 텐데. 아기일 때 혼내는 건 아니지 않나? 그냥 놔둬야 하나?' 오만가지 생각이 다 들면서 갈팡질팡 어떻게 해야 할지 몰랐다.

아이의 행동이 심해지면서 상담을 받고자 상담기관을 인터넷으로 찾아봤다. 내가 상담받아 보고자 했던 기관은 예약이 3개월 뒤에나 가능했다. 그때 마침 동네 엄마 한 명이 상담 한번 받아보라며 (주)임서영 영재교육연구소, '영재오'를 알려주셨다. 상황이 급해서 곧바로 임서영 소장님을 만나러 갔다. 그때가 석진이 4살 9개월 때다.

첫 상담 날, 석진이는 상담하는 내내 나한테 안겨있었다. 소장님이 "사과, 바나나, 배." 등 한글 플래시카드를 돌려주시면서 "이것도 못하냐?"라며 석진이에게 혼을 냈다. 이어 "엄마한테 떨어져!"라고 말하자, 그 말을 듣고 아이가 울기 시작했다. 울음이 그치지 않았다. 엄마가 뭔가를 해주기만을 바라면서 나를 쳐다보고 있었다. 예전 같으면 내가 달래주고 닦아줬을 텐데, 이번에는 나도 가만히 있었다. 소장님이 휴지를 아이에게 던져주면서 "네가 닦어!"라고 말했다. 한참 동안 계속 울더니, 나중에는 아이가 스스로 닦기 시작했다.

그리고 잠시 후, 엄마 품에 앉아서 잠이 들었다. 갑자기 소장님이 "지금이 잠잘 분위기야?"라며 또 아이를 혼내기 시작했다. 나는 상담 중에 소장님이 아이의 문제행동 원인과 해결 방법을 알려줄 줄 알았는데, 계속 아이를 혼을 내니 어떻게 해야 할지 몰랐다. 석진이는 훈육을 해야 하는 아이라는 걸 보여주기 위해 그렇게 하신 거라는 것을 나중에 알게 됐다. 훈육을 해도 되는 아이였는데, 내가 그동안 몰라서 안 했던 거였다.

소장님은 나에게 "엄마가 하녀네요! 아이가 엄마를 하녀처럼 생각하고 있어요. 아이가 하고 싶은 대로 다 하고, 엄마가 필요하면 그때서야 엄마를 찾네요. 엄마가 아이의 손발이 되어주고 있어요!"라고 말했다.

2. 공동육아와 함께

나는 아이에게 맞춰주는 엄마였다. 석진이의 이런 성향이 힘들기는 했지만, '아이가 엄마를 좋아하는 거니까.'라는 생각에 그러려니 했다. 독특한 문제행동이라고는 생각을 안 했었다.

"엄마와 애착도 형성되어 있지 않아요. 엄마가 갑자기 화를 내니까 엄마의 행동이 마음에 안 드는 거죠. 규칙을 알려주고, 규칙대로 혼을 내야 합니다. 좌뇌를 열어주기 위해 한글을 떼세요!"라며 한글을 먼저 떼라고 하셨다. '규칙은 무슨 규칙? 지금 내 아이의 성격과 한글이 무슨 관계지?' 나는 아이가 떼쓰고 화를 내는 것 때문에 상담을 받으러 왔는데. 내가 원하는 답을 듣지 못해 답답하고 기분이 별로 안 좋았다.

상담이 끝나고 교육매니저분이 센터를 구경시켜 주셨다. 마당에서 한 아이가 꽃 심는 것을 옆에서 엄마가 도와주고 있었다. 다른 아이는 블록을 가지고 놀고, 또 다른 아이는 엄마와 함께 노래를 부르며 놀고 있었다. '공동육아'라고 알려주셨다. 집에서 아이와 놀아야 하는데, 공동육아에 참가하면 놀이 방법을 배울 수 있겠다는 생각이 들었다.

"저 너무 참가하고 싶어요! 내일부터 공동육아 오면 안 돼요?"라고 말하고, 이튿날 바로 석진이와 나왔다. 공동육아에서 진행하는 프로그램도 모르고 빈손으로 그냥 참가했다. 아침에 오면 먼저 체조를 하고, 그룹별로 블록, 미로 찾기 등을 했다. 플래시카드 돌리는 시간에는 대표 엄마가 아이들에게 카드를 돌려줬고, 나머지 엄마들은 이야기 나누며 잠시 쉬었다. 공동육아는 정해진 규칙대로 움직였다. 제일 어려웠던 것은 식사 시간이었다. "밥 먹는 시간, 딱 15분만 줄 거예요. 그리고 엄마랑 밥 먹으면 안 돼요." 나는 아이 혼자 따로 먹여본 적이 없고 내가 먹여줬는데, 걱정됐다.

"석진이 혼자요?"

"애들은 애들끼리 먹고, 엄마는 엄마끼리 먹어요."

그날 해야 하는 프로그램이 시간별로 정해져 있었고, '작은 음악회'도 있었다. 또 한쪽 편에는 '공동육아' 규칙이 적혀있었다. "대답은 '네'라고 말하기", "밥은 15분 안에 먹기", "뛰지 않아요.", "밖에 나갔다 오면 손을 씻어요.", "이 규칙을 안 지키면 어떻게 해요? 앉았다 일어나기 50개" 등 아이 훈육법이 적혀있었다. '저걸 시키는구나. 앉았다 일어나기, 한 번도 안 시켜 봤는데.' 적혀진 규칙을 보면서 내심 걱정이 됐다.

석진이는 공동육아에서 한 번도 규칙을 어기지 않았다. 혼날 일을 만들지를 않았다. "뛰지 말아요."라고 하면 안 뛰었다. "밥은 15분 안에 먹기."

를 하면 조금만 먹고 식사를 끝냈다. 식판을 뺏어도 안 울었다. "손 씻고 오기." 하면 혼자서 손을 씻고 왔다. 내가 못 보던 행동들이 나왔다. '혼자서 잘하는 아이였구나.'를 알게 되었다.

그런데 공동육아를 끝내고 집에 돌아오면 내 말을 듣지 않았다. 공동육아 이모들은 단호하게 "아니야, 해."라고 하는데, 집에서는 내가 "석진아, 이거 해야지~."라며 설득을 하니 나와 실랑이가 많이 벌어졌다. 나 역시 "하녀가 아니야!"라는 결단이 필요했다. 공동육아 규칙을 집으로 가져왔다.

> **육아팁**
>
> 꽃 심기, 블록, 빨래집게 꼽기, 운동화 신고 벗기, 스스로 밥 먹기 등은 소근육 발달에 도움을 주는 활동이다. 앉았다 일어나기, 걷기, 개다리춤, 계단 오르기 등은 대근육 발달에 도움을 주는 활동이다.

공동육아 규칙을 집으로 가져오다

공동육아의 규칙을 써서 거실 벽에 붙였다. "뛰지 않아요. 지키지 않으면 앉았다 일어나기 50번", "집에 들어오자마자 손 씻기", "가방은 가방을 두는 자리에 놓기" 규칙을 보면서 훈육을 시작했다.

처음에는 계속 내 말을 안 들었다. "하나, 둘, 셋! 셀 때까지 안 하면 등짝 한 대야."라며 등짝을 때렸다. 두 대를 때려도 안 하면 나는 계속 혼내는 강도를 높였다. 옛날 같으면 내가 먼저 포기하고 아이에게 맞춰줬을 텐데. 이제는 '때리고 훈육을 해도 된다'는 것을 알았기에 '규칙'을 일관성 있게 강조하며 아이에게 강하게 나갔다.

> **육아팁**
>
> 엄마가 규칙을 가르쳐주지 않고 보여주지 않는데 아이가 스스로 하기는 어렵다. 규칙을 먼저 알려주는 것이 중요하다. 손 씻는 것도 아이가 인지할 때까지 엄마가 옆에서 손 씻는 모습을 보여줘야 한다. 아이가 규칙을 잘 모르는 상태에서 혼내면 안 된다.

공동육아에서는 아이들이 규칙을 외울 정도로 가르쳤다. 아이가 규칙을 아는데, 지키지 않으면 엄마들은 자기 아이 남의 아이 구분하지 않고 혼을 냈다. 아이들은 엄마뿐 아니라 다른 엄마들에게도 혼이 나니까, 그 규칙을 잘 지키려고 노력했다.

공동육아를 시작하고 처음 2개월 동안은 '밥 먹는데 15분 안에 먹어야 해?', '플래시카드를 돌려야 해?', '꼭 그렇게 해야 해?'라는 부정적인 생각을 많이 했었다. 내가 아이를 규칙 없이 키우다 보니까 그런 규칙이 한편으로 불편했던 것이다. 그런데 단체 생활을 하면서 '규칙'이 필요하다는 것을 절실히 알게 되었다. '규칙을 지키지 않는 행동이 남에게 피해를 주는 거구나.' 깨닫게 되었다.

한글을 떼다

공동육아에서는 훈육도 했지만, 아이가 잘하면 보상도 받았다. 한번은 석진이가 '작은 음악회'에 나가서 노래를 불렀다. 쑥스러워서 앞에 나가기 어려워했는데, 규칙대로 "해야 해."라는 다른 엄마들의 단호한 태도에 아이가 발표를 했다. "어머! 너무 잘한다."라며 칭찬을 받고 보상으로 간식도 받으니 아이가 즐거워했다. 다음 활동도 즐겁게 참여하기 시작했다.

3개월이 지나면서 석진이가 한글을 뗐다. 한글을 떼면서 아이의 표정이 밝아졌다. 엄마의 말을 이해하기 시작하면서 내 말을 잘 듣기 시작했다. "자, 한글 활동지 하자!"라고 하면 "네!"라고 대답도 잘했다. 떼쓰는 것이 줄어들고 규칙을 잘 지키려고 노력했다. 학습을 계속하고 싶어 하면서 새로운 것을 배우는 재미를 느끼는 듯했다. 소장님이 왜 한글을 빨리 떼라고 했는지 조금은 이해가 됐다.

한글을 떼면서 나는 석진이가 똑똑하다는 것을 알게 되었다. 가르쳐주는 대로 이해하고 받아들이는 속도가 빨랐다. 조금씩 변화되는 아이의 모습을 보면서 신기했다. 공동육아를 참여하면서 '교육매니저'라는 직업이 매력적으로 보였다. 내 아이를 잘 키울 수 있고, 다른 아이들도 잘 키울 수 있도록 도와주는 이 일을 너무 하고 싶었다. 공동육아를 시작하고 6개월쯤 지나서 '파트너'로 추천을 받아 활동을 하기 시작했다.

3. 엄마가 변하니 아이도 변해요

석진이가 한글을 떼고 영재오 8바구니[선 긋기, 한글, 수학, 미로 찾기, 칠교, 블록, 그림 그리기, 인성(동화책)] 활동지를 즐겁게 할 때였다.

"엄마! 이거 더할 거야. 한 장 더 주세요."

"우리 석진이, 한 장 더 할 거구나!"

활동지를 원하는 대로 계속 줬다. 공동육아를 함께하는 엄마가 "아니에요. 한 번에 너무 많이 주지 마세요!"라고 말했다. "왜요? 하려고 할 때 많이 줘야죠?"라고 했더니 "며칠 지나면 안 한다고 할걸요."라며 활동지를 많이 주는 것을 만류했다. 경험이 있는 엄마들은 이미 알고 있었다.

"엄마, 한 장 더 할래요!"

"아니, 이제 그만."

"엄마, 더하고 싶어요."

"미로 찾기 절대 못 해. 하지만 네가 진짜 원하면 한 장 더 줄 수 있어."

이렇게 석진이와 밀당(밀고 당기기)을 시작했다. 활동지 한 장을 너무 고마워했다. 그동안 아이가 하고 싶은 대로 활동지를 다 줬더니 감사하게 생각하지 못했던 것이다.

석진이가 하루에 해야 하는 8바구니 활동지 리스트를 만들어 벽에 붙여뒀다. 한눈에 보기 위해서다. 석진이에게 활동지를 끝내면 리스트 옆에 스티커를 붙이게 했다. 처음에는 활동지를 내가 챙겨줬지만, 나중에는 리스트를 보면서 "엄마, 오늘 미로 안 했어요."라며 스스로 하기 시작했다. 차츰 스스로 공부하는 습관을 지니게 되었다.

리스트에 스티커가 다 붙여져 있으면 아이도 좋아했다. 미션을 다 했을 때는 아이가 원하는 보상을 해줬다. 처음에는 간식으로 끝났지만, 스티커 30개가 모이면 '장난감 자동차'를 사준다고 말하며, 벽에 '자동차' 그림을 붙여놓기도 했다. '자동차'를 갖기 위하여 매일 스티커 개수를 체크하는 석진이의 모습이 즐거워 보였다. 또 다른 변화는 스티커를 획득하기 위해 애쓴다는 점이었다. "엄마, 오늘은 내가 청소를 할까요? 그러면 스티커 3개죠?"라며 자기가 할 수 있는 일을 스스로 찾기 시작했다. 보상을 받기 위해서 하는 일이었지만, 아이 스스로 즐거움과 성취감을 느끼는 것 같아 뿌듯했다.

> **육아팁**
>
> 스티커 모으기 보상이 한 달 정도 지나면 반응이 없어질 수도 있다. 이때는 보상을 돈으로 바꿔보자. 예를 들어 스티커 10개를 붙였을 때 100원을 주고 그 돈을 모아서 물건을 사러 갈 수 있도록 하는 것도 좋은 방법이다.

할 수 있다, 미로 150장

8바구니 활동지 중에서 석진이는 '미로 찾기'를 어려워했다. 석진이는 예측을 못 했고 돌발 행동이 발생했을 때, 어떻게 대처해야 하는 줄 몰랐다. 미로는 창의력의 기본으로 예측하는 힘을 기르는 데 도움이 되기 때문에 매번 석진이의 미션은 미로였다.

미로찾기 학습법이 있다. 활동지를 시작하기 전에 아이가 몸으로 느끼도록 알려주는 것이다. "즐겁게 춤을 추다가 그대로 멈춰라!" 노래를 부르면서 그대로 멈추는 연습을 해보는 것이다. 그리고 거실을 아이와 손을 잡고 걷다가 벽이 나타나서 멈췄을 때, '옆으로 비켜 가면 된다'는 것을 알려준다. 이때 아이가 미로 찾기에 대한 재미를 느끼도록 하는 것이 중요하다.

나는 미로 찾기 학습법대로 석진이에게 가르치지 못했다. 공동육아에서는 모두 활동지를 했기 때문에 활동지를 먼저 시켰다. 처음에는 석진이가 쉽게 잘했기 때문에 굳이 미로 찾기에 대해 재미를 가지도록 애쓰지 않았다. 그런데 난이도가 올라갈수록 석진이가 미로 찾기를 어려워했다.

막다른 벽에 부딪치면 옆으로 비켜 가면 되는데 난이도가 올라갈수록 어떻게 해야 할지 모르고 그대로 멈췄다.

'멈췄을 때 옆으로 가거나 뒤로 가면 된다'는 것을 '학습법'대로 안 하니까 아이가 미로를 힘들어했다. 정석대로 차근차근 밟지 않은 것이 실수였다. 지금 와서 다시 할 수는 없기에 미로 활동지를 계속 줬다. 그런데 석진이가 미로 찾기를 할 때마다 힘들어하는 모습이 너무 안타까워 보였다. '아이에게 성취감을 주자.'라는 생각에 미로 찾기를 할 때면, 오늘 하려던 분량에서 5장 또는 10장을 뺀 나머지를 주곤 했다. 소장님 몰래 내가 편법을 쓴 것이다. 그런데 테스트를 하면 미로 부분 점수만 계속 낮게 나왔다. 소장님이 알고 먼저 물어보셨다.

"석진이 미로 안 하죠?"

"네, 많이 안 해요. 아이가 싫어하니까 제가 몇 장을 빼기도 해요."

"미로만 점수가 안 나오잖아요."

아이가 힘들어하는 모습을 못 보는 나의 성향 때문에 석진이는 매번 힘든 고비를 스스로 극복하지 못하고 있었다. '미로' 점수가 계속 낮게 나오는 것이 문제가 되면서 '더 이상은 안 되겠다.'고 생각했다. 미션으로 '10일 동안 미로 50장 하기'를 3번 반복했다. 이번에는 장수를 빼는 것 없이 50장을 주고 아이가 스스로 풀도록 했다.

"엄마, 어떻게 해요?" 물어봐도 "네가 해."라며 가만히 뒀다. "잘못 그렸어요."라며 울자 "네가 알아서 해. 지우지 마."라며 새로운 종이를 다시 줬다. 미로는 처음부터 끝까지 한 번에 가는 것이 중요하다. 그런데 가는 것을 처음부터 끝까지 못하니까 방법을 알려줬다.

"석진아, 눈으로 한번 봐봐. 어느 길로 가면 좋을까? 눈으로 보기 어려우면 손으로라도 한번 해봐. 그다음에 연필로 하는 거야."

미로 한 장을 끝내는 데 시간이 오래 걸리기도 하고 어떻게 해야 할지 몰라 끙끙거렸지만, 결국 미로 찾기 150장을 성공했다. 힘든 것을 도전하고 성공한 성취 경험을 갖게 되었다. 그리고 미로 찾기에 재미를 갖기 시작했다.

🔖 인사하니 즐거워요

석진이는 '인사하기'를 어려워했다. 공동육아에서는 아이들이 인사를 잘했다. 인사를 잘하는 아이들은 이모가 이야기해도 "네, 이모 했어요. 이거 했어요."라고 말을 하거나 물어보지 않았는데도 "점심 먹고 왔어요." 라며 말을 잘했다. 하지만 석진이는 먼저 이야기도 하지 않고, 인사도 하지 않고, 묻는 말에 "네."라고만 대답하고 항상 뒤편에 있었다. 그 모습이 너무 속상했다.

소장님도 "인사를 하지 않는 아이는 자신감도 없고 인성이 안 됐어요. 아무리 공부 잘해도 인사 못 하는 아이는 어디 가서 자신감 있게 할 수 없어요. 인사를 잘하는 아이는 분명 다 자신감 있고 밝게 웃죠."라며 '인사하기'를 강조하셨다.

석진이는 쑥스러우니까 자신감이 없어서 발표도 못 했다. "저 오늘 한글 이거 했어요."라고 말해야 하는데, 아이에게 확인하지 않거나 시험을 보지 않으면 석진이가 잘하는지 못하는지 알 수 없었다. '아! 석진이가 인사를 못 해서 자꾸 뒤로만 빼는구나.'라는 생각이 들었다.

석진이는 공동육아에서는 "안녕하세요!" 하고 인사를 잘했다. 그런데 공동육아를 나오는 순간, 인사를 안 했다. 집 근처에서 어른들을 만나면 인사도 안 하고 그냥 가버리곤 했다. 너무 창피했다. 등짝도 때려보고 했는데도 안 고쳐졌다.

사실 나도 쑥스러워서 인사하는 것이 어려웠지만, 나부터 먼저 변해야겠다고 다짐했다. 엘리베이터를 타면 나부터 즐겁고 큰 목소리로 "안녕하세요!" 하면서 인사하는 모습을 보여줬다. 석진이가 중국 국제학교에 입학하기 전, 인사드리러 친정집에 다녀왔다. "할아버지, 저 중국 잘 다녀오겠습니다."라고 인사를 해야 하는데, 결국에는 못하고 나왔다. 그 모습이 부끄럽고 속상했다.

'나는 인성 바르고 공부 잘하는 아이로 키우고 싶은데, 이렇게 어른에 대한 예의도 없는 공부가 무슨 필요가 있을까?'라는 생각이 들었다. 중국에 가면 나처럼 인사를 계속 시키는 사람도 없는데, 분명히 선생님을 봐도 인사 안 할 테고, 발표도 제대로 못 하는 석진이의 모습이 연상됐다. 더 이상 미룰 수 없었다. 그날은 집에 돌아와서 큰맘 먹고 아주 엄하고 단호하게 '인사하기'를 훈육했다. 그때부터 아이가 "안녕하세요!"라며 인사를 하기 시작했다.

인사하는 습관이 생기니 아이의 기분도 좋아지는 듯했다. 인사하면 '기분이 좋아. 어른들도 기분 좋게 웃어주는구나.'를 스스로 깨달은 것 같았다.

4. 육아 방법이 고민되신다면?

　공동육아를 다니고 3개월 후, 카우프만 검사를 받았다. 138점이 나왔다. 카우프만 120점 이상부터는 영재오 '주말캠프'에 참여를 할 수 있는데, 이때부터 석진이는 '주말캠프'에 참가하는 것이 미션이었다. 내가 맞춰주면서 불편함 없이 키웠기 때문에 단체 생활이 필요한 아이였다. 단체 생활하면서 불편함을 느껴봐야 엄마의 고마움 또한 알 것이기 때문이다. 캠프 참가자 중 최연소 참가자였을 것이다.

　4살 때 석진이가 유치원 활동에 참여하지 못하고 뒤에서 쳐다만 봤던 이유는 아이가 똑똑해서 지금 하는 활동이 재미가 없어서라고 소장님이 말씀해주셨다. 석진이만을 위한 교육 로드맵이 필요했다. 조기 입학을 시키고 중국 국제학교에 보내는 것을 목표로 했다. 그런데 아빠의 반대로 조기 입학을 할 수 없었다. 조기 입학을 못 하게 되면서 석진이는 나에게 반항하기 시작했다. 왜 그러는지 이유를 몰라서 소장님께 물어봤다.

　"엄마가 힘이 없어서 학교에 못 갔다고 생각해요. 그래서 엄마한테 반항하는 거예요."

　"왜 힘이 없어요?"

　"엄마가 힘이 강했으면 학교에 갈 수 있었겠죠. 어쨌든 엄마가 아빠보다 힘이 약하다고 생각해서 엄마에게 반항하는 거예요. 엄마가 힘이 있다는 것을 보여줘야 해요."

　소장님이 석진이를 센터로 불러서 "엄마가 중국 국제학교에 보내줄 거야. 중국 학교도 아빠가 반대했지만, 어떻게든 엄마가 보내줄 거야."라며 아이를 달랬다. 아이에게 자신감을 주기 위해 소장님이 '청담동 보안관'을 시켰다. 보안관 옷과 모자를 맞춰줘서 센터를 돌아다니면서 지키게 했다. 멋진 '보안관'이 되면서 아이의 마음이 조금씩 풀어지기 시작했다. 소장님의 도움으로 중국 국제학교와 '인터뷰'가 진행됐고, 인터뷰에 합격해서 석진이는 중국 학교에 입학할 수 있었다.

◈ 행복한 영재 키우기 노하우 3가지

아이를 키우면서 아이가 어릴 때 어떻게 교육하느냐에 따라 아이의 영재성이 개발되기도 하고, 그렇지 않기도 하다는 것을 알게 됐다. 그중 중요한 3가지를 정리하면 다음과 같다.

첫째, '규칙 지키기'이다. 우선 엄마가 규칙을 제대로 알고 아이에게 알려주는 것이 중요하다. 공동육아를 다니기 전에 나는 석진이를 규칙 없이 키웠다. 되는 것과 안 되는 것을 명확하게 알려주지 않았다. "밥 먹을 땐 바른 자세로 앉아서 먹어야 해.", "숟가락으로 먹어야 해." 이런 규칙을 아이에게 알려주고 스스로 할 수 있게끔 기다려주면서 훈육을 해야 한다.

나는 기다리기보다는 내가 직접 해주는 것이 편했기 때문에 내가 다 맞춰줬다. 아이의 행동이 서툴고 늦을 수도 있다. 이때 엄마가 인내심을 가지고 아이가 스스로 하도록 기다려주는 것이 좋다. 또한 훈육할 때는 규칙의 명확한 기준을 엄마가 먼저 지켜야 한다. 엄마가 그날 컨디션에 따라 화를 내거나 부드럽게 넘어가면 아이는 혼란스러워한다. 일관성 있는 모습으로 단호하게 규칙대로 잡아주는 것이 중요하다.

"밖에서 들어오면 손을 씻는 거야!", "세 번 말할 때까지 손을 안 씻으면 등짝 한 대야. 하나, 둘, 셋, 탁!" 아이들이 바로 가서 손을 씻는다. 단호한 목소리로 규칙을 지킬 수 있도록 행동으로 보여주는 것이 필요하다.

둘째, '자기주도습관 갖기'이다. 나는 '자기 주도'를 '혼자 알아서 스스로 하는 것'이라고만 생각을 했다. '모방'에서 '창의성'이 나오는 것처럼, 처음에는 엄마가 아이에게 학습하는 방법을 알려줘야 한다. 아이가 엄마를 보면서 학습을 따라 하다가 어느 정도 익숙해지면 아이 스스로 할 수 있도록 하는 것이 '자기 주도'의 시작이다.

처음에는 학습의 틀 자체를 만들어주는 것이 중요하다. 아이가 무엇을 어떻게 시작해야 하는지 방법을 모르기 때문이다. 유아기에 뇌는 8개 영역으로 나뉘어 있다. 이 8개 영역을 골고루 균형 있게 발달시켜주는 프로그램이 '영재오 8바구니'다.

나는 석진이 동선에 맞춰 집안 곳곳에 활동지 바구니를 만들어 놓았다. 소파 옆에 '미로 찾기 바구니', 책장 옆에 '수학 바구니' 등 8개의 바구니를 만들어뒀다. 집에서 놀다가 "미로 찾기가 있네."라면서 미로 찾기를 하고, 블록도 하고, 스스로 책도 꺼내 볼 수 있도록 환경을 만들었다.

1~2년 정도 지나니까, 이제는 석진이가 오늘 할 일을 스스로 알아서 하기 시작했다. "오늘 해야 할 일: 미로 2장, 칠교 2장, 10시부터 11시까지. 끝나면 책 10권 읽기" 그리고 성공했다면 옆에 스티커를 붙였다. 정해진 시간 동안 하고, 그 이후에 아이가 하고 싶은 활동을 하거나 놀았다. 학습에 놀이처럼 재미를 붙였고, '자기주도학습'의 습관을 지니게 되었다.

셋째 '인사하기'이다. 석진이는 쑥스럽고 자신감이 없어서 다른 사람 앞에 나서기를 힘들어했다. 공부하고 시험은 잘 보더라도 석진이는 나가서 발표를 못했다. 인사를 잘하는 아이들은 '할 거야, 할 수 있어'라는 자신감이 있고 발표 역시 잘하는데, 석진이는 항상 '안 할 거야, 나 못해'라며 뒤로 숨고 하지 않으려고 했다.

공동육아에서 인사는 기분이 좋아도, 기분이 나빠도, 자고 일어나도 해야 하는 거라고 배웠다. 인사는 기본이다. 그런데 석진이는 인사를 안 했다. 인사와 자신감은 연결되어 있으니 어떻게든 '인사하기'를 시켜야 했다.

큰 맘 먹고 집에서 아주 엄하고 단호하게 '인사하기'를 훈육한 이후 "안녕하세요!"라며 인사를 하기 시작했다. 그리고 인사를 하니까 쑥스러움이 없어졌다. '나는 할 수 있어'라는 자신감도 생겼다. 덕분에 앞에 나가서 발표도 너무 잘하고 있다.

교육매니저를 찾아주세요!

중국 국제학교에 입학하기 전, 카우프만 검사에서 석진이는 158점을 받았다. 중국 국제학교에서 1~2등을 하고 있으며 성적도 올(All) A를 받기도 했다. 중국에서 즐겁게 생활하고 있는 석진이를 보면서 '영재오'를 알게 된 것이 감사하다. 내가 몰랐던 내 아이의 영재성이 육아 전문가를 통해 발견되었고, 그에 맞는 적절한 교육이 진행되었기 때문이다.

나는 엄마들이 아이에 대한 청사진을 가지고 키웠으면 좋겠다. 현재 놓여있는 문제에만 급급해서 해결하기보다는 아이의 청사진을 그리고, 사랑과 훈육으로 양육했으면 좋겠다. 우리 교육매니저들은 항상 학습보다는 인성이 먼저고 바른 생활이 먼저라고 가르친다. 밖에 나가서도 사랑받고 칭찬받는 아이가 되길 바라기 때문이다.

아이를 낳고 나서 '어떻게 키워야 하지?'는 모든 엄마들이 하는 고민이다. 육아로 갈팡질팡 어떻게 해야 할지 고민된다면 영재오 교육매니저를 찾아주길 바란다. 우리 교육매니저들은 먼저 아이를 키워봤고, 그 아이들이 행복한 영재로 커가는 것을 현재 경험하고 있다. 매일 아이들을 만나면서 육아 방법을 연구하고 교육하고 있다.

교육매니저로서 나는 많은 엄마들에게 석진이를 영재로 키운 노하우를 전하고 싶다. '영재오'를 만난 엄마들이 육아 고민을 해결하고, 즐거운 육아로 아이와 엄마 모두 행복한 시간을 만들기를 소망한다.

석진 맘의 영재 교육 핵심노트

1. 규칙을 제대로 알고 지키게 해야 한다.
2. 자기 주도적인 공부습관을 기르려면 엄마가 먼저 행동으로 보여줘야 한다.
3. 인사를 잘하는 아이는 자신감으로 충만하다.

NOTE

정순영 이사/ 영재오 캠프대장

정 이사는 영재들의 놀이터 '캠프'에서 아이들과 호흡을 맞추며 '캠프대장'으로서 활동하고 있다. 장성한 큰아들과 15살 차이가 나는 늦둥이 딸을 상담하기 위해 육아전문가 임서영 소장을 처음 만났다. 정확하게 아이의 마음을 읽어주는 임 소장의 육아 방법에 매력을 느껴 2016년부터 영재오에서 일하게 되었고, 캠프 현장을 진두지휘하고 있다. 육아전문가와 함께하는 육아의 중요성을 깨닫게 되었고, 영재오와 함께한 육아 경험을 많은 육아맘들에게 나누고 있다.

블로그 https://blog.naver.com/kingarthurdd
인스타그램 https://www.instagram.com/masil_mom

제8장

영재들의 놀이터, 캠프를 통해 행복한 영재로 키워요

1. 늦둥이, 사랑을 한몸에 받다

늦둥이 둘째 리온이가 태어나면서 시부모님은 아이를 많이 사랑해주셨다. 나는 시부모님과 함께 살았다. 입주 아주머니가 있었고, 주말에는 친척 어른들이 아이를 보러 오셨다. 내가 아니어도 아이를 봐주는 사람들이 많았기 때문에 첫째 아이 때와 마찬가지로 육아에 큰 관심을 두지 않았다. 사실 나는 육아가 서툴렀다. 집에서 아이를 키우기보다는 사회생활을 하는 것이 좋고 편했다.

리온이는 돌 때부터 말을 했다. '할아버지, 할머니, 엄마, 아빠'라고 말하는 단어의 발음이 좋았고, 돌이 지나고는 문장으로 말하기도 했다. 조그만 아이가 또박또박 말하는 것이 신기했다. 알고 보니 시부모님의 아이 키우는 노하우 덕분이었다. 우선 태교가 행복했다. 시부모님은 나를 여왕 모시듯 극진하게 사랑해주셨다. 아이가 태어난 후, 시부모님은 아이에게 모든 것을 집중하고 아이를 돌봐주셨다. '아이를 절대 울리면 안 된다'고 하셔서, 집에서 아이가 우는 일을 만들지 않았다. 아이가 "앵~." 하고 울기 전에 미리 해결해주었다. 리온이는 시부모님과 애착 형성이 잘 되었다.

> **육아팁**
>
> 어릴 때 아이가 많이 울게 되면 전두엽이 상하게 된다. 24개월까지 아이가 울지 않도록 하는 것이 중요하다.

당시 육아 상담받는 것이 유행이었다. 리온이 14개월, 나는 육아 상담을 받으러 갔다. 육아 방법을 배워보겠다는 마음보다는 교육 쇼핑하듯, 재미 삼아 상담을 받았다. 상담 선생님은 리온이를 '똑똑하다'고 했다. 내가 직접 키우지 않았지만, 그 칭찬에 기분이 좋았다. 문화센터를 다니는 대신 상담센터에 다니면서 계속 상담을 받았다. 처음에는 재미있었지만, 여러 번 반복이 되니 육아에 서툰 나는 아이와 오랫동안 있는 것이 조금씩 불편해졌다. 아이도 그것을 느꼈는지 나를 불편해하는 것 같았다. 아이가 짜증 내고 울면 어떻게 해야 할지 몰랐다.

그런데 아이 상담을 받을수록 구체적이지 않은 상담 내용에 마음이 답답했다. "아이와 눈을 마주치세요."라고 알려주시는데, 사실 아이와 눈을 마주치는 일이 쉽지 않았다. 나는 '어떻게'에 대한 방법이 궁금했는데 자세히 알려주지 않았다.

그러다 고등학생이던 첫째 아이 진로상담 때문에 상담기관을 찾다가 '영재오'를 알게 됐다. 첫째 아이 상담신청을 했는데 영유아 대상 교육기관이라 큰아들은 상담 대상이 안 됐다. 대신 리온이를 신청했다. '상담이나 한번 받아보자'는 가벼운 마음이었다.

육아 전문가와의 인연

리온이 28개월, 임서영 소장님을 처음 만났다. 첫 상담 날, 30분 늦게 도착했다. 그런데 리온이도 센터 안으로 들어가지 않겠다며 밖에 계속 서 있었다. 그때 소장님이 정원에 계셨는데 리온이를 보시고는 "정원도 보고, 여기서 놀아봐."라고 하셨다. 그러더니 내게 "엄마는 아이를 잘 키우지 못하시네요."라고 하셨다. 그날, 아주머니가 아이를 데리고 오셨고 내가 중간에서 아이를 받아서 상담센터로 왔었다. 아이를 봐도 반가워하지 않고 무덤덤해하는 나를 소장님이 멀리서 이미 보셨던 것이다. 아이 관점에서 늘 생각하시는 소장님 눈에 나는 '정신 못 차리는 엄마'로 보였던 것 같다.

"네, 제가 바빠서요. 저희 아주머니가 키우세요."

"기본적으로 엄마가 아이를 잘 키우지 못하네요."라고 하셨다. 기분이 상했다. 그러고는 "그런데 아이를 위도 없고 아래도 없이 키우면 나중에 다 키워서 어디에 쓰실 거예요?"라고 말씀하셨다. 상당히 불쾌했다. '다른 곳에 가면 똑똑하다고 하는 아이를, 왜 그렇게 말씀하시는지' 상담내용이 귀에 안 들어 왔다. 상담을 끝내고 나오려는데 소장님이 "곧 다시 봅시다."라고 말씀하셨다. 나는 마음속으로 '그럴 일 없을 거예요!'라고 소리쳤다.

두 달이 지나고, 리온이가 틱이 왔다. 내가 발견했을 때는 2~3주가 지났을 때였다. 아이를 집에서 봤지만, 자세히 보거나 유심히 보지 않았기 때문에 그동안 틱이 온 줄 몰랐다. '틱' 초기 증상이었기에 친한 친구에게 상담했다. 친구가 상담기관 몇 곳을 추천해줬는데 그 리스트에 '영재오'가 있었다.

시간이 지날수록 아이의 틱이 심해졌다. 눈 깜빡거림은 더 심해지고 고개를 돌리기까지 했다. 리온이의 틱이 심해지면서 나는 다니던 직장을 빨리 정리하고 육아에 전념했다. 틱이 있는 아이를 밖에 데리고 다닐 수 없었기에, 리온이의 틱을 빨리 고치고 싶었다. 몇몇 상담 기관을 찾았지만, 답답하기만 하고 해결되지 않았다.

다시 영재오에 연락을 했다. 하지만 상담이 바로 잡히지 않았다. 급한 마음에 '영재오' 센터 근처에 와서 소장님과 마주치길 기다렸다. 우연히 소장님이 지나가시면서 나와 리온이를 보게 됐다. "안녕하세요!"라고 반갑게 인사드렸는데, 소장님은 리온이에게 "너, 어른을 보고 왜 인사를 안 해? 위도 아래도 없어?"라며 몇 말씀 하고 지나가셨다. 마음속으로 '아니, 저분은 왜 우리 아이만 보면 저렇게 하시는 걸까? 귀한 아이를?'이라는 생각이 들었다. 정식 상담을 받기 전, 그렇게 5번 마주쳤던 만남에서 리온이의 눈 깜빡거림이 많이 없어졌다. 너무 신기했다. '소장님의 특별한 노하우가 있나 보다.'라는 생각이 들어 정식 상담을 기다렸다.

📎 소장님의 미션, 어른을 보면 인사하기!

리온이 34개월, 소장님과 정식 상담을 키즈카페에서 받았다. 아이들을 놀이방에서 놀게 하고, 엄마들은 티타임을 가졌다. 3시간 정도 지났는데도 리온이는 밖에 나오지 않고 그 안에서 계속 놀았다. 아이가 혼자서 잘 놀고 있으니 너무 편안하고 좋았다. 소장님이 "리온이는 아까 간 거 아니에요?"라고 물으셨다. 이때다 싶었다. 아이의 집중력을 자랑하며 말했다.

"네, 맞아요. 제 아이가 뭔가 하나에 몰입하면 2~3시간 동안 집중력이 아주 좋아요."

"그건 문제 있는 거예요. 저 어린아이가 3시간 동안? 당장 데려오세요!"

'문제'라는 말에 뜨끔했다. 소장님이 리온이는 어른들께 너무 큰 사랑을 받았기 때문에 어른을 몰라보고, 위아래도 없이 '안하무인'으로 행동한다고 하셨다. 사실 리온이는 말을 엄청 잘했지만, 아이인데도 어른이 불편해할 만큼 못되게 말하고 행동하곤 했었다.

소장님은 영재오 학습 프로그램도 지금 당장 들어갈 수 없다고 하셨다. 안하무인으로 행동하는 리온이의 현 상태로는 엄마의 말을 수긍하려 하지 않고, 잘 안 들으려고 한다는 것이다. 엄마가 아무리 이건 '1이야'라고 가르쳐도 아이는 엄마의 말을 듣지 않고 '100이야'라고 우기며 '100'으로 생각할 수 있다고 하셨다.

"아이가 학습을 받아들일 수 있도록 기본자세부터 먼저 갖춰야 합니다. 그것이 갖춰지지 않은 상태에서 하는 교육은 전혀 효과가 없습니다."

소장님은 리온이의 미션으로 '어른을 보면 인사하기'와 '밝은 옷 입히기'를 주셨다. 아이에게 밝은 옷을 입혀서 아이 스스로 색감을 알도록 하기 위함이었다. 당시 리온이는 대부분 회색, 검은색, 밤색 옷을 입었던 것 같다. 그리고 공동육아에 나와서 엄마가 먼저 배우라고 했다.

> **육아팁**
>
> 아이의 영재성을 엄마가 발견했다면 전문가와의 상담을 통해 영재성을 개발해야 한다. 아이의 영재성은 커가면서 나타난다. 제때에 올바르게 영재성을 개발하지 않으면 커서 잘못된 지능을 쓸 수 있기 때문에 인성교육과 함께 전문교육을 병행해야 한다.

2. 아이의 변화가 시작되다

공동육아에는 리온이 외에 6명의 아이들이 함께 다녔다. 소장님의 상담을 받고 공동육아에 왔던 아이들이었기 때문에 엄마들이 각 아이들의 미션을 다 알고 있었다. 그래서 매일 엄마들이 아이들의 미션을 체크해주며 잘 지킬 수 있도록 도와주었다. 리온이가 공동육아에서 인사를 안 하고 있으면 엄마들이 "리온이, 어른을 보면 인사해야지?"라며 매번 말해주었다.

리온이에게는 우선 되고 안되고에 대한 '명확한 규칙'을 알려주는 것이 필요했다. 그리고 위와 아래의 서열을 명확히 알려주어서 아이가 헷갈리지 않도록 정리해주었다. 그동안 리온이는 명확한 규칙이 없었기 때문에 아이 스스로 헷갈리고 혼란스러웠던 것이다. 아이가 규칙을 익히고 서열을 잡으면서 틱이 많이 좋아졌다. 지금은 완치되었다.

육아팁

'틱'이 오는 상황은 아이들마다 다양하다. 섣불리 판단하기보다는 육아 전문가의 상담 받기를 권한다.

리온이는 관찰력이 좋고 말로 표현을 아주 잘했다. 하지만 무감각하고 감정 표현이 없었다. 웃지도 않고 울지도 않았다. 아이가 울지 않으면 편해서 좋았는데 웃지 않는다는 것을 공동육아를 다니고 나서야 알게 됐다. 우선 소장님 미션대로 '어른을 보면 인사하기'를 시작했다.

칭찬을 받으면 기분이 좋아요

"공동육아를 하러 오는 시간이 1교시에요. 대중교통을 이용하세요!"라는 소장님 말씀에 대중교통을 이용하기로 마음먹었다. 집에서 공동육아를 하러 오기까지는 왕복 4시간이 걸렸다. 이 시간을 잘 활용하기로 마음을 먹고, 서툴지만 아이와 눈을 한 번 더 마주치려고 노력했다. 그리고 전날 공동육아에서 소장님이 가르쳐준 활동들을 복습도 했다. "리온아, 가위바위보 놀이하자." 뜻밖에 리온이가 복습을 잘 해주었다.

지하철을 타면 할아버지와 할머니들이 많이 계셨다. 리온이를 아기라고 관심 가져주시고 예뻐해 주셨다. 사탕을 주시기도 했다. 처음에는 '왜 아이에게 사탕을 주시지?'라고 생각했지만, 아이가 사탕을 받고 좋아했다. 단것을 안 먹는 아이였지만, 받는 것을 좋아했던 것 같다. 내가 옆에서 "고맙습니다, 해야지."라고 말하면 리온이가 "고맙습니다."라고 말했다. 어른들이 말을 이쁘게 한다며 칭찬해 주셨다. 어느 날은 내가 먼저 나서서 "할머니께 가서 인사하고 와. 그러면 사탕 주실 거야."라고 말하기도 했다. '내 아이가 밖에서 사랑받고 있구나.' 하고 느끼면서 기분이 좋았다.

소장님이 말하는 '1교시'의 의미를 알 것 같았다. 지하철을 타니 다양한 상황에서 어른들을 만날 수 있었고, 리온이는 '어른을 보면 인사'를 많이 할 수 있었다. 어른들에게 칭찬을 받으면서 리온이는 기분 좋아했다. 어른들이 리온이에게 칭찬을 하는데, 내가 칭찬받는 것 같아서 나도 기분이 좋았다. 처음에는 아이와 지하철 타는 것이 힘들었지만, 아이가 좋아하니 재미있어지기 시작했다. 리온이는 어른을 보면 인사를 잘하게 되었다.

공동육아를 다니고 소장님을 만나면서 무감각하고 감정 표현이 없던 리온이가 조금씩 웃기 시작하고 변화를 보였다. 공동육아를 3개월 정도 다닌 뒤, 영재오 프로그램을 시작했다. 공동육아는 10개월 정도 다녔다. 다른 아이들에 비해 학습 프로그램은 늦게 들어갔지만, 기본자세가 잡힌 후부터는 지능이 좋았기 때문에 학습 진도가 빨리 나갔다.

📖 카우프만 160점! 우리 아이가요?

리온이 38개월 때 소장님이 '카우프만 지능검사'를 받아보자고 하셨다. 검사 결과 최고점수 160점이 나왔다. 깜짝 놀랐다. 내가 생각하는 영재는 한 분야를 특출나게 잘하는 아이인데, 리온이는 말 잘하는 것밖에 없다고 생각했기 때문이다. 심지어 나와 남편은 리온이를 ADHD라고 생각하고 있었다. 어디든 데리고 가면 가만히 있지 못하고 리온이는 계속 떠들었다. 아이를 데리고 다니기에 불편했기에 좋은 장소에 가서 외식을 안 하게 된 지도 오래됐다. 그런 내 아이가 영재라니. 결과를 계속 의심했다.

소장님 상담을 받아보니 최고점수 160점이 나왔지만, 그래프가 안정적이지 않고 지그재그로 불안정하다고 했다. "지그재그인 그래프를 고르게 맞춰줘야 행복한 아이로 클 수 있어요. 미션을 통해 균형 잡힌 영재로 키우세요."라고 소장님이 말씀하셨다. 그리고 남이 믿어주는 내 아이를 왜 부모가 믿어주지 못하느냐며, 인성 바르고 행복한 영재가 될 리온이의 모습을 그리며 믿어주라고 했다.

소장님과 상담을 통해 리온이에게는 사회성, 체력, 인성 등을 길러주는 미션이 필요했고, 영재오 주말 리더십 캠프(이하 '캠프')에 꾸준히 참가하게 됐다. 리온이 4살 때였다.

> **육아팁**
>
> 영재오 캠프는 모든 아이에게 규칙을 알려주고, 그 규칙 안에서 생활하도록 하므로 규칙을 이해하고 실천할 수 있는 지능이 필요하다. 영재오에서는 그 기준을 '카우프만 아동지능검사' 120점 이상이라고 정하고 있다. 36개월부터 초등학교 저학년까지 영재오 프로그램을 받은 아이들에게 참가 자격이 주어진다. 3개월마다 신청을 받고 있다.

영재오 주말캠프는 똑똑한 지능을 가진 아이들이 '작은 사회'를 미리 경험하면서 '인성 바르고 행복한 영재로 커가기'를 바라는 마음에서 시작됐다. 1~2년 단위로 아이들의 전체적인 성향이 달라지기 때문에 캠프 장소 또는 프로그램이 달라지기도 하지만, 기본 취지는 변함이 없다.

처음에는 주말캠프를 '영재오 센터'에서 했다. 주말을 이용해서 하다 보니 식사가 문제였다. 어쩔 수 없이 직접 요리를 해 먹었다. 아이들과 함께 만두를 만들어 먹거나 전, 튀김 등을 해 먹었다. 아이들도 좋아했다.

한번은 몇십 포기의 김장김치를 아이들과 함께 담근 적이 있다. 이번 주에 담가서 먹으면 매운 김치였지만 다음 주가 되면 "조금 먹을 만해. 맛있어."를 경험으로 알게 되면서 아이들이 재미있어했다. 요즘도 집에서 김치를 담그면 리온이가 캠프 때 기억을 되새기며 나에게 말한다.

"엄마, 캠프 때 담갔던 김치 맛있었어요. 반은 익히고 반은 냉장고에 넣어요."

생김치, 익은 김치를 먹은 경험을 통해 김치를 담그는 과정도 귀찮아하지 않고, 또 즐겁게 참여했다. 캠프에서 함께 했던 활동들이 실생활까지 적용되니 아이의 교육에 많은 도움이 되었다. 살아있는 교육의 현장인 캠프에 계속 보내게 됐다.

리온이의 변화된 모습을 보면서, 소장님에 대한 확신이 생겼다. 소장님과 함께 일하며 아이를 키우고 싶었다. 그런데 엄마들에게 육아 방법을 코칭해주는 교육매니저의 역할은 잘 해낼 자신이 없었다. 대신 사회 경험이 많다 보니까 선생님들의 팀워크를 만들어내는 역할은 할 수 있겠다는 생각이 들었다. '캠프'에서 배우고 활동하고 싶다고 소장님께 말씀드렸다.

그것이 계기가 되어 지금까지 6년째 '캠프대장'으로 아이들과 호흡을 맞추고 있다.

3. 아이들의 작은 사회 '캠프'

'천상천하 유아독존' 리온이는 머리가 똑똑하고 말을 잘했지만, 움직이는 것을 싫어하고 사회성이 부족했다. 캠프를 참가하면서 리온이는 친구, 동생, 언니, 오빠를 만나게 되었다.

때로는 친구로서, 때로는 동생으로서, 때로는 언니로서 행동해야 하는 자신의 역할을 이해하기 시작했다. 캠프에서는 무조건 나이가 많다고 반장이 되거나 나이가 적다고 반장을 못하거나 하지 않았다. '개다리춤 100개 추기', '목소리 크기 대결' 등 다양한 미션을 통해 매주 새로운 반장을 뽑았고, 누구든지 리더가 될 수 있는 기회가 주어졌다. 리온이도 반장으로 활동했다.

> **육아팁**
>
> 아이들이 집을 떠나 캠프를 참가하는 순간 역경의 시작이다. 엄마와 분리되는 것이 쉽지 않기 때문이다. 캠프에서 진행하는 다양한 활동을 통해 도전과 성공을 경험하게 되고 그 과정에서 '그릿(GRIT)'이 생긴다. 1박 2일 집을 떠나 불편한 환경에서 생활하면서 부모님에 대한 감사함을 느끼게 된다. 즉 영재오 주말캠프를 통해 '역경, 그릿, 효심'을 배울 수 있다.

'캠프대장'으로 캠프를 진행하면서 나는 리온이의 객관적인 모습을 볼 수 있었다. 리온이는 선생님 말씀을 잘 듣고 활동에 적극적으로 참여하는 아이들의 무리가 아닌, 그 반대편에 속했다. 친구들을 괴롭히고 선생님을 힘들게 하는 아이는 아니었지만, 개선점이 필요했다.

활동을 할 때 선생님이 "10초 줄 거야. 한 줄로 서세요!"라고 말하면 다른 친구들은 모두 5초에 와서 줄을 서는데, 리온이는 10초에 맨 마지막으로 줄을 섰다. 5초면 끝날 일을 리온이는 10초를 모두 썼다. 선생님 또한 10초까지 수를 다 세어야 하고, 5초 안에 줄을 선 친구들을 기다리게 하였다. 누군가의 시간을 버리고 있다는 것을 알지 못하는 것 같았다.

매주 캠프를 통해 리온이의 객관적인 행동을 보니 보완해야 할 사항들이 많았다. 소장님이 강의 때 말씀하셨던 내용이 떠오르면서 '아! 그 말씀이었구나. 바꿔줘야겠다. 혼내야겠다. 그냥 놔둬야겠다'를 나름 알게 되었다. 체육활동을 싫어하는 리온이가 캠프를 참가하면서 점점 행동이 빨라졌고, 다른 사람의 시간을 소중하게 생각하게 되면서 배려하는 아이로 바뀌었다.

친구들을 통해 배워요

매 캠프에는 60명의 아이들이 참가한다. 단체 활동도 있지만 10명씩 6개 팀으로 나눠 팀별 활동도 진행된다. 한 가지 주제를 주고 팀에서 서로의 의견을 교환하는 시간이 있었다. 자신의 의견만 고집하면 안 되기에 서로 조율하는 과정에서 리온이는 친구들과 좋은 팀워크를 만들어가는 법을 배우게 되었다.

리온이는 캠프에서 친구들과 어울리기보다는 늘 책을 보곤 했는데, 캠프를 참가한 지 1년 정도 지나면서 캠프에 재미를 가지기 시작했다. 친구들과 어울리면서 함께 노는 재미를 알게 되었다. 단체 게임도 응원하면서 즐겁게 참여했고, 팀이 이기면 함께 기뻐하면서 성취감을 맛보기도 했다. 도전하고 이겨내고 극복하는 과정에서 리온이는 그릿을 배우고, 팀워크의 중요성을 깨달았다. 이제는 책을 읽다가도 친구들이 놀고 있으면 잠시 멈췄다가 친구들과 함께 논다. 그리고 다시 돌아와서는 즐겁게 책을 읽었다. 예전에는 잠시 멈춤을 하지 못했는데, 그것이 가능해졌다는 것이 대견하다. 학습지 활동에도 친구들과 함께 열심히 참여했다.

매 캠프에는 지능이 높지 않지만, 소장님의 '캠프 참가' 미션을 받고 캠프에 참가하는 아이들이 3~4명 정도 있다. 똑똑한 아이든 그렇지 않은 아이든 서로 어울리면서 배우게 된다는 소장님의 뜻이 있었다. 한번은 리온이가 '캠프참가' 미션을 받은 친구와 짝꿍이 되어 캠프를 한 적이 있었다. 처음에 리온이는 그 친구가 미션을 받은 친구라는 것을 알지 못했다. 그 친구는 자폐성향이 있었다. 캠프 기간 함께 생활하면서 자기와 의견이 다른 이 친구 때문에 리온이는 엄청 속상해했었다. 심지어 몸에 열이 나고 감기 기운까지 있었다. 캠프가 끝나고 소장님이 리온이를 상담해주셨다.

"리온아, 고마워. 원래 그 친구는 아픈 친구야. 도움이 필요한 친구였는데 리온이가 많이 도와줘서 그 친구가 더 좋아졌을 거야. 리온이가 아팠다면 미안하고, 이제 리온이 아프지 마."

그 말을 들은 리온이가 "네, 저 이제 괜찮아요."라고 말했다. 속상한 마음을 버리고, 다음에 아픈 친구를 더 배려해줘야겠다는 마음을 갖게 됐다.

📖 엄마, 나도 엄마가 좋아요! 고마워요!

리온이는 '엄마는 뭐든 나에게 맞춰주는 사람!'이라고 생각했다. 그래서인지 평소 아이를 훈육할 때도 나의 말을 안 듣거나, 물어봐도 대답을 안 하는 경우가 있었다. 여느 딸처럼 엄마에게 귀염을 부리는 것은 상상할 수 없는 일이었다. 그런데 아이가 캠프에서 활동하는 엄마의 새로운 모습을 보게 되면서 효심이 생겼다.

나는 일명 '캠프대장'으로 캠프를 진두지휘하면서 캠프에 참가한 모든 아이들과 호흡을 맞춘다. 열심히 즐겁게 일하는 엄마의 모습, 60명의 아이들과 많은 부모님들로부터 인사받는 모습을 보고 리온이가 '우리 엄마가 선생님으로 존경받고 있구나.'라는 생각을 하게 된 것 같다.

캠프는 토요일 오후부터 시작하지만, 캠프 선생님들은 토요일 오전까지 회의와 안전에 대한 시뮬레이션을 돌리며 준비를 철저히 한다. 아이들의 안전이 최우선이기 때문이다. 캠프 당일, 일요일 새벽에도 늦게까지 회의하고 일요일 아침 일찍 일어나 아이들을 맞이하고 마지막 프로그램을 진행한다. 모든 일정이 끝나면 긴장이 풀리면서 녹초가 된다. 그것을 아시는지 캠프가 끝나면 부모님들이 '고맙다'며 간식을 많이 사 오신다. 그 모습을 본 리온이가 조용히 다가와서 말했다.

"엄마, 다른 엄마들은 엄마를 진짜 좋아하나 봐요. 엄마, 먹을 거 좋아하잖아요."

"어, 좋아하지."

"엄마는 박카스를 좋아하잖아요. 그런데 박스로 사 오잖아요. 정말 엄마를 좋아하나 봐요."

관찰력이 좋은 리온이의 아이다운 생각에 웃음이 절로 나왔다. 5살 때는 나에게 "고마워요."라고 표현을 하기 시작했다.

"사람들이 엄마를 좋아하나 봐요. 나도 엄마가 정말 좋은데. 엄마가 우리 편이면 좋겠어요!"

캠프 규칙 중에는 캠프를 시작하는 날, 캠프 복을 입는 그 순간부터는 '엄마'라고 부르지 않는 것이 있다. 캠프를 진행하는 모든 선생님의 아이들에게 적용되는 규칙이다. 퇴소가 이뤄지고 캠프 복을 벗게 되면 그때 아이가 '엄마'라고 부르면서 달려온다. 또한 캠프에서 팀을 배정할 때도 선생님과 그 자녀들은 각각 다른 팀으로 배정하고 있다. 나는 리온이와 반대팀이 되어서 응원을 하므로 '엄마와 같은 팀이 되어서 함께 응원하고 싶다'는 표현이었다.

평소 감정 표현이 없던 아이가 자신의 느낌과 감정을 말하면서, 더욱 나를 좋아하게 되었다는 것에 감격스러웠다. '안하무인'이고 늘 받는 것에만 익숙했던 아이가 엄마가 보살펴주는 것을 고맙게 여기게 되었다는 것이 신기했다. 그리고 캠프를 통해 점점 성장해 가는 아이의 모습이 너무 보기 좋았다.

4. 행복한 영재로 자라요

영재오에서 리온이는 '책을 많이 읽는 친구', '책을 잘 읽는 친구'로 통한다. 어른들이 볼 때마다 책을 읽고 있어서 붙여진 애칭이다. 7살 리온이를 중국 국제학교에 보내기로 하고 분주하게 준비를 하고 있었다. 중국에 출국하기 3일 전, 모임에서 소장님이 말씀하셨다.

"리온이 엄마는 리온이가 그렇게 책을 많이 읽었는데, 다른 아이들은 '책 파티'를 해주면서 왜 리온이는 책 파티를 안 해줘요?"

캠프에서는 책을 많이 읽은 친구들을 위해 '책 파티'를 열어준다. 책 파티는 최소 500권부터 시작한다. 캠프 참가자 60명의 아이들 앞에서 축하를 받게 되면, 그 기분 좋은 경험이 동기가 되어서 아이들은 다시 목표 권수를 정하고 책을 열심히 읽으려고 했다.

그동안 나는 내 일터에서 내 아이를 위해 행동하는 것이 좋아 보이지 않는다고 생각해서 리온이 '책 파티'는 마음에 두지 않고 있었다. 그런데 소장님의 그 한 말씀이 가슴에 와 닿았다. 마침 그 다음 날이 바로 주말캠프였고, 월요일이 출국 날이었기 때문에 캠프 날이 적기였다. 리온이를 위한 '책 파티' 준비를 했다. '리온이 책 읽기 12,000권 달성 축하파티'였다. 지금도 리온이가 그 파티 이야기를 할 만큼 감동을 많이 했던 것 같다. 그 일을 계기로 리온이는 책을 더 열심히 읽어야겠다는 마음을 갖게 되었고 지금은 '2만 권 달성 책 파티'를 위해 열심히 책을 읽고 있다.

처음에 아이가 중국에 갔을 때는 '화장실은 갈 수 있을까?', '밥을 먹으러 갈 수 있을까?', '중국어는 알아들을까?' 하고 걱정을 많이 했다. 소장님이 "캠프를 이 정도 한 아이들은 캠프보다 기숙사가 훨씬 더 편하고 좋을 거예요. 전혀 걱정하지 마세요."라고 하셨다. 다행히 내가 걱정했던 것보다 리온이가 잘 적응해주었고, 영재오의 프로그램과 캠프가 아이에게 얼마나 큰 기여를 했는지 다시 한 번 생각하게 됐다. 엄마로부터 독립하여 중국에서 더 넓은 세상을 경험하며 새로운 친구들을 만나는 리온이를 항상 응원한다.

🖉 행복한 영재 키우기 노하우 3가지

아이의 독립! 그 바탕에는 캠프가 있었다. 인성 바르고 행복한 영재로 자라기 위해서는 '캠프'와 같은 단체 활동이 필요했다. 그중 중요한 3가지를 정리하면 다음과 같다.

첫째, 친구들을 통해 배우는 사회성이다. 캠프는 아이들의 '작은 사회'다. 리온이는 체육활동을 잘 안 하려고 했다. 그 대신 앉아서 책 읽는 것을 좋아했다. 5:5의 비율로 학습한 만큼 활동을 해줘야 하는데, 리온이는 체육활동이 늘 부족했고 몸을 움직이는 것이 미션이었다. 그런데 캠프에서 아이들과 어울리고 활동하면서 체육을 즐기는 습관을 갖게 되었다. 체육을 잘하지는 못하지만, 친구들과 함께하는 '재미'를 알게 된 것이다.

캠프에서는 팀별로 토론하는 일들이 많은데, 늘 내 생각이 옳다고 주장했던 아이가, 나와 다른 의견에 많은 아이들이 동의할 때는 그 의견에 수긍하게 되면서 팀워크를 배워나가게 되었다. 다른 친구들 속에서 객관적인 자신의 모습을 보고 부족한 부분을 개선하기 위한 긍정적인 도전을 하게 되었다. 규칙을 지키지 않아서 혼나는 아이들의 모습을 보고 반면교사 삼기도 했다.

둘째, 행복한 엄마의 모습을 통해 배운다. '캠프대장'으로 캠프를 진두지휘하면서 아이들과 부모님들 앞에 서는 일이 많았다. 리온이가 처음으로 엄마의 일하는 모습을 공식 석상에서 보게 되었다. 열심히 즐겁게 일하는 모습이 아이 눈에는 행복하게 보였을 것이다. 또한 많은 아이들과 부모님들로부터 인사를 받는 모습을 통해, 엄마를 '대단하다'고 생각하며 다시 보게 되었다. 그리고 나를 좋아하고 존경하는 효심이 가득한 아이가 되었다.

감정 표현이 서툰 아이지만, 요즘 들어 '고마워요', '나도 멋진 엄마를 좋아해요'라는 말을 서슴없이 하고 있다. 행복한 엄마의 모습과 다른 사람들에게 존경받는 엄마의 모습을 통해 아이들이 배우고 성장한다는 사실을 잊지 말자.

셋째, 육아 전문가의 노하우가 담긴 프로그램 안에서 키우는 것이다. 캠프는 영재오 프로그램의 마지막 단계로 많은 육아 노하우가 담겨있다. 캠프를 참가하면서 아이들은 리더십, 사회성, 도전정신, 성취, 배려, 그릿, 독립 등을 배울 수 있고, 사회생활을 미리 연습할 수 있다.

매주 육아 전문가인 소장님과 아이디어 회의를 하며 캠프 프로그램을 업그레이드하고 있다. 캠프에서 진행하는 모든 게임은 아이들의 지능 발달과 일상생활에 도움을 주는 것으로 구성되어 있다. 학습뿐만 아니라 체육활동도 5:5의 비율로 구성했다. 야외활동, 학습활동, 책 파티, 요가, 명상 등 다양한 활동을 통해 머리만 똑똑한 영재가 아니라 모든 영역이 골고루 발달하는 균형 잡힌 행복한 영재로 클 수 있도록 하기 위함이다.

리온이는 캠프에 참가하면서 엄마로부터 독립하는 연습을 충분히 했고, 덕분에 중국 국제학교 기숙사 생활도 무리 없이 잘 하고 있다.

📎 모든 아이가 행복한 영재로 자랐으면 좋겠어요!

'영재'라고 하면 아직도 부정적으로 보는 엄마들이 많다. '영재'를 머리만 똑똑하고 어느 한 분야만 편협하게 잘하는 아이라고 생각하기 때문이다. 엄마들이 '영재'에 대한 새로운 생각을 가졌으면 좋겠다. 내 아이가 똑똑한 것은 좋은 일이다. 아이가 커서 선택할 기회가 그만큼 많기 때문이다. 그 똑똑함의 바탕에 인성이 배양된다면 더불어 사는 세상에서 아이가 더욱 행복하게 자신의 삶을 만들어 갈 수 있을 것이다.

엄마들이 아이를 '인성 바르고 행복한 영재로 키우겠다'는 목표를 가지고 키웠으면 좋겠다. '모든 아이는 영재로 태어난다.'고 한다. 많은 육아 맘들이 적기에 아이의 영재성을 발견하고, 아이가 행복한 영재로 커가는 기회를 놓치지 않기를 바란다.

육아 전문가의 육아 노하우가 녹아있는 '캠프'를 통해 많은 아이들이 행복하게 자랐으면 좋겠다. 앞으로도 '캠프대장'으로서 아이들과 현장에서 호흡하며 아이들의 성장을 돕고 싶다. 모든 영재오 아이들의 꿈과 비전을 응원한다.

리온 맘의 영재 교육 핵심노트

1. 친구와 함께 생활하며 사회성을 배운다.
2. 타인에게 존경받는 엄마의 모습을 보며 아이가 엄마를 존경하게 되고 성장한다.
3. 체계적인 프로그램으로 키우는 것이 중요하다.

지혜영 교육매니저/ 영재오 일본어 선생님

2014년, 육아전문가 임서영 소장 강의에 가벼운 마음으로 참석했다가 첫째 아이에 대한 궁금증을 갖게 되었다. 그 궁금증으로 임 소장에게 첫 육아 상담을 받았고, 육아 미션들을 완수하면서 아이에 대한 궁금증이 속 시원히 해결되었다. 육아 미션은 지금도 현재진행형!
길고 긴 깜깜한 육아 터널에도 빛이 있다는 것을 알게 된 지 매니저는 2016년부터 육아를 힘들어하는 육아 맘들에게 자신의 경험과 임 소장에게 배운 노하우를 나누어 주고 있다.

블로그 https://m.blog.naver.com/chococake82
인스타그램 https://www.instagram.com/minjae_yoonamom

제9장

사회성을 갖춘 영재, 공동 육아의 힘

1. 전문가와 상담이 중요합니다

결혼하고 첫째 민재가 태어나면서 나는 다니던 직장을 그만뒀다. 아동복지를 전공할 만큼 아이들을 좋아했지만, 내 아이를 키우는 건 '현실'이었다. 낳으면 저절로 크는 줄 알았는데, 내 뜻대로 잘되지 않아 힘들었다.

사회성 좋은 내가 집 안에서 아이만 보고 있으려니, 행복하지 않았다. '내가 왜 아이랑 집에서 이러고 있지?', '내가 이러려고 일본에서 10년이나 공부했나?', '엄마, 아빠에게 미안해.', '친구 만나고 싶어.', '빨리 회사 다니고 싶어.'라는 생각이 많이 들었다. 육아 우울증에 빠졌던 것 같다.

사실 나는 외향적이고 사교성이 좋은 편이다. 19살 때 일본에 유학을 갔고, 10년 정도 일본에 살면서 대학원을 졸업하고, 직장도 다녔었다. 통·번역과 해외 영업을 담당했기에, 사람 만나는 것도 즐겁고, 일도 재미있었다. 하지만 하루종일 아이만 보고 있으려니, 너무 무기력했다.

그러던 어느 날, 육아 강의에서 18개월부터는 아이를 '어린이집'에 보내도 된다는 말을 듣고, 그 날을 손꼽아 기다렸다. 드디어 어린이집을 가게 된 날, 처음에는 민재가 울면서 갔지만 적응이 빨랐다. 어린이집 선생님이 "낮잠도 잘 자고, 잘 놀고, 잘 먹어요."라고 말씀해주시면서 혼자서 잘 놀고 있는 민재의 사진을 보내주셨다. 안심됐다.

민재가 어린이집에서 보내는 시간이 오전에서 오후로 늘어나면서 나는 육아로부터 조금씩 자유로워짐을 느꼈다. 여기저기 육아 강의를 들으러 다니고, 육아 맘들을 만나 고민을 나누기도 했다. 출산 전 내 모습을 되찾기 위해 헬스를 다니고 쇼핑을 하는 등 내 시간을 자유롭게 쓰고 놀 수 있어서 즐겁고 행복했다.

❖ 호명 반응이 없어요

어린이집을 다닌 지 1년쯤 지나, 민재가 27개월일 때 어린이집 선생님에게서 연락이 왔다.

"민재를 여러 번 불러도 호명 반응이 없어요. 뒤돌아보지 않아요."

"아, 민재는 원래 한 가지에 집중을 잘하는 아이예요."

처음에는 어린이집 선생님의 말씀을 대수롭지 않게 여겼다. 집에서도 혼자서 잘 놀았기 때문에 집중력이 좋은 아이라고 생각했었다. 하지만 나 역시 '민재야!' 하고 불러도 뒤돌아보지 않는 횟수가 늘어나면서 걱정이 되기 시작했다.

'청각에 이상이 있는 건 아닌가?'라는 생각이 들어 병원에 가서 청각 검사를 했다. 청각에는 이상이 없었다. '혹시 심리적인 문제인가?' 그때부터 약간 두려워지기 시작했다. 집에서 민재를 유심히 관찰해 보니 이상한 행동들이 하나씩 보이기 시작했다.

"1, 2, 3, 4, 5, 6, 7, 8, 9… a, b, c, d, e, f, g…"라며 숫자와 알파벳을 혼자서 중얼중얼 거렸다. 블록을 이용해 혼자서 수식을 만들어 보기도 했다. '수학을 잘하는 아이'라고 대견하게 생각했던 일이 갈수록 이상해 보였다.

민재에게 펜을 가지고 놀게 했더니, 유리창에 숫자와 수식을 써 놓았다. 숫자 일부터 만까지 나열하면서 혼자서 종일 놀았다. 불러도 호명 반응이 없었다. 좋아하는 한 가지만 고집했다. 아무것도 모르는 초보 엄마였던 나는 걱정이 되기 시작했다. 지인에게 육아 고민을 나눴고, 육아 전문가로 추천받은 분이 바로 임서영 소장님이다.

> **육아팁**
>
> 아이가 한 가지 행동을 집착적으로 오래 한다면 다른 행동으로 빨리 전환해 주는 것이 좋다. 36개월 전까지는 아이의 두뇌가 발달하는 시기다. 8개 영역이 골고루 발달할 수 있도록 아이의 놀이나 활동을 지도하는 것이 중요하다.

첫 상담, 자폐성향이 보입니다.

임서영 소장님을 강의장에서 처음 만났다. 강렬한 카리스마가 느껴지는 분이었다. 그날 강의 주제는 '유아 수학강의'였다. 나는 민재가 이상한 행동을 보이기는 하지만, 수학천재인 줄 알았다. 알려주지 않은 수학을 혼자서 숫자 일부터 만까지 적을 수 있는 아이였기 때문이다.

하지만 그날 강의에서 말하는 수학과는 달랐다. 강의를 들으면서 '엄마가 저런 방법으로 수학을 가르쳐줘야 하는구나, 나는 가르쳐준 적이 없는데. 민재가 수학을 잘하는 것이 아니네. 이상한데?' 강의에 집중할수록 머릿속이 복잡해지고 마음이 불편해지기 시작했다. 강의 후, 소장님이 아이들의 무표정한 사진을 보며 상태를 말해주는 시간이 있었다. 민재 사진을 살펴보는 소장님에게 나는 민재의 자랑거리를 찾아 말했다.

"우리 애는요. 29개월인데 숫자를 일부터 만까지 다 알아요. 알파벳 A부터 Z까지 다 알고요. 가끔은 알파벳을 조합해요."

"그런 거 중요하지 않아요. 지금 당장 상담 잡으세요!"

단호한 그 모습에 "네."라는 대답 외에 아무런 말도 안 나왔다. '내 아이에게 무슨 문제가 있는 거지?' 나는 가장 빠른 일정에 상담을 잡았다.

첫 상담 때 남편과 함께 갔다. 남편과 내가 소장님과 상담받는 동안, 민재는 센터에 있는 다른 친구들 옆에서 조용히 놀고 있었다. 소장님이 말씀하셨다.

"어린이집에서 이렇게 조용히 놀았던 거예요. 이 아이는 손이 안가니까 어린이집에서 잘 놀았던 거죠. 문제 일으키지 않아요. 자기만 건드리지 않으면요."

상담 내내 조용히 놀고 있는 민재를 보면서 '어린이집에서 저렇게 혼자 놀았구나.'라는 생각에 눈물이 날 것 같았다. 상담하는 도중에 한 번쯤은 엄마와 아빠를 볼 것도 같은데, 한 번도 보지 않고 크레파스를 가지고 혼자 조용히 놀고 있었다. 그때 한 아이가 민재가 쓰던 크레파스를 꺼내서 가져가려 했다. 그 순간 민재가 그 크레파스를 그 아이의 얼굴에 던져 버리는 일이 벌어졌다. 엄마와 아빠가 보고 있는 앞에서.

"민재야!"

나도 모르게 소리를 질렀다. 민재를 혼내려고 했다.

"아니요. 혼내도 말 안 들어요! 사회성이 없고 자기만의 세계에 빠진 아이예요. 그러니까 말도 안 들리는 거죠. 자기만의 세계에 빠져있을 때, 자기 물건을 건드리거나 자기를 건드리는 것을 싫어해요. 지금은 혼낼 때가 아닙니다. 다음 주 월요일부터 공동육아를 시작합니다. 공동 육아에 나오세요!"

민재의 난폭한 모습을 처음 본 나와 남편은 깜짝 놀라고 당황스러웠다. 당장 공동 육아를 시작하기로 했다. 첫 상담 때, 소장님은 "자폐성향이 보입니다. 자폐인 아이들은 하나에만 빠져 있죠."라고 말씀해주셨다. 정확한 것은 36개월 때 검사를 해야 알 수 있다고 했다. 29개월부터 36개월까지 '공동육아'를 열심히 다니고, 36개월 때 결과를 지켜보기로 했다.

2. 공동육아를 시작하다

첫째 날, 공동육아를 갔을 때 10명 내외의 엄마와 아이들을 만났다. 민재는 친구들과 놀지 않고, 밥도 먹지 않고, 내 눈도 쳐다보지 않고 오직 장난감 자동차만 가지고 몇 시간 동안 놀았다. 마음속으로 '왜 이러지?'라는 생각만 가득했다.

둘째 날, 셋째 날도 친구들과 노는 활동은 전혀 되지 않았다. 한번은 혼자 블록을 가지고 놀고 있는데, 친구들이 같이 놀자고 민재 옆으로 왔다. 그러면 민재는 그 블록을 가지고 옆방으로 이동해서 혼자 놀았다. 29개월이지만, 말을 제대로 못 했기 때문에, 나에게 블록을 들어달라고 표현하면, 나는 블록을 다 챙겨서 민재를 따라 이동했다. 혼자 놀고 싶은 민재에게 친구들이 세 번 이상 건드리면, 민재는 가지고 있던 블록을 던지기 시작했다. 지난번 크레파스를 던졌던 것처럼.

공동육아를 다니고 첫 달에는 잘 알지도 못하는 엄마들에게 "죄송합니다. 죄송합니다."라는 말만 계속했다. "죄송합니다. 저희 애가 이거 고치려고 공동육아에 왔어요. 저희 애가 몇 달만 다니면 좋아진다고 해요."라며 아이 때문에 사죄하기 시작했다.

공동육아에서는 규칙들이 있었다. 아이들도 그 규칙을 지키게 하고 그에 따른 보상과 훈육을 확실하게 했다. 식사 시간에는 엄마는 엄마끼리, 아이는 아이끼리 밥을 먹어야 했다. 하지만 민재는 아이들과 밥을 먹기 싫어했다. 민재가 밥을 안 먹으니 나도 먹을 수 없었다. 다른 엄마와 아이들이 밥 먹을 동안 나와 민재는 방안에서 '블록 놀이' 하며 기다렸다. 밖에서는 밥 냄새가 솔솔 나고 엄마들 웃음소리가 들리는데, 나는 엄마들 틈에 가지도 못하고 아이와 있어야 하는 신세가 서글펐다. 빈 식탁에 민재와 둘이 앉아서 밥을 먹는 경우가 많았다.

'내가 왜 이 자식 때문에, 이렇게 혼자서 밥을 먹어야 하나? 그것도 소통도 안 되는 아이랑.' 그런 생각 때문에 또 슬펐다. 다른 엄마들이 이런 내 마음을 아니까, 나를 안쓰럽게 쳐다보며 민재가 다른 아이들을 건드려도 아무 말 하지 않았다. 고마웠다.

공동육아를 3개월 다녔지만, 누군가 옆에 오면 물건을 던지는 민재의 문제행동이 고쳐지지 않았다. 소장님이 말씀해주셨다.

"28개월 동안 친구랑 한 번도 안 놀아봤는데. 그게 한 번에 '놀자' 해서 놀아지겠어요? 고쳐지는 과정이에요. 우리가 고쳐줘야 해요."

🖎 엄마가 먼저 즐겁게!

민재는 고른 발달을 위해 8바구니(**활동지**)를 하고, 통글자(**한글**)를 떼야 했다. 하지만 민재는 활동지에 전혀 관심이 없었다. 소장님에게 어떻게 해야 할지 방법을 물어봤다.

"엄마가 하는 모습을 먼저 보여주세요. 엄마가 즐겁게 하는 걸 보여줘야 해요!"

그때부터 나는 민재 앞에서 활동지를 즐겁게 하는 모습을 리액션을 넣어가며 보여줬다.

"민재야, 민재야~, 재미있다! 아, 활동지 다했으니까 엄마 마이쮸 먹어야지. 민재야, 이렇게 다하면 이렇게 마이쮸 먹는 거야."

이렇게 3개월 동안 나 혼자서 활동지를 했다. 공동육아 때뿐만 아니라 집에 가서도 했다. 하지만 민재는 엄마가 뭐 하는지 관심을 보이지 않았다. 4개월쯤 됐을 때, 드디어 한마디 듣게 됐다.

"엄마, 뭐해?"

얼마나 기쁘던지! 민재는 수학을 좋아하고 잘하기 때문에, 활동지(8바구니)에서 수학을 할 때만 즐겁게 참여했다. 미로나 칠교 등 8바구니 활동지에는 관심이 없었다. 4개월이 지나자 민재가 조금씩 관심을 보이기 시작하면서 통글자를 떼기 시작했다. 한글을 알고 나서부터는 아이가 조금씩 변화하기 시작했다.

육아팁

한글(통글자)을 떼면 좌뇌가 열리기 때문에 이해력이 생기기 시작한다. 어른들의 말이 들리기 시작한다. 그리고 행동과 감정이 조절되면서 자기 조절이 가능해진다. 이때부터 아이가 조금씩 변화하기 시작한다.

이렇게 7개월 동안 어려운 순간순간의 고비를 넘기며 공동육아를 열심히 참여했다. 민재가 36개월이 되었고, 카우프만 검사를 받았다. 민재는 평균 121점을 받았고 영재로 판별 받았다. 하지만 결과에서는 전형적인 '자폐아이'의 그래프가 나왔다. 기억력과 학습력은 아주 우수하지만, 사회성과 애착은 상대적으로 아주 낮았다. '자폐 스펙트럼' 초기 증상이 보인다고 했다. '자폐'라는 말을 듣는 순간 하늘이 무너지는 듯했다. '어떻게 키워야 할까? 초등학교는 다닐 수 있을까?' 눈앞이 캄캄했다. 소장님이 걱정하지 말라며 확신을 주셨다.

"너무 걱정하지 마세요! 민재는 내 옆에서만 키우면 그냥 영재예요. 사회성과 애착 부분만 완성되면 영재인 아이예요. 영재와 자폐는 한 끗 차이에요! 종이 뒤집듯이 엄마가 노력하면 됩니다."

혼미했던 정신을 챙기고 소장님 말에 용기를 얻었다. '자폐'를 완치시켜야겠다고 다짐했다.

> **육아팁**
>
> 자폐 스펙트럼에는 여러 종류가 있다. 그중 '아스퍼그 증후군'은 지적장애가 수반되지 않고, 지능에는 문제가 없는 자폐의 일종이다. 자폐 스펙트럼의 경우, 36개월 전에 증상이 발견된다면 호전될 가능성이 높다. 다행히 민재는 29개월에 '자폐 스펙트럼' 초기임을 알았기에 고른 발달의 영재로 커갈 수 있었다.

아이를 강하게 키운다는 건?

민재 36개월일 때, 또 다른 문제가 있었다. 두 달 후, 나는 출산을 앞두고 있었다. 민재가 완치되어야 내가 마음 편하게 둘째를 출산하러 갈 텐데 어떻게 해야 할지 몰랐다.

"소장님, 저 좀 정말 살려주세요. 저 애 낳으러 가야 돼요."

"민재 엄마, 민재를 강하게 키워요! 안쓰럽게 보지도 말고, 친절하게 대하지도 말고, 강하게 키워요. 계속 혼내고 훈육해요. 민재는 강한 사람 말을 듣는 아이예요. 강하게 대해야 엄마가 없어도 강하게 자라요."

29개월, 첫 상담 때 소장님은 내가 민재의 수족(손과 발)이 되어 있다고 말했다. 맞다. 나는 모든 걸 알아서 다 해주는 엄마였다. '물'이라고 단어만 말해도 나는 '물'을 이미 가져다줬다. 하지만 이제는 소장님 말씀대로 강하게 키워야만 했다. 나는 공동육아에서 정했던 규칙을 제대로 알려주며 훈육하기 시작했다.

"아이는 스스로 하는 거야.", "아이는 원하는 것이 있으면 어른에게 다가가는 거야. 어른이 아이에게 먼저 가는 거 아니야.", "와서 말을 해야 도와줄 거야.", "지금은 활동지 하는 시간이야." 예외 없이 무조건 규칙을 지키게 했다.

"밥 먹기 전에는 손을 씻는 거야."를 말할 때, 아이가 아프거나 잠에서 깨어 씻는 걸 귀찮아하더라도 규칙을 지키게 했다. 한 번 허용하게 되면 아플 때나 잠잘 때는 '안 씻어도 되는구나.'라고 생각해서 아픈 척이나 졸린 척을 하게 될 수도 있기 때문이다. 정확한 규칙을 지키면 반드시 보상을 주고, 지키지 않으면 훈육을 했다. 공동육아에서는 모든 엄마와 아이들이 규칙을 지켜야 했기 때문에, 그것을 보면서 민재도 조금씩 규칙임을 인지하고 지키려고 노력했다.

육아팁

공동육아는 엄마와 아이의 첫 사회성을 기르는 곳이다. 보통 25개월에서 36개월 아이들이 많이 온다. 엄마와 함께 친구처럼 지내면서 규칙을 지키고 애착을 쌓는 것이 중요하다. '애착'을 쌓으려면 정확한 규칙을 제시하고 보상과 훈육을 제대로 하는 것이 중요하다. 규칙 없이 무조건 아이를 예뻐해 주거나 훈육하지 않도록 해야 한다.

공동육아를 통해 민재와 나 사이의 애착은 많이 회복되었다. 민재가 38개월 일 때, 나는 출산을 하러 가야 했기에 민재는 기관에 보내야만 했다. 18개월 때 민재를 어린이집에 보내서 안 좋았던 기억 때문에, 나는 고민했다. 소장님께 여쭤봤다.

"이제 친구들이랑 좀 놀기 시작하네요. 자기표현 다 하고 싶다 좋다 말할 수 있고 어린이집에서 있었던 일 더듬더듬 말은 하니까 이제 어린이집에 보내도 되겠어요."

민재를 어린이집에 보내기로 했다. 18개월 때 어린이집에서 보내준 민재 사진은 모두 혼자 놀고 있는 모습이었다. 왜 그때는 그 사진이 이상하게 보이지 않았는지 모르겠다. 하지만 38개월에 어린이집에서 보내주는 민재 사진에는 친구들 무리에서 손을 잡고 놀고 있었다. 공동육아를 다니면서 변화가 생긴 것이다. 너무 감동적이었다.

> **육아팁**
>
> 어린이집에 보낼 때 '네', '아니오' 정도는 표현할 수 있을 때 보내면 좋다.

3. 미션을 통해 자폐를 극복하다

민재는 수학을 좋아하고 잘했다. 수학프로그램 중에 3단 수학책이 있다. 동그라미로 수학을 공부하는 거다. 예를 들면 동그라미를 첫 줄에 5개, 둘째 줄에 5개, 셋째 줄에 5개를 그린다. 총 15개 동그라미를 완성한 후 연필을 이용하여 3개씩 묶는다. 한 묶음이 5개임을 확인한다. 그런 다음 '3개씩 묶은 것이 5묶음은 동그라미 15개와 같습니다.'라고 문장으로 써야 한다.

숫자 15를 듣는 순간 3개씩 묶었던 경험이 떠오르면서 곱셈, 나눗셈도 자연스럽게 익히게 된다. 이 과정에서 전두엽이 발달한다.

하지만 민재는 이런 기초를 하나도 쌓지 않고, 자연스럽게 '3 곱하기 5는 15'라는 것을 알게 됐다. 누가 가르쳐주지 않았는데도 수식을 알고 어려운 수학을 잘 풀었다. 나는 기초 없이 쌓은 수학 실력이 '모래성'처럼 느껴졌다.

"엄마, 나 다 알아. 세 개씩 묶어 다섯 묶음이면 열다섯 개 되는 거 다 알아. 이거 내가 왜 써야 되는 거야?"

"기초부터 잘 다져야 중국 가서도 중국 수학을 알 수 있어. 정답은 알지만, 왜 그렇게 되는지는 모르잖아. 지금은 그 과정을 아는 거야."

다른 아이들이 수학 1단부터 단계별로 9단까지 공부한다면, 민재는 9단부터 시작했다. 왜냐하면, 9단부터 하는 게 재미있으니까. 다른 아이들이 수학을 어려워하는데, 민재는 수학 할 때는 즐거워했다. 하지만 수학의 기초 쌓기를 할 때면 언제나 실랑이가 벌어지곤 했다.

이후에, 민재는 '한 가지' 잘하는 것만 집착하지 못하도록 '수학을 못 하게 하기' 미션을 받았다. 두뇌의 다른 영역을 골고루 발달시키기 위함이었다. 8바구니 활동지를 할 때, 수학 기초만 하고, 이후에는 수학 외 다른 영역의 활동지를 많이 했다.

다른 아이들의 부족한 영역이 수학이라면 민재의 부족한 영역은 미로찾기나 칠교였다. 다른 아이들이 수학 활동지를 할 때면, 민재는 수학 대신 미로 찾기를 해야 했다.

"엄마, 왜 나만 미로 해야 돼? 다른 아이들은 재미있는 수학하는데. 왜 나는 수학하면 안 돼?"

"너는 수학을 안 해도 잘해서 이거를 해야 하는 거야."

다른 엄마들은 수학을 잘하는 민재를 부러워했지만, 내 마음은 달랐다. 민재는 수학은 잘하지만, 국어는 또 못했다. 책의 내용을 알려면 주인공의 입장에서 바라봐야 하는데, 민재는 사람의 감정을 이해하지 못하니까, 책을 읽어도 줄거리를 요약하지 못했다. '다른 아이들은 책 읽고 줄거리 쓰고 잘하는데 민재는 왜 그걸 못 할까?' 이런 생각이 들곤 했다. 민재의 그런 문제를 생각하다 보면 힘들고 계속 신경 쓰였다.

> **육아팁**
>
> 칠교는 7개의 도형으로 여러 가지 모양을 만들어보는 놀이형 학습이다. 우뇌를 자극하여 창의력을 높이고 집중력 상승에 효과적이다. 또한 두뇌 계발, 인내력, 관찰력을 향상시키며 수학 교육의 기본바탕이 된다. 미로는 아이의 두뇌 발달에 도움을 주는 놀이다. 예측력, 판단력, 문제해결능력을 키울 수 있다.

감정을 느끼지 못하는 아이

민재는 엄마의 감정도 알지 못했다. 속상해하는 엄마 마음을 알지 못한 채, 오히려 내가 하는 말에 짜증을 부렸다. "다 할 수 있다고요!", "이 닦았어요.", "왜 나한테 자꾸 잔소리해요?" 아이의 말을 듣는 순간 눈물이 핑 돌았다. '어떻게 해야 효자로 키워질까? 나는 공부만 잘하는 아이

싫어! 인성 바르게 키우고 싶은데, 어떻게 키워야 하지?' 내 뜻대로 따라주지 않는 민재의 모습에 마음이 아팠다.

민재 8살 때, 센터에서 강아지를 키우기 시작했다. 이름은 딱지. 민재가 사회성이 없고 사람의 감정을 잘 몰랐기 때문에 소장님이 동물을 키우며 감정치료를 해보자고 하셨다.

"이제부터 딱지는 민재가 키우는 거야. 오전 10시에 아침밥, 오후 1시에 점심밥 주는 거야. 밥은 두 컵씩 주면 돼."

민재에게 딱지 키우는 방법을 자세히 알려줬다. 센터에서 딱지를 본 사람들은 반가워하며 만지거나 말을 걸기 시작했다.

"딱지야, 이리와! 딱지야, 배고프지? 딱지야, 어디가?"

하지만 민재는 전혀 반응이 없었다. 숫자에 강한 아이라 정해진 시간에 가서 밥만 두 숟가락 주고 되돌아왔다. 딱지가 똥을 쌌어도 아무 반응 없이 치우는 게 다였다. 감정을 못 느끼니 반응도 없는 거였다. 어느 날, 딱지에게 밥만 주고 가는 모습을 본 센터의 이사님이 민재를 혼냈다.

"너는 밥만 주고 가니? 딱지한테 인사도 하고 그래야지."

그 말을 듣고 민재가 "딱지야, 배가 고팠지? 내가 밥을 줄게. 있다가 1시에 또 올게."라며 로봇처럼 말하고는 사라졌다. 중국 국제학교에 입학하기 전까지 민재의 딱지 키우기는 계속됐다.

🖋 9월 학기에나 중국에 갈수 있어요

민재를 중국 국제학교에 보내기로 결정했다. 중국 국제학교는 돈만 있어서 갈 수 있는 건 아니었다. 센터에서 진행하는 교육 과정을 마치고, 인터뷰도 통과해야 했다. 모든 과정을 마친 민재는 4월 중국 어학연수를 준비하고 있었다. 그런데 소장님이 '민재는 4월에 못 간다'고 말씀하셨다. '다른 아이들은 다 가는데, 왜 민재는 안 된다고 하는 거지?' 서운함이 몰려왔다. 소장님께 그 이유를 여쭤봤다.

"민재는 중국에 가면 잘 적응할 아이예요. 공부도 잘할 거예요. 하지만 지금 중국에 가면 엄마의 감정을 몰라요. 엄마, 아빠가 힘들게 돈 벌어서 중국 보내주는 거 몰라요. 효자 못돼요. 그리고 중국 보내준 거에 대해 감사할 줄도 모를 거예요. 가족이 그립지도 않고, 동생 보고 싶지도 않을 거예요. 애틋하지도 않아요. 그렇게 보내고 싶으면 4월에 보내세요. 하지만 저는 못 보내요!"

내 아이를 진심으로 생각해주시는 소장님의 마음이 느껴져 감사했다. 이번 4월에는 중국을 가지 못하지만, 9월에는 갈 수 있도록 남은 기간 준비했다. 딱지를 키우고, 효를 가르쳤다. 그리고 민재가 나의 마음을 알아줄 수 있도록 자세히 설명해줬다.

"엄마는 민재를 중국에 보내려고 이렇게 노력하고 있어. 민재가 지금 엄마 마음을 못 알아줘서 중국에 못 가는 거야. 네가 엄마의 감정을 좀 알아야 돼. 아빠도 힘든데, 너를 위해 일하는 거야. 얼마나 힘든 줄 아니?"

소장님이 민재가 현재 상황을 알고 예측할 수 있도록 다 말해주라고 하셨다. 민재가 엄마의 마음을 아는지 모르는지 알 수 없었다.

4. 육아 경험을 공유하고 싶어요

민재는 9월에 중국 학교에 입학했다. 중국에 간 첫날, 민재가 울면서 전화했다.

"엄마, 보고 싶어. 엄마, 언제 와? 엄마는 중국에 언제 와? 엄마, 나 밤에 혼자 못 자겠어."

내 귀를 의심했다. 내가 아는 민재는 그런 말을 하는 아이가 아니었다. 기계적인 아이였는데, 지금 감정을 느끼고 있었다. 너무 반가웠.

'드디어 나를 그리워하는구나, 나를 애틋하게 생각하는구나. 동생의 안부도 물어보는구나. 아빠는 잘 있는지 물어보는구나.' 너무 기뻤다.

사회성이 부족한 민재에게 중국에서 새로운 친구를 만난다는 건 쉽지 않았다. 외국 친구를 사귀어서 그 감정을 알 때까지 민재는 남들보다 3~4배 시간과 노력이 더 필요했다. 내가 중국에 있다면 도와주겠지만, 그럴 수도 없는 형편이었다. 친구 사귀는 법을 모른 채, 민재는 자기가 좋아하는 수학 교과서만 풀면서 놀았다. 소장님께 어떻게 하면 좋을지 여쭤봤다.

"민재가 친구 사귀는 법을 몰라서 그래요. 매주, 반 친구들에게 줄 선물을 사서 보내세요."

나는 민재 반 아이들을 위해 사탕, 마이쮸 등을 사서 포장하고 보냈다. 선물을 보낼 때, 중국 담임선생님에게 부탁의 말을 남겼다.

"선생님, 이 선물을 민재가 직접 한 명 한 명에게 나눠주게 해주세요. 중국어로 '이거 내가 주는 선물이야. 친하게 지내자.'라는 말과 함께 친구의 눈을 쳐다보고 나눠주게 해주세요. 민재는 지금 사회성을 공부하는 중입니다."

중국 담임선생님이 그렇게 해주시기로 했다. 3주쯤 지나자 중국 선생님이 "민재가 표정이 정말 좋아졌어요."라며 피드백을 주셨다. 그리고 4주가 지나서 "민재가 너무 좋아졌어요. 민재가 친구들에게 정을 잘 줘요. 민재의 단짝 친구가 생겼어요. 중국 엄마들이 민재를 너무 좋아해요. 민재가 어떻게 이렇게 바뀌었나요?"라며 매우 좋은 평가를 해주셨다. 너무 기뻐 소장님께 톡을 드렸더니, 바로 회신을 주셨다.

"민재는 베푸는 마음이 부족해서 꼭 그렇게 나눠줘야 하는 아이예요. 그러면서 다가가는 법을 배우는 거예요."

중국에서도 계속되는 미션 덕분에 민재는 중국에서 멋지게 생활해나가고 있다. 사회성과 애착을 회복하는 민재의 모습을 보면서 이제는 나도 조금씩 마음이 놓이기 시작한다.

✎ 행복한 영재 키우기 노하우 3가지

자폐였던 민재를 고른 발달의 영재로 키우면서, 아이를 어떻게 교육하느냐에 따라 자폐아이도 영재가 될 수 있다는 것을 알게 됐다. 그중 중요한 3가지를 정리하면 다음과 같다.

첫째, '내 아이가 영재임을 인정하라'이다. 첫째 아이와 둘째 아이를 키우면서 확실히 알게 되었다. 처음에 나는 육아에 큰 관심이 없었다. 민재의 문제행동을 발견하고 29개월 때 소장님을 만나면서 조금씩 육아에 관심을 갖기 시작했다. 36개월 카우프만 검사에서 민재는 '영재'로 판별 받았다. 그리고 '자폐 스펙트럼' 진단도 받았다. "자폐와 영재는 한 끗 차이다. 엄마가 노력하면 바꿀 수 있다."는 소장님 말을 믿고 그때부터 나는 민재를 '영재'로 인식하고 키우기 시작했다. 마음가짐이 달라지기 시작하자, 아이 역시 점점 바뀌기 시작했다.

둘째 아이는 배 속에 있을 때부터 소장님 강의를 들었고, 플래시카드도 돌렸다. '태어나면 이미 영재일 거야.'라는 생각으로 태교를 했다. 둘째 아이는 놀랍게도 24개월 이전에 한글을 다 떼고 스스로 책을 읽었다. 15개월 때는「나비야」동요를 불렀다. 민재 15개월 때와는 전혀 다른 모습에 깜짝 놀랐다.

아이들을 영재로 인식하고 키우는 순간, 내 생각과 행동이 바뀌었고 아이들도 조금씩 변화되는 것을 느꼈다. 그리고 나는 육아가 즐거워지기 시작했다. 아이들이 스스로 할 수 있는 일들이 많아지므로 육아가 편안해지고 즐거워졌다. 내 아이가 영재임을 인정하는 마음가짐이 중요하다.

둘째, '장기 목표를 세우고, 여유롭게 바라보기'이다. 첫 상담에서 '자폐 초기 증상'이 보인다는 말을 듣고, 29개월부터 36개월까지 공동육아를 다녔다. 소장님이 알려준 대로 '애착 회복'과 '통글자(한글) 떼기'에 집중했다. '애착을 회복하고 통글자를 뗀 다음에는 뭐하지?' 그다음을 생각하지 못하고, 5~6개월의 단기 목표만 보고 달려갔더니 지치고 힘들었다.

36개월 때, 카우프만 검사에서 '자폐 스펙트럼'임을 알고 난 뒤부터는 장기적인 안목으로 여유롭게 보기 시작했다. '지금 4살이니까, 아이가 다 회복되어서 일반 초등학교로 갈 수 있는 아이로 키우자. 또 가능하다면 해외로도 나가보자.' 길게 바라보니까 마음이 편안해지기 시작했다. 나는 민재의 미래 모습도 꿈꾸고 있다. '외교관'이 되는 것이다. 외교관이 되어 전 세계를 다니는 민재의 모습을 생각만 해도 설레고 기대된다.

민재는 지금 중국의 국제학교에 다니며 멋진 아이로 커가고 있다. 중국 학교에 입학하기 전 카우프만 검사를 했는데, 최고점수인 160점을 받았다. 자폐 아이의 경우에는 나올 수 없는 점수다. 사회성과 애착까지 모두 좋아야 하기 때문이다. 민재가 자폐에서 회복되어 가고 있다는 것을 알게 되는 순간이었다. 동물매개치료가 많은 도움이 되었다. 지금은 강아지 '딱지'를 보면 반가워하고, 함께 노는 것을 좋아한다. 앞으로도 고비와 어려움이 있겠지만, 하나의 과정으로 여기고 여유롭게 바라보도록 노력할 것이다.

셋째, '어려운 일을 이뤄낸 성공의 경험을 많이 갖게 하기'이다. 실패와 성공의 경험을 반복하면서 보상이 확실히 주어질 때 '도파민'이라는 호르몬이 나온다. 이것은 즐거움을 주며 성공을 통한 희열을 느끼게 한다. 도파민은 아이들의 학습력, 인내력, 의욕, 자기주도력을 키우는 데 중요한 호르몬이다. 도파민이 많이 나오는 활동들로 아이들에게 성공 경험을 갖게 하는 것이 중요하다.

운동을 예로 들면, '철봉에 오래 매달리기' 20초를 목표로 정했다고 치자. 한 번 만에 20초 매달리기는 어린아이에게 쉽지 않은 일이다. 5초 매달렸다가 떨어지고 7초 매달렸다가 떨어진다. '20초'만을 목표로 둔다면, 아이는 계속 실패만 경험하게 되고 어느 순간 성공하더라도 '한 번'의 성공만을 경험하게 된다.

대신 방법을 바꿔서 '1초'부터 시작해 보는 거다. "오늘은 1초야. 1초만 견디면 돼." 1초를 성공했다면 "그럼 내일은 2초 하자." 2초를 성공했다면 "내일은 3초 하자." 이렇게 초를 늘려 가면 아이는 성공의 경험을 20번 하게 된다. 그리고 20초 때 큰 성공을 맛보며 즐거워하게 된다. 그러면 다음 활동도 즐겁게 도전하고 자기주도학습이 가능하게 되는 것이다. 작은 성공의 경험을 많이 주는 것이 핵심이다.

힘을 내요! 우리는 엄마잖아요

나 역시 처음에는 '내 아이를 잘 키우고 싶다'는 마음에서 시작했다. 교육매니저로서 엄마들을 코칭하다 보면, '내 아이를 잘 키우고 싶다'는 간절한 마음의 엄마들을 많이 만나게 된다. 예전의 내 모습을 보는 듯하여 친근감이 가고 이해가 된다.

그 엄마들과 소통하며, 엄마들이 내 아이 잘 키운 모습을 보고 나를 찾아오니까 '내 아이를 더 잘 키워야겠다'라고 생각했다. 동시에 그 엄마들의 아이들을 '내 자식처럼 잘 키워보고 싶다'는 마음도 들었다. 단순히 교육프로그램을 소개하는 교육매니저가 아니라 진심으로 다가가서 엄마들과 소통하고 싶다.

나는 육아 고민, 특히 자폐 아이 때문에 걱정하는 엄마에게 희망을 전하고 싶다. 나 역시 민재를 키우면서 캄캄한 터널을 지나는 것처럼 힘든 시간이 있었다. 내 아이가 자폐라는 것을 말하기가 어려웠다.

하지만 육아 전문가의 도움을 받고 나는 민재를 열심히 키웠다. 이제는 내 아이에 대한 확신이 생겼고 '내 아이가 자폐였다'라고 떳떳하게 말할 수 있는 단계에 온 것 같다. 내 경험을 엄마들에게 진솔하게 나누고 싶다.

그리고 내가 육아 전문가 임 소장님에게 도움을 받았듯이, 이제는 나도 영재오 교육매니저로서 엄마들의 든든한 육아 지원군이 되고 싶다.

민재 맘의 영재 교육 핵심노트

1. 아이를 영재로 믿고 대하면 아이도 변화한다.
2. 장기 목표를 갖고 여유를 가질 때 지치지 않는다.
3. 아이가 작은 성공을 자주 경험하게 하라.

하나영 교육매니저/ 영재오 선생님

영재오 더나방, 주말캠프, 밸런스워킹 선생님으로도 활동하고 있다. 하 매니저는 초창기 멤버인 2기 코칭맘으로 활동을 시작했다. 육아전문가 임서영 소장에게 7년 동안 배운 노하우를 바탕으로 육아 맘들을 코칭하고 있다. 또한 영재오의 모든 프로그램에 선생님으로 참가하면서 아이들을 어떻게 가르쳐야 하는지를 알게 되었고, 그 배움을 엄마들에게 나누고 있다. 아이들의 변화를 직접 눈으로 봤기에 더욱 강한 신념과 믿음, 책임감으로 아이들을 교육하고 있다.

블로그 https://blog.naver.com/yeppirin2
인스타그램 https://www.instagram.com/to.rinmom

제10장

평범한 아이의 행복한 영재 성장기

1. 연년생 아이를 키우는 엄마

첫째 예린이가 태어나고 3개월 뒤 시어머님께 아이를 맡기고 나는 직장으로 복귀했다. 예린이는 너무 순해서 돌보는 데 힘들지 않았지만, 한 번 울면 엄마와 아빠가 진땀을 흘릴 만큼 긴 시간을 하염없이 울었다. 하지만 우리 부부는 예린이가 다른 아이들보다 순하다고 생각했기에 '기왕이면 두 명을 한꺼번에 키우면서 한 번에 힘들고 말자'라고 생각하며 둘째 아이도 계획해서 연년생으로 낳게 되었다. 어리석은 생각이었다.

그런데 둘째 아이를 가지면서 예린이에게 어렸을 때 해줘야 하는 것들을 많이 놓쳐서인지 예린이는 17개월이 될 때까지 걷지를 않았다. 주변의 또래 아이들은 10개월에 걷기도 하고 늦어도 14~15개월에는 아장아장 걷는 연습을 한다는데, 예린이는 그 개월 수에도 전혀 걸으려고 하지 않았다. 무엇이 잘못된 것인지 조바심이 나기 시작했다.

예린이를 조심히 관찰하던 나는 예린이 13개월에 그동안 다니던 직장을 그만뒀다. 엄마가 옆에서 돌봐주지 못해서 그런 것이 아닐까 하는 죄책감 때문이었다. 예린이에게 항상 미안했기에 뭔가를 더 많이 가르쳐줘야겠다는 생각이 들어 평일 중 4일은 문화센터에 다니고, 3일은 방문교사를 불렀다. 예린이를 정성스럽게 똑똑하게 잘 키우고 싶었다. 집에 있을 때는 예린이와 걷기 연습을 많이 했다. 17개월 어느 날, 갑자기 걸으며 내게 다가온 예린이를 잊을 수가 없다. 18개월 때, 둘째 채린이가 태어나면서 말 없고 조용했던 예린이에게 급작스러운 변화가 생기기 시작했다.

문화센터에서 예린이는 바로 활동에 참여하지 않고 수업시간 절반 이상을 가만히 앉아서 쳐다보다가 꼭 마치기 10분 전쯤에 참여하곤 했다. 적극적인 예린이가 되기를 바라는 마음에 내가 수업에 억지로 참여를 시키면 그날은 아이가 계속 울어서 수업에 전혀 참여할 수가 없었다. 한번은 수업 중에 한 아이가 거슬렸는지 다가가서 그 아이를 넘어뜨리고 꼬집었다. 아이가 안 하던 행동을 하니까 너무 놀랐다. 그 아이 엄마에게 "미안합니다."라며 거듭 사과를 했다.

예린이의 이런 행동은 동생에게도 나타났다. 내가 잠깐만 자리를 비우면 동생을 괴롭혔다. '엄마의 사랑을 빼앗아갔다'고 생각하는지 동생을 꼬집기도 하고, 요리조리 굴리다가 아이를 뒤집어 놓기도 했다. 그 괴롭힘은 동네 친구들에게도 나타났다. 동네 친구를 집에 초대해 놓고는 집에 오면 밀고, 그 친구가 가지고 있는 것을 빼앗기도 했다. 갑작스러운 예린이의 변화에 나는 어떻게 대처해야 할지를 몰랐다.

원래 예린이는 친구에게 자기 것을 나눠주던 아이였다. 크레파스를 이용해서 그림을 그릴 때도 예린이가 좋아하는 색을 친구가 원하면 친구에게 양보하는 아이였는데, 이유 없이 갑자기 변하는 것을 보니까 눈앞이 깜깜해졌다. '아이가 왜 이러지? 동생이 생겨서 그런 걸까? 연년생으로 낳기를 잘 못 한 걸까?'라는 생각이 들면서 어떻게 해야 할지 혼란스러웠다.

🖊 한글 교육을 시켜야겠다!

예린이는 책 읽는 것을 좋아했다. 사실 내가 예린이에게 책을 읽어주는 것을 좋아했다. 내가 책을 읽어주면 예린이는 책 내용을 1주일 만에 모두 외웠다. '오! 똑똑하다.'는 생각이 들었다. 그리고 예린이는 그 책을 들고 동생에게 가서 자기가 읽어주는 것처럼 외워서 동생에게 책을 읽어주는 척을 했다. 그 모습이 흐뭇하면서도 '예린이에게 한글을 빨리 가르쳐 줘야겠다.'는 생각이 들었다.

카카오스토리(카스)에서 한글을 검색해보니 '영재오(영재들의 오후학교)'가 떴고, 지금의 백정미 교육매니저 팀장과 연결이 됐다. "엄마가 교육하는 프로그램이에요."라는 말에 '나는 집에 있으니까 해줄 수 있어.'라는 생각이 들면서 '영재오 8바구니' 프로그램을 구매하게 됐다. 일을 그만두기 전까지 나는 아이들을 가르치는 일을 했기 때문에 '아이와 잘 놀아주면 되지.'라고 쉽게 생각을 했는데, 막상 예린이를 가르치려고 하니 제대로 되지 않았다. 내가 가르쳤던 아이들과는 연령이 다르니 어떻게 가르쳐야 할지 갈피를 잡을 수 없었다. 내가 먼저 '공부를 좀 해봐야겠다.'고 생각을 할 때, 영재오 카스에서 "1기 코칭맘을 뽑습니다."라는 소식을 보게 됐다.

'그래, 내가 어설프게 가르치기보다는 제대로 배워서 가르쳐 보자.'는 생각이 들어서 '1기 코칭맘'을 신청했다. 그런데 어린아이 둘을 둔 엄마로서 남편의 반대가 심해서 1기는 참가하지 못했다. 한 달 뒤 '2기 코칭맘을 모집한다'는 소식을 들었을 때는 시어머님의 적극적인 지원으로 남편을 잘 설득하여 '2기 코칭맘'으로 참가하게 됐다. 그때쯤, 임서영 소장님이 육아상담을 해주신다는 말을 듣게 되었다. 예린이가 똑똑하다는 것을 증명받고 싶은 마음과 갑작스럽게 변한 예린이의 마음을 알고 싶었기에 바로 상담을 신청하게 되었다.

🖉 소장님 첫 상담

예린이 38개월, 소장님께 첫 상담을 받던 날 우리 가족 모두 삼성동으로 향했다. 그 당시는 아빠의 상담 참여도 가능했기에 남편도 함께 가게 되었다. 소장님이 예린이에게 "예린아, 엄마를 그려줄래?"라고 말했다. 예린이가 그림을 그리는데, 보는 사람들 모두 깜짝 놀랐다. 예린이는 그림을 자기 위주로 그리지 않고, 상대방이 그림을 보기 편하도록 거꾸로 그렸기 때문이다.

소장님이 "참 특이하다. 이런 케이스는 상담 중에 처음이에요."라며 이유를 설명해주셨다. "이런 아이들은 나를 사랑하기보다는 타인에게 사랑을 받고 싶어 합니다. 이 사람이 나를 인정해주고 사랑해주면 좋겠다고 생각을 하죠."라고 말씀해주셨다. 그 말에 내가 예린이에게 사랑을 주지 못해서 그런 것 같아 너무 미안해서 눈물이 났다. 그동안 예린이는 엄마의 사랑이 동생에게 간다고 생각했던 것이다. 그래서 엄마에게 사랑을 받을 수 없기 때문에 엄마가 아닌 다른 사람에게 사랑을 받고 싶어 한다는 거였다. 남편도 그림을 보면서 '예린이가 동생을 괴롭힌 이유'를 이해하게 됐다.

소장님이 예린이에게 활동지와 블록을 주면서 몇 가지 테스트를 하시고는 "예린이는 일반 아이들보다 8개월이 느립니다."라고 말씀하셨다. 그리고 채린이는 막 돌아다니는 것만 보시고도 일반 아이들보다 1년이 빠르다고 하셨다. 두 아이가 실질적으로 18개월 차이지만 지능은 거의 비슷한 또래라고 하셨다. 예린이를 똑똑하다고 생각했었는데 정말 뜻밖이었다. 예린이는 시크하게 잘 웃지 않았다. 가족행사를 가도 잘 웃지 않고,

어린이집 선생님도 예린이는 잘 웃지 않는다고 이야기해서 '시크하다'고 생각하고 있었다. 소장님께 말씀드렸더니 단호한 목소리로 "안 웃는 아이는 없어요. 행복하지 않기 때문에 안 웃는 거예요. 시크한 아이가 어디 있어요? 그거는 아이가 문제가 있기 때문이에요."라고 설명을 해주셨다. 지금까지 이야기를 듣던 남편이 순간 화를 냈다. 그러고는 소장님에게 "어떻게 문제 있다는 것을 증명할 수 있어요? 우리 딸을 어떻게 보고 그렇게 생각하시는 겁니까?"라며 반문했다.

당황하지 않고 차분한 목소리로 소장님이 아이의 뇌 발달부터 차근히 설명을 해주셨다. 1시간 정도 소장님과의 대화에서 남편이 "아, 그렇습니까?"라며 수긍했다. 얼음 같았던 분위기가 천천히 녹기 시작했다. 첫 상담을 계기로 남편은 '영재오'를 적극적으로 지원해 주고 있다. 감사한 일이다.

소장님이 "예린이는 어린이집에 보내지 마시고 어머니가 데리고 계세요. 동생은 어린이집에 보내도 됩니다. 그리고 예린이와 공동육아를 나오세요."라고 솔루션을 주셨다. 예린이와 내가 애착 형성이 안되었기 때문에 동생이 보지 않는 곳에서 예린이와 애착을 쌓는 시간이 필요하다는 거였다. 이어 "예린이만의 '보물 상자'를 사주세요. 거기에 열쇠도 채워주고 스스로 관리하도록 하세요."라고 말씀하셨다. 예린이는 무엇이든 동생과 나눠 가진다고 생각을 하니 보물 상자에 자신만의 소중한 물건을 넣을 수 있게 해주라는 뜻이었다. 집에 돌아오는 길에 예린이에게 보물 상자 큰 것을 하나 사줬다. 자기 것이 생겨서 너무 좋아했다.

2. 엄마와 애착을 회복하다

상담 후, 1주일이 지나고 여느 때처럼 하원하는 예린이를 데리러 어린이집에 갔다. 그때 어린이집 선생님이 "지난번에 예린이 어디 갔다 왔다고 했어요? 예린이가 거기 다녀온 후로 아주 많이 웃어요. 1주일 만에 이렇게 많이 웃고 변할 수 있는지 진짜 너무 놀라워요."라며 칭찬을 많이 해주셨다.

그 1주일 동안 한 거라고는 소장님의 미션이 다였다. 예린이 보물 상자 만들어주기, 내가 동생을 데리고 있을 때 일부러 "힘들어, 힘들어. 채린이 때문에 힘들어."라는 말을 많이 해주기, "네가 첫째라서 엄마 많이 도와줘."라고 말하기, 나의 힘든 감정을 아이에게 많이 표현하기, 심부름 많이 시키기였다. 그런데 시크녀였던 아이가 많이 웃고 변했다니 놀라웠다.

아마도 예린이가 '엄마가 나의 마음을 알아줬다'고 생각하는 것 같았다. 아이가 정서적 안정을 찾은 것 같았다. 아이의 마음을 알아주는 것만으로도 밝게 변할 수 있다는 것을 알게 되면서 그것을 미처 알지 못했던 나의 무지함을 다시 한 번 반성하게 됐다.

소장님이 채린이는 어린이집에 보내도 당차게 잘 다닐 수 있는 아이라고 하셨다. 하지만 예린이는 나와 애착 형성이 안 되어 있기 때문에 어린이집에 보내는 것이 '엄마가 나를 미워해서 어린이집에 보내는 거야.'라고 생각할 수 있다고 하셨다. 동생이 있기 때문이었다. 우선 급한 것은 예린이와 나 사이의 애착 회복이었다.

소장님이 예린이와 애착 회복을 위해 공동육아를 바로 나오라고 했지만, 둘째 채린이 하원 시간도 있어서 바로 나가지를 못했다. 처음 2개월은 예린이를 집에서 내가 키웠다. 그런데 도저히 '안 되겠다' 싶어, 둘째 아이 하원 시간을 오후 4시로 옮기고 예린이를 데리고 공동육아에 참가했다.

예린이는 공동육아를 다니면서 '통글자 한글'을 떼고 영재오 8바구니를 했다. 그리고 '누군가를 도와준다는 것'을 배우게 되었다. 공동육아에 참가한 동생들을 예뻐하고 살뜰히 챙겨줬다. 우는 것도 완전히 사라졌다. 처음에 10번 울었다면 점점 횟수가 줄어들고 한 번 울 때 길게 울었는데, 공동육아에 다니면서 그 긴 울음이 사라졌다.

그리고 나와 둘이 있는 시간이 많아지면서 아이가 밝게 웃기 시작하고 말도 많아졌다. 예전에는 "엄마, 8바구니 했어."가 끝이었으면 이제는 "오늘은 친구와 게임을 했는데 그 친구가 이렇게 해서 내가 이겼어~"라며 친구와 있었던 이야기를 나에게 구구절절 이야기하기 시작했다. 이제 내가 자기를 사랑한다고 믿기 때문에 말을 많이 하려는 것으로 여겨져 감격스러웠다. 나 역시 아이와 눈을 마주치며 더욱 즐거운 대화를 하려고 애썼다. 예린이는 온전히 자기만을 엄마가 챙겨준다는 것을 좋아했다.

> **육아팁**
>
> 한글을 떼면 좌뇌가 열리기 때문에 이해력이 생기면서 타인을 이해할 수 있게 된다. '엄마가 힘들 거야', '동생이 있어도 엄마는 나를 사랑해'라고 이성적으로 이해할 수 있게 된다. 또한 영재오 '통글자'를 떼고 난 다음에 새로운 언어(외국어, 한자)를 공부하면 좌뇌가 확실히 열리기 때문에 아이의 언어발달에 도움이 된다.

"예린아, 오늘 작은 음악회에서 노래를 부르는데 잘하더라. 너무 잘했어."라며 칭찬도 많이 해줬다. 반대로, 규칙을 지키지 않아서 혼내는 일도 종종 있었지만, 그것조차도 대화거리이며 많은 이야기를 할 기회라고 생각했다.

그림의 색감이 밝아졌어요

처음에 예린이는 그림을 잘 안 그렸었다. 그림을 못 그려서 그런지 나에게 "엄마가 그려줘."라는 말을 많이 했다. 공동육아를 다니면서 예린이는 혼자서 그림을 그리기 시작했다. 밤색, 어두운색 계열의 색연필만 사용했던 아이가 점점 밝은 색감의 색연필을 사용하면서 '알록달록'하게 그림을 그리기 시작했다. 아이의 그림만 봐도 아이가 '즐겁고 평온하구나'를 많이 느낄 수 있었다. 어느 날은 "엄마야."라며 나를 그려서 선물로 주기도 했다.

'아! 이것이 공동육아의 마법'이구나.'를 온몸으로 경험하게 되었다. 공동육아에 다닌 지 한 달 조금 지나자, 예린이가 많이 웃고 말을 많이 하게 되었다. 또 한 달이 지나니까 아이가 나를 예쁘게 그려주고 선물도 줬다. 예린이는 동생 없이 엄마와 온전히 함께 보낸 3개월의 공동육아를 행복해하고 즐거워하는 듯했다. 이후에는 소장님께 말씀드리고 채린이도 공동육아를 함께 다녔다.

공동육아를 다니면서 예린이는 어느 정도 애착을 회복하는 듯했으나, 고비가 있으면 애착이 흔들리곤 했다. 동생이 있었기 때문에 예린이의 애착이 완전히 회복되지는 않았던 것 같다. 그래서 애착이 흔들릴 때마다 예린이는 공동육아를 다녔다. 애착이 괜찮아지면 일반 어린이집을 다니고, 또 애착이 흔들린다 싶으면 공동육아를 다녔다. 약 2년 정도 공동육아를 왔다 갔다 했다.

첫째라서 주는 거야

나는 예린이에게 '첫째라서'라는 말을 많이 했다. "첫째라서 예린이는 빵을 2개 주고, 채린이는 1개만 줄 거야.", "첫째니까 예린이는 새 옷을 사주고, 채린이는 사주지 않을 거야."라며 첫째에게 좀 더 집중했다.

내가 예린이를 첫째라서 더 챙긴다는 것을 표현해 주자, 아이의 정서가 조금씩 더 안정되었다. 둘째 아이는 어릴 때부터 그것이 익숙해서 그런지 나에게 자기도 달라고 떼쓰지 않았다. "언니야, 언니니까 사주는 거야, 넌 동생이야." 그래서인지 언니의 말을 잘 듣고 토를 달지 않았다. 남편이 지금은 둘째 것이 너무 없는 것이 마음 아프다며, 함께 사주고 있지만 어렸을 때는 무조건 언니가 '먼저'였다.

예린이가 '보물 상자'를 갖게 된 이후, '자기거'의 소중함을 알게 되었다. 연년생 동생과 생활하다 보니 모든 것이 공유되면서 자기 물건의 의미가 없었다. 이제 '보물 상자'는 예린이만의 것이었다. 열었다 닫았다 할 수 있는 상자에 열쇠까지 채워줬다.

예린이는 자신만의 소중한 것을 거기에 보관했다. 일기장도 넣고 친구들에게 받은 편지, 가족들에게 받은 선물을 소중하게 여기며 보관하고 있다. 첫 상담 때, 소장님이 "예린이만의 방이 있으면 좋겠어요."라고 하셨는데, 여건상 개인 방은 만들어주지 못했지만, 보물 상자를 줌으로써 '아이만의 공간'을 갖게 해줬다. 좋아하는 아이의 모습에 나 역시 기뻤다.

> **육아팁**
>
> 자녀가 둘인 엄마들은 첫째 아이를 집중해서 키워야 한다. 첫째를 잘 키우면 둘째는 첫째 아이 행동을 보고 따라 하면서 자란다. 어떻게 보면 둘째 아이에게 미안할 수 있다. 하지만 보고 배우는 학습이 80%다. 첫째 아이를 보면서 둘째 아이는 혼자서 습득한다. 공부나 생활습관 등을 보고 배운다. 둘째 아이들은 눈치가 빨라서 지능이 뛰어나다. 둘째 아이들의 똑똑함만큼 엄마들은 첫째 아이를 집중해서 더 잘 키워야 한다.

3. 일상생활에서 영재성을 키우다

학습만큼 중요한 것이 운동이다. 학습을 5만큼 했으면 운동도 반드시 5만큼 해야 한다. 5:5 비율이 되어야 머리와 몸이 균형을 이뤄 튼튼하게 자랄 수 있다. 운동을 하고 나면 긍정적인 에너지와 도파민이 나오기 때문에 기분이 좋아지고, 몸에 활력이 생긴다. 또한 대·소근육 발달 운동은 아이의 두뇌와도 밀접한 연관이 있기 때문에 일상생활에서 쉽게 할 수 있는 대·소근육 운동을 꾸준히 해주면 좋다.

남편이 운동 관련된 일을 하기도 했지만, 아이들이 집에만 있으면 답답하다면서 어릴 때부터 밖으로 데리고 나가서 함께 운동을 많이 했다. "우리 공 차러 가자."라며 공 하나 들고 근처 운동장에 가서 놀거나 아이들 손을 잡고 운동장을 돌기도 했다.

줄넘기를 하나 가르치더라도 설렁설렁하지 않고 땀이 날 정도로 시켰다. 자전거를 타야 균형 감각이 생기고 대근육이 발달한다면서 자전거를 가르치는 것은 물론, 인라인도 가르쳤다. 계단 오르기와 운동장 뛰기는 지금도 아이들과 자주 하고 있으며, 다행히 아이들 역시 아빠와 함께 운동하는 것을 즐겁게 생각하고 있다. 신나게 놀고 땀을 뻘뻘 흘리면서도 아이들은 기분 좋게 집으로 돌아왔다.

> **육아팁**
>
> 학습을 통한 지능발달뿐만 아니라 운동을 통한 지능발달도 중요하다. 여러 명이 함께하는 운동은 사회성, 팀플레이 등을 배울 수 있다. 혼자 하는 운동을 통해 참을성, 끈기, 지구력 등을 길러주고 스스로를 이기는 힘, '그릿(GRIT)'을 키울 수 있다.

규칙을 잘 지키는 아이

예린이는 규칙을 잘 지킨다. 공동육아를 다니면서 익힌 규칙이 익숙해진 것이다. 나는 공동육아의 규칙을 집에도 써놓고 아침에 일어나면 그것을 항상 읽도록 했다.

규칙의 예로 '밥을 다 먹은 후에 움직입니다', '밥을 먹을 때는 20분 안에 먹습니다', '숟가락과 젓가락을 들고 먹습니다', '우울했을 때는 우는 의자에 10분 앉아있기' 등 일상적인 규칙을 계속 추가시켜 나갔다. 규칙을 잘 지켰을 때는 보상을, 규칙을 못 지켰을 때는 훈육을 하면서 아이가 인지하도록 했다.

> **육아팁**
>
> 규칙은 아이와 함께 만들어가는 것이 좋다. 처음에는 10개부터 시작하고, 조금씩 규칙의 개수를 늘려가면 좋다. 처음부터 규칙 100가지를 한 번에 만드는 것은 좋은 방법이 아니다. 일상생활 속에서 아이들이 자발적으로 규칙을 정하고 지켜나가도록 지도해야 한다.

어릴 때부터 규칙을 잘 지킨 덕분에 예린이는 주위에서 '모범적'이라며 칭찬을 많이 받았다. 학교나 어디를 가더라도 예린이가 '작은 선생님'이라고 할 정도로 모범적인 행동을 많이 했고, 선생님과 친구들을 많이 도와주기도 했다.

예린이는 작은 선생님

조기입학 신청 시즌이 다가왔다. 동사무소에 12월 31일까지 신청해야 하는데, 나는 예린이가 조기입학 대상이 안 될 거로 생각했다. 그래서 조기입학을 생각하고 있지 않았는데, 1월 어느 날, 소장님이 "왜 예린이는 조기입학을 안 시켜요? 예린이 학교 가야죠."라고 물어보셨다. 소장님은 내가 먼저 '예린이도 조기입학 해야 하나요?'라고 물어보길 기다리셨던 것 같다. 예린이와 동갑인 남자아이들은 모두 조기입학 신청을 마쳤는데, 예린이만 신청하지 못했다. 아뿔싸! 그때야 부랴부랴 알아봤지만 이미 신청 기간이 끝나고, 남은 방법으로 학교에 승인을 받아야 했다. 하지만 시험과 교장 선생님 면접까지 절차가 많았다. 남편이 "그렇게까지 해서 조기입학을 시킬 필요가 있을까?"라고 말했다. 의논 끝에 예린이는 정시에 학교를 보내자고 결론을 냈다.

초등학교 입학 전까지 예린이는 일반 유치원에 다녔고, 영재오를 열심히 했다. 그때 소장님이 "예린이는 빨리 성숙하는데, 또래 아이들이 너무 수준에 맞지 않기 때문에 친구가 없는 거예요."라고 말씀하시기도 했다.

8살 때, 영재오를 같이 다니던 친구들이 중국 국제학교로 입학하게 되면서 예린이만 영재오에 혼자 남게 되었다. 중국에 가는 것을 남편이 반대했다. 어린 나이이기도 하고 딸이다 보니, 외국에서 혼자 키우기 조심스러웠던 것이다. 남편의 의견을 존중해주며, 의논 끝에 '중국 어학연수'만 보내기로 했다.

하지만 친구들은 중국에 다 갔는데 혼자 남게 된 예린이에게는 그 일이 충격이었던 것 같다. 의욕이 없어지면서 영재반에서 내주는 미션도 안 하고 아무것도 안 하려고 했다. 나와 부딪치고 싸우는 일도 많았다. "예린아, 가방 챙겨. 나가자."라고 말하면 내가 옷 입고 나오기 전에 문 앞에 서 있던 아이였는데, "예린아, 옷 입어. 가자."라고 하면 그제야 양말을 신었다. 내가 하는 말에도 "왜 그래야 해요?"라며 반박하고 토를 많이 달았다. 이런 모습이 많아지면서 소장님이 예린이를 몇 번 개인 상담해 주셨다.

"예린이가 중국을 못 간 일로 상처를 받아서 '내가 여기 있으면 뭐해?'라고 생각해요. 그리고 '엄마는 힘이 없어. 엄마 말 잘 들어서 좋을 게 하나도 없어.'라고 생각을 해요."

엄마가 힘이 없고 엄마는 아무것도 해줄 수 없다고 생각하기 때문에 내 말을 안 들으려고 한다는 것이다. 예린이의 마음이 이해가 되면서도 그 상황이 너무 힘들었다.

"소장님, 그러면 어떻게 할까요?"

"예린이는 여기서 선생님처럼 동생들을 많이 가르쳐 주게 하세요. '작은 선생님'이 되어야 합니다. 자기가 많이 알아야 동생들을 가르쳐 줄 수 있으니까 배워야 한다는 것을 스스로 느낄 겁니다."

그때부터 예린이의 '작은 선생님' 미션이 시작됐다. 영재오 각 반을 돌아다니면서 선생님처럼 동생들에게 '영어', '중국어' 등을 가르쳐주기 시작했다. 그러면서 조금씩 정서적으로 안정을 찾기 시작했다. 그리고 중국을 갔던 아이들이 3개월 뒤 귀국을 하고, 다음 중국 어학연수 때는 중국에 갈 수 있다고 생각하니까 학업도 더 열심히 하기 시작했다. 정서적으로 안정적인 상태가 되어야 학습 또한 즐겁게 잘할 수 있다는 것을 다시금 알게 되었다.

4. 아이의 인생을 설계해주고 싶어요

예린이는 기억력이 좋다. 어릴 때 내가 예린이에게 읽어줬던 책 내용을 외워서 동생에게 책 읽어준 것처럼, 한번 들은 이야기는 다 외웠다. 만약 아이들끼리 싸우면 예린이를 불러서 "예린아, 어떻게 된 거야?" 하고 물으면 그때마다 예린이는 상황을 객관적으로 잘 설명했다. 이런 모습을 보고 소장님이 예린이는 "검사나 판사를 시켜야 한다."며 한번 듣고 상황을 일목요연하게 잘 표현하는 것에 칭찬을 많이 해주셨다.

예린이는 54개월 때 카우프만 검사를 했고 138점을 받았다. 현재 예린이는 10살이 되었고, 중국 학교에 정식 입학해서 즐겁게 학교생활을 잘

하고 있다. 예린이가 나이에 비해 성숙하다는 이야기를 많이 듣는 편인데, 엄마의 마음을 알 정도로 많이 컸다는 것을 느끼는 요즘이다. 설날에 있었던 일이다. 내가 부엌에서 설거지를 하고 있는데, 예린이가 나를 한번 보고는 할머니에게 가서 "할머니, 왜 엄마만 설거지를 하는 거예요? 우리 집에는 아빠도 있고, 고모도 있고, 사람이 이렇게 많은데 왜 엄마만 설거지를 하는 거예요?"라고 말했다. 그 말을 듣는 순간, 감동의 눈물이 났다. '엄마의 마음을 이해하는구나.' 하는 생각에 기뻤다.

할머니가 당황하셔서 얼버무리며 말씀을 잘 못 하니 예린이가 또 "제 생각에는 설거지는 돌아가면서 해야 하는 것 같아요. 지금은 엄마가 설거지하니까 저녁에는 고모가 하면 좋겠어요."라며 쐐기를 박아주는데, 그 말이 고마우면서 감동적이었다. '우리 딸 다 컸구나!' 하는 생각에 마음이 든든했다.

이제는 용돈을 모아서 동생이 갖고 싶은 선물도 사주는 어엿한 언니가 되었다. 언젠가는 엄마 품을 떠나겠지만, 그때까지 예린이가 혼자서도 잘 생활하고 올바른 생각을 가질 수 있도록 많이 가르쳐주고 응원해 줄 것이다. 연년생을 키우면서 잘했다는 생각이 들 때도 있고, 두 아이에게 미안할 때도 있다. 어렵고 힘든 순간이 있었지만, 그만큼 아이들과 행복하게 보낼 날들을 앞으로 기대해본다.

✒ 행복한 영재 키우기 노하우 3가지

아이를 키우면서 아이가 어릴 때 어떻게 교육하느냐에 따라 아이의 영재성이 개발되기도 하고, 그렇지 않기도 하다는 것을 알게 됐다. 그중 중요한 3가지를 정리하면 다음과 같다.

첫째, '엄마와의 애착'이다. 애착은 '엄마에게 가면 나는 항상 안전해, 엄마가 나의 안전지대가 되어준다'는 믿음이다. 아이와 손을 잡고 산책을 하거나, 아이와 눈을 마주치며 집에서 놀아주는 것만으로도 애착 형성이 된다. 엄마와의 애착이 잘 된 아이들은 엄마가 하는 게 뭐든지 재미있어 보이고 좋아 보인다. 그래서 엄마가 가르쳐주는 학습이 쉽게 들어가고 금방 따라 하게 된다.

아이와의 애착을 만든다고 해서 엄마가 무조건 아이에게 맞춰주고, 이해해주고, 사랑해주는 것은 아니다. 애착의 시작은 '되고 안 되고'에 대한 명확한 기준을 아이에게 알려주는 것이다. 일관성 있는 엄마의 모습을 통해 아이가 엄마를 안전지대라고 믿게 되는 것이다.

> **육아팁**
> 엄마와의 애착이 형성되고 적기교육이 이뤄진 다음에는 무엇을 하든 그것을 '꾸준히 하는 것'이 중요하다.

둘째, '운동'이다. 영재교육에서 빠질 수 없는 것이 운동이다. 학습을 5만큼 했으면 운동도 반드시 5만큼 해야 한다. 학습을 느슨하게 한다면 운동 역시 느슨하게 해도 되지만, 학습을 정말 열심히 한다면 운동 역시 열심히 해야 한다. 학습과 운동의 비율이 5:5로 똑같이 가야 하고, 강도도 같아야 한다.

학습을 통해 내가 그것을 통과했을 때의 기쁨도 있지만, 힘들게 운동하고 난 다음의 기쁨도 아이들이 느낄 수 있어야 한다. 정말 힘들고 하기 싫고 그것을 못할 것 같은 단계의 운동을 이겨내고 나면 아이에게는 도파민이 팍팍 생성된다. 또한 힘든 것을 이겨내는 인내심, 지구력, 끈기, 참을성 등 많은 역량을 키울 수 있다. 이런 역량은 학습을 하는 데 또한 기반이 된다.

힘든 운동을 하고 나면 긍정적인 에너지와 도파민이 나오기 때문에, 몸에 활력을 불어넣을 수 있다. 운동은 아이들의 두뇌 발달과도 연관이 있으므로 영유아기에는 대근육과 소근육 운동을 시키면 좋다.

> **육아팁**
>
> 대근육 운동으로는 앉았다 일어나기, 제자리 오리걸음, 점프하기, 개다리 춤추기, 앞구르기, 토끼 뜀뛰기, 공놀이 등이 있다. 소근육 운동으로는 선 긋기, 귤 까먹기, 수건 줄다리기, 밀가루 반죽 치대기, 실로폰 치기, 반찬 뚜껑 여닫기, 빨대 자르기, 분무기로 화분에 물주기 등이 있다.

셋째, '규칙 지키기'이다. 학습에도 규칙이 있다. '선 긋기'를 예로 들어보자. 종이에 점이 2개 있다. 한 점에서 시작해서 다른 점에서 끝나는 것이 규칙이다. 그런데도 아이들은 시작점에서 '출발'은 하지만 '멈춰'를 못해 그 점을 지나치곤 한다. 즉 규칙을 지키지 않은 것이다. 이러한 작은 규칙 하나를 지키지 않으면 학습이 되지 않는다.

아이들이 말을 잘 듣지 않는 이유는 숙지하고 있는 규칙이 없기 때문이다. 엄마가 그동안 규칙을 알려주지 않으면서 '오냐오냐' 키웠고, '이래도 맞고 저래도 맞아'라며 '되고 안 되고'에 대한 명확한 규칙을 알려주지 않은 것이다.

어른들의 말을 잘 듣는 것 또한 규칙이다. '지금은 밥 먹는 시간이야', '지금은 공부하는 시간이야'에 따라 움직이는 것도 규칙의 한 예다. 규칙을 잘 지키면 어른들에게 칭찬을 받는다. 칭찬을 받음으로써 아이의 자존감도 높아지고, 자존감이 높아지면 자신에 대한 만족도와 효능감이 높아지게 된다. 그런 아이들의 경우에는 긍정적이기 때문에 학습을 잘하려고 하고 도전도 즐겁게 하려고 한다. 규칙을 잘 지키면 보상을 해주고 지키지 않으면 훈육을 명확히 하는 것이 중요하다.

편안한 교육매니저가 되고 싶어요

예전에 나는 무뚝뚝한 편이었다. 영재오를 하면서 예린이에게 내 감정을 많이 표현하게 됐고, 일상적인 이야기도 많이 나누게 됐다. "예린아, 엄마 오늘 기분이 참 좋다."라든지 "오늘은 너 어린이집 갔다 오는 동안에 엄마는 수업 준비할 거야. 너도 잘하고 와."라며 자유롭게 이야기한다. 예린이가 말을 많이 하고, 자신의 감정을 잘 표현해주니 나도 그에 따라 많이 바뀌었다. 웃음도 많아지고, 재밌는 이야기도 많이 하게 되었다.

나는 아이들의 인생을 처음부터 끝까지 크게 보고 설계를 해줄 수 있는 '설계자'가 되고 싶다. 눈앞에 놓여 있는 문제만 해결하는 것이 아니라 긴 안목으로 아이의 미래를 함께 고민하고, '우리 아이는 이렇게 키워봅시다'라며 엄마들에게 제안해 주고 싶다. 또한 교육매니저로서 엄마들이 '편안하게 다가올 수 있는 사람'이었으면 좋겠다. 엄마들에게 평범한 아이를 영재로 키운 노하우를 전해주고 싶다.

내가 그랬던 것처럼 많은 엄마들이 영재오를 통해 육아의 참 기쁨을 발견하기를 소망한다.

예린 맘의 영재 교육 핵심노트

1. 엄마와 애착이 형성돼야 적기교육이 가능하다.
2. 운동은 아이들 두뇌 발달과 밀접한 관련이 있다.
3. 규칙을 잘 지킬 때 학습이 잘 이뤄진다.

NOTE

한윤희(앨리) 교육매니저/
영재오 탐큐수교구 총괄

교육매니저 6년 차인 한 매니저는 더나방, 영재반, 주말캠프, 밸런스워킹 선생님으로도 활동하며 아이들과의 현장 경험을 많이 가지고 있다. 또한 탐큐수교구 지도자양성과정을 총괄 담당하고 있다. 슬하에 9살, 7개월의 두 자녀를 키우며 영재오의 프로그램을 통해 첫째 아이를 사회성이 좋고 행복한 영재 아이로 키울 수 있었다고 말한다. 블로그 〈정인주아맘의 영재놀이 홈스쿨링〉에서 영재오 아이들의 성장일기를 소개하고 있다.

블로그 https://blog.naver.com/rusiaroni
인스타그램 https://www.instagram.com/jjua.mom

제11장

자기주도습관을
잡아라

1. 적기교육을 놓치다

첫째 정인이가 태어나면서 나의 모든 관심은 아이에게 쏠렸다. 첫째에 대한 로망이 커서일까? 첫째는 무조건 잘 키워야겠다는 생각에 나의 최우선 순위는 바로 건강이었다. 먹는 것부터 바르고 입는 것까지 모두 제일 깨끗하다고 생각한 유기농을 고집했다. 집에서 현미를 발아시키고 빻아서 이유식을 만들어 먹이기도 했다.

아이의 교육에도 관심이 많았기에 100일 후부터는 몇 달을 대기해야 가능한 백화점 문화센터에 주 5일을 꼬박꼬박 출석하며 열심히 다녔다. 문화센터에 가면 나처럼 교육열이 뛰어난 엄마들, 흔히 말하는 유모차 부대들이 벌써 센터 문 앞에 즐비해 있곤 했다. 나도 그 대열에 끼어 아이와 문화센터 가는 것을 당연하게 생각했다. 아쉽게도 이 시기에 문화센터를 다니는 것이 아이에게 별로 도움이 되지 않는다는 사실은 뒤늦게 알게 되었다.

돌이 다 되어 가는데도 정인이는 잘 걸으려 하지 않았다. '아직 못 걷는 아이들도 많은데 뭐. 때가 되면 다 걷겠지.' 아이가 자연스럽게 받아들일 때를 기다리며 걷는 연습을 중요하게 생각하지 않았다. 그런데 이상하게 말도 늦었다.

하루는 이모가 "정인이보다 생일이 느린 아이도 말을 제법 하던데, 정인이가 말이 너무 느린 건 아니니?" 하고 걱정되어 물으셨다. "아니에요. 이제 곧 말을 다 할 거예요. 정인이 이렇게 잘 지내고 있는데요 뭐."라며 아무 걱정 없이 말했다. 정인이 또래 아이 중에 말이 빠른 아이들도 많았지만, 나는 전혀 개의치 않았다. 아이가 더 크고 학교에 가게 되면 어차피 한글도 다 배우고 앞으로도 계속 공부를 해야 하는데, 어릴 때부터 서두르지 않아도 된다고 생각하며 오로지 건강하게 잘 자라주길 바랄 뿐이었다.

> **육아팁**
>
> 24개월까지는 매일같이 엄마가 아이와 함께 안정적이고 익숙한 공간(집)에서 눈을 마주치고 소통하면서 애착을 형성하는 시기이다. 문화센터는 아이의 시선을 끄는 퍼포먼스식의 수업이 많고 주위 환경 또한 시끄럽고 산만할 수 있기 때문에 아이가 안정감을 느끼기 어렵다. 이 시기에는 문화센터에 가는 것을 추천하지 않는다.

아이가 폭력성을 보여요!

조리원 동기 언니들과 모임이 많아지면서 '아이들의 천국'이라는 키즈카페에 자주 놀러 갔다. 놀이기구가 많고 드넓은 키즈카페에 아이들을 놀게 하고, 나는 조리원 동기 언니들과 함께 즐거운 티타임을 가지곤 했다. 정말 시끄럽고 정신없는 그 공간에서 정인이는 여기저기 잘 돌아다녔지만, 집에 와서는 징징거리기도 하고 멍하게 앉아있곤 했다. 그때쯤이었을까, 아이의 폭력성이 조금씩 나타나고 산만함이 내 눈에 많이 보이기 시작했다. 정인이의 그런 행동이 왜 그런지 그 당시에는 이유를 전혀 알 수 없었다.

정인이 25개월 어느 날, 조리원 동기 언니와 키즈카페에 놀러 갔다. 한참을 친구들과 잘 놀던 정인이가 그 언니 아이의 손가락을 꽉 깨물어서 피를 내고야 말았다. 피가 계속 나고 멈추지 않아 너무 당황스러운 상황에서, 언니에게 거듭 '미안하다'라며 사과했다.

그날 이후로 나는 '정인이를 밖에 데리고 다니면 안 되겠구나!' 하는 생각이 들었다. 이런 일이 반복될 것만 같아 사람을 만나는 것조차 겁이 났다. 엄마인 나는 아이의 마음 상태를 전혀 모른 채, '내가 아이를 잘못 키우고 있는 것은 아닐까?'라며 나를 자책하는 일이 많았다.

그 무렵 보내려 했던 어린이집도 포기해야 했고, 다니던 문화센터도 다 끊게 되었다. 아이와 둘이 집에서 무엇을 하며 놀아야 할지 몰라 앞으로 지낼 일들이 너무 막막했다. 생각해보니 지금까지 문화센터와 키즈카페에 다니면서 정작 정인이와 나는 제대로 놀아본 적이 없으니 노는 방법을 모르는 게 당연한 일이었다. 하루종일 집에서 아이를 돌보는 일은 전쟁이나 다름없었다.

말도 빨리 늘지 않아 조금씩 걱정이 되기 시작한 시점에서 말하기 프로그램 전집을 구매하고 일주일에 한 번 하는 방문 수업을 시작하게 되었다. 하지만 아이의 폭력성과 산만함은 더 심해졌고, 봄이 되자 피부가 울긋불긋해지더니 살이 접히는 부분마다 염증이 조금씩 생기기 시작했다. 이 문제를 해결하기 위해 관련 서적을 수십 권씩 구매해 읽어도 보고 지식 검색에서 질문하고 답을 받으며 부단히 노력했다. 하지만 원인이 무엇인지 제대로 알지 못했고, 똑같은 문제가 계속 반복되니 점점 나의 육아가 막막해지기 시작했다. 마치 끝이 보이지 않는 암흑 터널을 지나는 것처럼 힘들고 지치기 시작했다. 정인이 26개월, 정인이가 점점 예민해지면서 옆에만 가면 손으로 때리고 손에 집히는 물건은 모두 집어던지는 과격한 행동들이 점점 더해져 갔다. 결국 방문 수업도 포기하게 되었다. 지푸라기라도 잡고 싶은 심정이었던 나는 육아 고민을 나누던 동네 언니에게 영재오를 소개받게 되었고 나와 정인이는 임서영 소장님을 처음 만나게 되었다. 정인이가 27개월 되었을 때이다. 육아 전쟁 속에서 반짝반짝 보물을 찾은 느낌이었다.

> **육아팁**
>
> 18개월부터는 정확한 학습트레이닝에 들어가야 한다. 놀이학습을 통해 지식을 습득하고 두뇌 계발을 해주면 좋다. 18~24개월까지는 두뇌 발달의 최적기이다. 두뇌 황금기인 이 시기를 놓치지 말자.

27개월, 소장님과 첫 육아 상담

두근두근 소장님과 첫 상담 날, 상담은 시작되었는데 정인이가 영재오연구소에서 키우는 강아지를 보고는 손가락으로 가리키며 '멍멍' 하고는 상담실을 나가버렸다. 당시 정확한 사물 인지가 되어 있지 않던 정인이는 의성어를 많이 사용하고 있었다. 정인이보다 한참 어린 아기들이 사용하는 유아어를 말이다. 내가 정인이를 데려오기 위해 나가려고 하자, 소장님은 데려오지 않아도 된다고 놀도록 놔두라고 하셨고 상담 또한 정인이가 없어도 진행 가능하다고 하셨다.

이미 아이의 상태를 어느 정도 파악하신 듯했다.

"정인이는 늘 하고 싶은 말이 많은 아이예요. 어떻게 말해야 하는지 방법을 알지 못해서 그 욕구가 손으로 표출되고 있는 거예요. 행동이 느리니 말이 늦을 수밖에요."

내가 중요하게 생각하지 않고 지나쳤던 걷기부터 꼬인 느낌이었다. 소장님은 대근육 발달과 언어발달이 밀접하게 연결되어 있다고 알려주셨다. 미리 알았더라면 느림보처럼 키우지 않았을 텐데. 후회한들 이미 지나간 일이었다.

정인이가 처음 폭력적인 행동을 보였을 때 '말을 하고 싶어요'라는 신호를 보낸 거라고 했다. 되돌아보면 나는 아이가 그럴 때마다 "친구 때리면 안 돼요! 친구가 아파요!" 하며 그 행동을 못 하도록 말리는 것에만 신경을 썼다. 그 이유가 '말하고 싶어서'였다는 걸 전혀 예상하지 못했다. 그리고 나는 정인이의 산만함에 대해 ADHD가 아닌지 조심스럽게 여쭤봤다. 그러자 소장님은 "정인이는 ADHD도 아니고 산만하지도 않아요. 다른 아이들보다 호기심이 많은 걸 엄마가 산만하다고 생각하는 거예요. 이 아이는 어느 한 가지에 집중하는 시간이 짧을 뿐이지, 하고 싶은 것 다 하면서 잘 노는 아이예요. 엄마가 볼 때는 계속 돌아다니면서 이것저것 만지니까 산만해 보이는 거지요."라고 말씀해주셨다.

그날 나는 반성을 많이 했다. 제대로 알지도 못하고 내 방식대로 판단하고 아이를 바라보고 있었다는 사실이 아이에게 너무 미안했기 때문이다. 상담하면서 소장님은 정인이에게 집중력훈련 미션을 주셨다.

육아팁

ADHD는 주의력결핍 과잉행동장애를 말한다. 아이의 산만함을 'ADHD'라고 엄마가 섣불리 판단하지 말고 육아 전문가와 상담받기를 권한다. 아이가 조금 산만함을 보인다면 집에서 충분히 할 수 있는 소근육과 대근육 운동을 병행해주면 좋다. 또한 하루에 한 번씩은 땀이 날 정도의 운동을 하게 되면 산만함이 잡히고, 집중력도 높아진다.

그리고 정인이는 평균 27개월 아이들보다 발달이 다소 느린 편이어서 영역별로 고르게 끌어올려 주어야 한다고 하셨다. 말이 느린 이유도 운동 부족 때문이었다. 때가 되면 다 할 거라 생각했던 나의 얕은 육아 철학은 내 아이의 발달을 계속 늦추고 있었다. 이날 정인이 담당 매니저님이 소근육과 대근육 발달 운동 미션을 알려주시면서 "정인이는 한 달 만에 말이 틀 수 있다고 소장님께서 말씀하셨어요. 그리고 26일 동안 습관을 만드는 환경조성이 필요해요. 되도록 사람 많은 곳은 피하고 외출하지 않으면 좋겠어요!"라고 말해주셨다.

3개월간 외출금지 미션과 집에서 아이와 함께할 수 있는 놀이와 활동 미션은 상담 다음 날부터 적용하고 실천했다. 소장님과 상담을 하면서 내 아이의 문제행동에 대한 원인을 자세히 알게 되었고 암흑 같았던 육아 터널에서 밝은 빛을 찾은 듯, 집에 돌아오는 내내 굳은 결심과 희망을 품었다. '3개월 외출금지! 내 아이를 위해서 뭐든 못할까? 한번 해보기라도 하자!'라며 마음을 굳게 먹었다.

육아팁

영유아기 언어발달이 늦으면 그 원인을 찾아봐야 한다. 언어발달을 돕기 위해 몸의 민첩성은 매우 중요하다. 대근육 발달은 뇌 발달과 연결되어 있으며, 특히 언어발달에 굉장히 중요한 역할을 한다. 평소에 아이에게 심부름 등을 시켜서 몸을 많이 쓰도록 하고, 운동 리스트를 만들어 아이와 함께 꾸준히 하는 것도 좋은 방법이다. 걷기(산책하기), 앉았다 일어나기, 철봉 매달리기, 계단 오르기, 줄넘기, 개다리춤 추기, 제자리 점프 등이 있다.

2. 마법학교! 공동육아를 다니다

　3개월 동안 아이와 집에 함께 있으면서 영재오 8바구니, 플래시카드, 담당 매니저님이 추천해준 생활놀이를 매일매일 하면서 나와 정인이는 시간 가는 줄도 모르고 즐겁게 지냈다. 정인이에게는 엄마와 하는 모든 것이 놀이였고, 드디어 정인이는 놀면서 통글자도 떼게 되었다.

　나는 아이와 매일 해야 하는 일을 리스트에 적어놓고 하나씩 해나가는 것을 반복했다. 정인이는 불과 몇 개월 만에 '활동지 퀸'이 될 정도로 활동지를 즐겨 했고, 집중력과 습득력 또한 점점 빨라지기 시작했다. 정인이는 나와 애착이 잘 되어있고 영상을 보지 않던 아이였기 때문에 집에서 하는 활동들을 어렵지 않게 해나갈 수 있었다. 속도가 붙자 나는 '어떻게 하면 더 재미있게 놀 수 있을까?'를 늘 고민하고 담당 매니저와 상의하며 실천했다.

　'집중력 향상 놀이'로는 집에서 종이컵 쌓기와 나무젓가락 쌓기 놀이를 많이 했다. 처음 종이컵 쌓기를 시작할 때, 규칙에 서툴렀던 정인이는 10개 남짓 쌓고 무너뜨리기에 바빴다. 그래도 나는 종이컵 쌓는 놀이시간을 빠뜨리지 않았고, 매일 똑같은 놀이를 하는 것에 포인트를 두었다. 나중에는 종이컵을 쌓으며 키가 안 닿는 곳은 의자를 이용해 올라가 100개 그 이상을 쌓을 정도로 집중을 너무 잘했다. 쌓을 때마다 지금 몇 개를 쌓고 있는지 인지시켜주기 위해 '하나, 둘, 셋' 숫자를 말하면서 쌓도록 하는 나의 역할이 중요했다. 나무젓가락은 가로와 세로를 교차시키며 쌓는 놀이를 했다. 다음 날도 똑같이 진행하면서 26일 동안 반복했다. 같은 활동을 꾸준히 하면서 새로운 것을 하나씩 늘려주니 몇 달 사이에 많은 것을 할 줄 아는 아이가 되었다.

> **육아팁**
>
> 종이컵 쌓기 놀이는 엄마 아빠와 함께할 수 있다. 정해진 시간에 50개 빨리 쌓기 또는 3분 안에 누가 더 많이 쌓는지 등 게임 룰을 정해놓고 하면 아이는 더욱 집중하며 놀이를 즐길 수 있다.

외출하지 않는 동안 아파트에 있는 '계단 오르기'를 매일 하고, 집에서는 철봉에 매달려 카드 돌려주는 놀이도 많이 해주었다. 정인이는 가위를 이용해 빨대를 자르는 '빨대 총 빵빵빵' 소근육 놀이를 제일 좋아했다. 빨대를 자를 때마다 '빵빵빵' 입으로 소리를 내는 것은 말과 손의 협응력을 키워주기 위함이었다. 그리고 바닥에 떨어진 빨대 조각들은 주워서 다시 바구니에 담아 정리하는 일도 놀이처럼 함께했다. 언제든 바로 쉽게 할 수 있는 대·소근육 운동이었다.

3개월이 지나면서 아이에게 많은 변화가 나타나기 시작했다. 우선 징징거리고 멍했던 모습은 사라지고, 어눌했던 말도 또박또박 예쁘게 하게 되었다. 하고픈 말을 하게 되면서 폭력적인 행동도 예전보다 현저하게 줄어들고 있었다. 8바구니 활동은 아이에게 즐거운 놀이였고, 좋은 습관을 만들어주는 신기한 활동이었다.

📎 공동육아, 왕복 5시간도 즐겁게!

정인이와 나는 3개월 외출금지 미션이 끝난 후 다음 미션을 진행했다. 정인이가 더 성장할 수 있었던 1등 공신인 공동육아였다. 집에서 청담동에 위치한 공동육아를 다니려면 왕복 5시간이 걸렸다. 소장님은 "공동육아에 와서 함께 하는 것도 중요하지만, 공동육아에 오가는 과정 또한 중요하다."라고 하셨다. 당시 별 고민 없이 버스와 지하철 노선을 알아보며 첫 공동육아를 대중교통으로 다니게 되었고, 하루 전날 늘 정인이에게 미리 이야기를 해주었다.

"정인아! 우리는 집에서 공동육아 가려면 시간이 2시간 30분이나 걸려. 친구들이 8시에 일어날 때 우리는 7시에 일어나서 세수하고 밥을 먹어야 해."

나는 정인이와 매일 아침 일찍 일어나 서둘러 준비하고 버스를 타러 나왔다. 걷기 운동이 자연스럽게 되면서 대근육 발달에 많은 도움이 되었다. 학습은 저절로 되었다. 버스를 기다리는 정인이에게 "우리 300번 버스를 타고 갈 거야. 그리고 A 정거장에서 내릴 거야."라고 설명을 해줬다. 매일 같은 노선으로 오가는 일이 익숙해지면서 아이는 정거장 이름을 외울 수 있었고, 몇 정거장이 남았는지 나에게 알려주기도 했다. 지하철 안에서는 정인이를 자리에 앉히고 조용히 플래시카드를 돌려주곤 했다. 지하철에서 몇 장의 카드를 돌려주는 것조차 처음에는 부끄러워서 하지 못했지만, 한두 번 해보니 지하철 안의 사람들도 내게 큰 신경을 쓰지 않는 느낌이었고, 타인의 시선으로부터 자유로워지면서 아이와 편안하게 활동을 할 수 있었다.

어느 날은 헤드셋을 끼고 토크펜으로 영어카드를 찍으면서 "사과는 영어로 애플."이라고 따라 하는 정인이의 모습을 어르신들이 보시고 잘한다고 맛있는 사탕을 나눠준 적도 있다. 비가 오는 날은 장화도 신고 우비도 입고 큰 우산도 챙겨야 했다. 경험을 통한 사물 인지도 자연스럽게 배울 수 있었다. 엄마가 짐이 많으면 정인이가 도와주어야 하는 일도 많았지만, 정인이는 엄마와 함께 오가는 모든 일정을 즐겁게 따라와 주었고, 나와 정인이의 사이는 더 끈끈해짐을 느낄 수 있었다.

공동육아에는 소장님 상담을 받고 온 아이들이 함께하기 때문에 모든 엄마들은 각각 아이들의 미션을 잘 알고 있었다. 정인이가 산만하고 폭력적인 성향을 보이며 친구들을 꼬집고 때리는 행동을 해도 엄마들은 내가 하듯이 똑같은 규칙으로 아이를 훈육하며 돌봐줬다. 엄마들에게 너무 고마웠다. 무엇보다 공동육아 내에서 일어나는 상황에 대해 엄마인 내가 함께할 수 있어서 안심이 됐다. 나중에는 정인이가 다른 아이들에게 좋은 자극제가 되어서 그 아이들을 성장시킬 수 있는 계기가 되기도 했다. 늘 잘 웃고 씩씩한 정인이를 친구들과 엄마들은 많이 좋아했다.

공동육아에서 매일 점심을 먹고 난 후에는 가까운 청담공원으로 산책하러 갔다. 산에 가면 아이들과 '철봉 오래 매달리기' 대회를 했는데 아이들은 '대회'를 한다고 생각했지만, 그 대회는 아이들의 운동 발달을 위함이었다. 정인이는 친구들과 겨루는 '철봉 매달리기'를 유독 좋아했고 자신감도 생기면서 말도 더 늘었다. 정인이는 공동육아를 1년 6개월 동안 다니면서 처음과 많이 달라진 모습으로 멋지게 성장하게 되었고, 나는 영재오와 소장님에 대한 감사함을 내 아이를 더 잘 키우는 것으로 보답하고 싶었다. 그리고 '코칭맘 4기' 모집에 추천받게 되면서 활동하게 되었고 지금의 교육매니저로서 벌써 6년째이다.

훈육은 이렇게!

공동육아에서는 '규칙'이 많다. 그리고 규칙을 지키는 일은 매우 중요하다. '신발은 신발장에 넣어요.', '어른을 보면 큰소리로 인사를 해요.', '밥은 제자리에 앉아 스스로 먹어요' 등 공동육아 내에서 지켜야 할 규칙과 아이마다 지켜야 할 개인규칙 리스트를 만들어 매일 읽도록 하고 그것을 지키게 했다. 규칙을 지키면 칭찬을 해주고 규칙을 지키지 않을 때는 벌칙을 주었다.

규칙이 어느 정도 습관화된 후에는 정인이와 핑퐁 대화를 많이 했다. 내가 "어른의 말은…."이라고 말하면 정인이가 "잘 들어요!"라고 대답했다. "정인아, 밥을 먹을 때는 어떻게 해야 하지?"라고 물으면 "밥을 먹을 때는 제자리에 예쁘게 앉아서 먹어요!"라고 놀이를 하듯 즐겁게 대답했다. 아이가 기분이 좋을 때 항상 새로운 규칙을 알려줬다. 훈육해야 할 때는 잔소리 하듯 길게 말하지 않고, 정해진 벌칙을 수행하도록 했다.

밥을 제자리에 앉아서 먹지 않고 돌아다녔을 때는 "정인아, 밥을 제자리에서 안 먹고 돌아다니면 무슨 벌칙이 있지?"라고 물으면, "책을 2권 들고 앉았다 일어나기 30개 해요."라고 말하고는 정해진 벌칙장소에 가서 "하나, 밥을 제자리에서 먹어요! 둘, 밥을 제자리에서 먹어요!"라고 말하며 하기 싫어 울면서도 숫자를 세며 스스로 벌칙을 잘 수행했다. 처음에는 하기 싫어하고 떼도 써보았지만, 그래도 일관성 있게 끝까지 벌칙을 받도록 나는 함께 도와주었다. 지켜야 하는 약속이고 잘못을 하면 벌을 서야 한다는 걸 아이가 잘 알고 이해하고 있기 때문에 훈육이 가능한 것이다. 이 벌칙에는 숫자를 세고 운동도 하고 규칙도 지키게 되는 1석 3조의 효과가 숨어있다. 규칙은 약속이기 때문에 아이가 울어도, 졸려 해도, 그 벌칙을 지키도록 하는 것이 중요했다.

> **육아팁**
>
> 아이가 정해진 규칙을 지키지 않았을 때 그냥 넘어가 주면 아이는 오히려 더 헷갈려 하고 눈치만 늘게 된다. 이때 부모의 역할은 상황에 따라 행동하기보다는 일관성 있는 모습을 보여주는 것이 좋다. 규칙을 잘 지켰다면 기쁘게 칭찬을 해주고, 잘 지키지 않았을 때는 단호하게 훈육해야 한다.

정인이가 6살 때, 하루는 연구소의 화단에 꽃을 심기 위해 아이들이 모두 모여 모종삽을 들고 땅을 팠다. 센터마다 따뜻한 날에는 자주 꽃을 심었는데, 이는 대·소근육 발달에 도움을 주는 좋은 야외활동이었다. 다른 아이들은 열심히 땅을 파는데, 이날 유독 정인이는 하기 싫어서 계속 꾀를 부리고 삽으로 장난을 치고 있었다. 나는 살며시 소장님께 말씀드렸고, 소장님은 정인이를 불러 꽃 심는 일을 중단시키고 작은 어항 앞으로 데려가 미션을 주셨다.

"정인아, 종이컵을 가지고 한 컵 한 컵 어항의 물을 다 빼야 해. 대신에 물고기는 죽으면 안 되니까 조심조심 퍼야 해~!"

떼를 쓰고 안 할 것 같던 정인이는 종이컵을 찾아와 물을 한 컵씩 퍼 날랐다. 물고기를 살려야 한다는 걸 잊지 않고 물고기들을 피해 물을 잘 퍼냈다. 물을 다 퍼낸 정인이에게 소장님은 "이번에는 다시 깨끗한 물을 넣어서 물고기를 놀게 해주자!"라고 하셨다. 정인이는 조심조심 왔다 갔다 물을 담으며 어항에 물을 가득 채워냈다.

소장님은 기뻐하시며 "정인이가 갈아준 깨끗한 물에서 이제는 물고기가 숨도 잘 쉬고 신나게 놀 수 있겠다!"라며 정인이에게 칭찬을 해주셨고 맛있는 저녁밥도 차려주셨다. 그리고 "내일 우리 또 꽃 심을 건데 정인이가 제일 잘 심겠다! 그치? 내일 소장님 집에(연구소) 꽃 많이 심어줄 수 있지?"라고 물으셨고, 정인이는 망설임 없이 "네! 꽃 심을 거예요."라며 씩씩하게 대답했다.

다음 날, 소장님은 꽃을 심기 위해 아이들과 함께 모였다. 이날 정인이는 제일 열심히 참여했고, 선생님들과 이모들에게 격한 칭찬을 받았다. 그날 이후부터 엄마와 아빠의 말을 더 잘 듣고 심부름도 척척 하는 예쁜 딸로 바뀌었다.

훈육할 때도 엄마의 지혜가 필요하다. 아이가 하기 싫어한다고 혼만 낼 것이 아니라 좋아할 수 있도록 과정을 만들어주는 것 또한 엄마의 역할이다.

3. 과정을 칭찬해주세요

나는 정인이에게 훈육을 많이 한 편이었다. 그만큼 규칙들이 많았다. 한번은 소장님이 "훈육을 하려면 칭찬을 많이 해주세요!"라고 알려주셨다. 나의 정곡을 찌르는 말이었다. 정인이에게 칭찬하는 것이 매우 인색했던 나는 이후 정인이의 칭찬 거리를 만들기 시작했다. 아침에 일어나면 무엇을 칭찬해줄까 고민한 적이 많았다. 퍼즐을 하는 도중 막혀서 하지 않으려 할 때, 나는 대부분을 다 맞춰주고 마지막 몇 조각을 남겨주었다. 아이는 쉽게 완성할 수 있었고, 마치 본인이 다 맞춘 것처럼 신나 했다. "우와! 이 어려운 퍼즐을 정인이가 다 완성했네! 대단하다, 정인아!" 하며 칭찬을 해주었다. 청소할 때에도 구체적으로 해야 할 일을 만들어주고, "이야! 정인이가 방마다 걸레질하는 것도 도와줘서 청소가 금방 끝났네. 엄마 도와줘서 고마워 딸~." 하며 과정을 칭찬해주었다. 정인이는 항상 칭찬을 받으려고 규칙을 잘 지켜냈고, 칭찬받을 일들을 스스로 만들어 하려 했다. 그리고 훈육의 빈도는 점점 줄어들게 되었다.

칭찬을 할 때는 결과보다는 과정을 칭찬해야 한다. "어머, 엄마가 하라고 말하지도 않았는데, 너의 방을 스스로 쓸고 닦고 청소를 한 거야? 자기 방을 스스로 정리하고 청소할 줄 아는 멋진 아이, 장정인!"이라고 칭찬했다. 나중에는 아이 스스로 "엄마, 여기 지저분하니까 내가 청소할래요."라고 먼저 말하며 청소도 야무지게 하곤 했다.

> **육아팁**
>
> 아이의 노력을 칭찬하고 구체적인 성과를 칭찬해주면 아이는 '성장 마인드셋'을 갖게 된다. 성장 마인드셋은 학습능력은 타고나거나 고정된 것이 아니라, 노력에 의해서 바뀔 수 있다는 믿음이다. 과정을 칭찬해주면 새로운 것을 도전하게 되고, 또 처음에 실패하더라도 노력하면 할 수 있다는 믿음이 있기에 다시 도전하게 된다.

스트레스의 원인을 찾아라!

어릴 때 생겼던 아토피피부염이 공동육아를 다니면서 점점 더 심해지기 시작했다. 나는 몸에 좋다는 죽을 만들어 외출할 때 꼭 가지고 다니며 정인이에게 먹이곤 했다. 어느 날, 소장님과 아이들이 식당에서 함께 밥을 먹었다. 소장님이 그 죽을 보시고는 "이거 뭔데 싸가지고 다니며 먹여요? 친구들은 다 맛있는 밥 먹는 데 아무리 맛있는 죽이라 해도 정인이만 이거 먹고 싶겠어요? 정인이는 가리지 않고 먹여도 피부 금세 좋아질 거예요."라고 말씀하셨다. 소장님은 죽 먹이는 것을 그만두고 집에서 먹는 밥과 반찬을 먹여도 괜찮다고 하셨다. 처음에는 반신반의했다. 그리고 소장님 말씀을 다시 곰곰이 생각해보게 됐다. 사실 나는 아이가 아토피피부염이 생기고 나서 건강에 더욱 신경을 썼고 아이를 더 깨끗하게 키우려고 노력했다. 아이가 좋아하는 마이쭈, 젤리 대신 유기농 간식을 챙겨주고 과일을 먹였다. 몸에는 계속 로션을 발라주고, 음식을 먹으면 꼭 양치하게 했다. 온실 속의 화초처럼 깨끗하게 키우려고만 하던 그것이 정인이에겐 더 스트레스였을지 모른다. '다른 아이들처럼 진흙탕에서도 놀게 해주고, 약간 지저분한 환경에도 적응해주어야 면역력도 생길 수 있다'라는 평소와는 다른 생각을 하게 되었다. 그때부터 마인드를 바꾸기 시작했다. 공동육아 친구들처럼 밥을 먹이고 마이쭈나 젤리도 먹였다. '이빨 다 썩을 텐데?' 걱정하면서도, 아이가 스트레스받지 않고 좋아하는 것에 집중하기로 했다.

그런데 정말 신기하게도 아이 피부가 점점 좋아지기 시작했다. 정인이의 피부가 좋아지게 된 것은 여러 가지 요인이 있겠지만, 개인적인 생각으론 심리적인 요인이 컸던 것 같다. 그리고 공동육아를 다니면서 정인이와 하루에 해야 하는 미션들이 많아서 바빴기 때문에 '피부'에만 집착하지 않게 된 것도 한몫했다. 공동육아 이모들에게도 정인이가 피부가 가려워서 긁으려 하면 손으로 '톡톡톡' 칠 수 있게 해달라고 부탁했다. 주변에서도 "정인이 피부가 어제보다 더 좋아졌네!"라는 말을 아이에게 해주면서 말이 약이 되었던 것 같다. 아이도 심리적으로 안정되어 가는 듯했고, 그 무렵 정인이는 유치원에 갔다.

> **육아팁**
>
> 생후 6개월까지 아기 피부에 보습을 잘 해주면 좋다. 아토피가 있다면 따듯한 물에 매일 10~15분 통목욕을 시켜주면 더 좋다. 샤워 후 물기가 있을 때 로션을 발라주고 집에서는 너무 덥지 않게 해주고 환기를 자주 시켜주면 좋다. 무엇보다 아이가 피부 때문에 스트레스를 많이 받지 않도록 보살펴주는 엄마의 역할이 중요하다.

몇 장하면 먹을 수 있어요?

활동지를 할 때에도 규칙이 숨어 있다. 정인이가 활동지 미션을 끝내면 늘 나는 달콤하고 맛있는 간식을 주곤 했다.

학습적인 부분에서 아이의 동기를 끌어내기 위해 엄마의 '밀당'이 필요하기도 하다. 한번은 정인이가 활동지 중간에 간식을 먹으러 가길래 정인이에게 "이 활동지 다 하면 간식 먹자."라고 말하며, 대신 다 하지 않으면 간식은 엄마가 먹어버릴 거라고 했다. 결국 정인이는 활동지를 마무리하지 못했고, 그 간식을 내가 먹어버린 적이 있다. 아이가 "아니야."라며 활동지를 달라고 떼를 썼지만, "아니야, 오늘은 끝~!" 하고 그날 활동지를 정말 주지 않았다. "내일 줄 거야. 오늘은 안 줄 거야."라고 말하면서 아이에게 학습의 동기를 유발하였다. 다음 날, 정인이는 일어나자마자 활동지를 스스로 하고 간식을 맛있게 먹었다.

아이가 활동지나 미션을 끝내면 꼭 보상을 해줬다. 정인이는 활동지를 먼저 해야 '맛있는 보상을 받을 수 있다'는 것이 습관화되어 있었고, 아이가 도전한 뒤 얻어낸 보상을 즐겁게 받아들였다. 그리고 맛있는 간식 앞에서는 항상 "엄마, 나 이거 몇 장하면 먹을 수 있어요?" 하며 꼭 활동지를 하고 먹으려 했다.

그동안 아이가 도전하고 성공했던 경험이 쌓이면서 아이 스스로 규칙을 정하고 '자기 주도'가 되기 시작했다. 내가 활동지를 별도로 시키지 않아도 '오늘은 10장을 하고 잘 거야', '책을 10권 읽고 잘 거야' 하고 목표도 정해두고 도전하는 정인이가 되고 있었다.

> **육아팁**
>
> 도전하고 얻게 된 내적 보상에서 아이는 즐거운 에너지 '도파민'을 느낀다. 매일 반복하면서 도파민을 느끼게 되면 아이는 더 이상의 외적 보상이 없이도 학습을 즐기게 되는 '자기주도학습 습관'이 길러진다.

4. 영유아기 적기교육, 아이의 영재성을 키운다

좌충우돌, 잡아줄 것들이 많던 정인이는 소장님이 주신 미션들을 통해 행복한 아이로 커가고 있다. 똑똑하다는 말도 주변에서 많이 듣게 되었고, 벌써 9살이 된 정인이는 엄마와 떨어져 국제학교에서 기숙사 생활을 하면서도 즐겁게 씩씩하게 지내고 있다. 어릴 때부터 즐겨 하던 8바구니의 칠교가 빛을 발하는 순간도 있었는데, 학교에서 진행하는 '칠교대회'에서 1등을 수상했다.

정인이는 사회성이 좋다는 말을 많이 듣는다. 공동육아에 새로운 친구가 오면 먼저 다가가서 도와주곤 했다. 새로 온 친구가 울거나 힘들어하면 앞에 가서 춤을 쳐주기도 하고, 옆에서 챙겨주면서 함께 성장했다. 영재 아이들만 참여 가능한 영재오 리더십 주말캠프에서는 매주 새로운 반장을 뽑는데, 정인이는 늘 반장이 되기보다 반장을 돕는 일도 즐겁다며 새로운 친구가 반장을 하면 '이건 이렇게 하면 돼'라고 알려주고, 솔선수범하는 아이로 성장하였다.

혼자만 잘하려는 것이 아니라 다른 친구들도 함께 잘하기 위해서 도와주는 정인이의 모습이 대견하다. 그리고 정인이가 커가면서 해야 하는 다음 단계의 미션들도 잘 해내길 계속 응원한다. 나 혼자 아이를 키웠다면 이렇게 잘 키우지 못했을 것이다. '함께'였기 때문에 가능하다는 것을 많이 느끼고 있다. 교육매니저로서 더욱 사명감을 느끼게 되는 요즘이다.

행복한 영재 키우기 노하우 3가지

아이를 키우면서 엄마가 어떻게 교육하느냐에 따라 아이의 영재성이 개발되기도 하고, 그렇지 않기도 하다는 것을 알게 됐다. 그중 중요한 3가지를 정리하면 다음과 같다.

첫째, '함께' 육아하는 것이다. 엄마 혼자서 내 아이를 잘 키워보겠다는 욕심으로 육아한다면 내 아이의 '영재성'을 더는 극대화시킬 수 없다. 공동육아를 비롯해 서로 비슷한 아이들이 함께 생활할 수 있는 환경을 만들어줘야 한다. 공동체 안에서 도전하고 이겨내는 성공과 실패의 과정들이 필요하다. 친구들을 통해 배우고 자극을 받으며 함께 시너지를 얻는 경험이 아이들에겐 중요하다.

정인이는 공동육아를 다니면서 많은 성장을 했고, 지금도 영재오 친구들과 국제학교에 다니며 성장하고 있다. 영재오를 만난 아이들이 다 함께 똑똑해지고 이 아이들이 커서 어른이 되었을 때, 서로가 함께할 수 있는 일들이 만들어지기를 기대한다.

둘째, 36개월까지 엄마는 아이의 거울이다. 3살까지는 엄마가 가르치지 않아도 아이는 엄마의 모습을 보고 모두 따라 한다. 엄마가 웃으면 아이가 따라 웃는다. 엄마가 맛있게 먹으면 아이도 맛있게 먹는다. 엄마가 옷을 입을 때도 아이가 밝은 아이로 자랐으면 좋겠다는 마음을 가지고 밝은 옷을 입도록 신경 써야 한다. 엄마를 보고 그대로 자라는 내 아이에게 늘 긍정적이고 힘이 넘치는 모습을 아이에게 보여주는 일은 무엇보다 이 시기에 매우 중요하다.

하지만 슬프거나 화가 난 일에도 웃으면서 감정을 숨기면 안 된다. 슬플 때는 '엄마 슬퍼', 화날 때는 '엄마 화났어!' 하며 감정에 대한 부분은 말과 표정으로 아이에게 알려줘야 한다.

"세 살 버릇 여든까지 간다."라는 속담이 있듯이, 엄마를 통해 배운 작은 습관들이 모여 결국 자기 주도의 밑거름이 된다. 3살이 지나면 엄마가 가르치려고 해도 아이가 엄마를 잘 따라 하지 않아 쉽지 않다는 것을 잊지 말자.

셋째, 두뇌 밸런스! 아이의 두뇌를 예쁘게 만들어주자. 좌·우뇌의 균형을 고르게 갖추게 해주면 종합적인 사고능력을 키울 수 있다. 이미 전 세계 국가에서 실행하고 있는 '카우프만 아동지능검사'와 같은 정확한 검사와 육아 전문가의 상담 분석을 통해 내 아이에 대해 정확하게 아는 것이 우선이다.

정인이 역시 영재오 프로그램을 꾸준히 해오면서 36개월에 카우프만 검사를 처음 했고 145점이란 꽤 높은 점수를 받았다. 점수보다 중요한 점은 정말 고르게 발달한 두뇌의 결과였다. 그동안 아이와 해온 과정들에 대한 결과를 그래프로 한눈에 확인할 수 있었다.

또한 이 검사를 통해 아이의 강점과 약점을 파악해 강점은 유지하고 약점은 보완해서 아이의 균형적인 두뇌 발달이 이루어지도록 하는 것이 중요하다. 우뇌를 많이 쓰는 시기였던 정인이 또한 우뇌 놀이를 통해 좌뇌를 열어주는 영역 단계인 '8바구니'를 계속 해왔고, 아이의 두뇌 밸런스를 맞춰주게 되었다. 학습에만 치중하지 않고 운동도 병행해 학습과 운동의 비율을 5:5로 맞추었다. 그리고 자조(自助) 능력을 많이 키워주었다. 혼자 신발 신기, 혼자 옷 입기, 혼자 단추 끼우기 등 아이 스스로 해결할 수 있는 일들을 많이 만들어줄수록 좋다.

> **육아팁**
>
> 아이들은 태어날 때 100% 우뇌를 사용한다. 24개월이 되면 좌뇌가 20% 열리고 말을 하게 된다. 영유아기에는 우뇌를 자극하면서 좌뇌를 열어주는 학습이 아이의 두뇌 발달에 도움이 된다. 영재오 '8바구니'는 8가지 영역 두뇌 발달이 가능하며 이는 아이들의 지능발달검사에도 적용되는 부분이다. 또한 8바구니는 두뇌의 고른 발달과 종합사고력을 길러주고 놀이처럼 습득해서 '자기주도학습 습관'을 잡는 데 많은 도움이 된다.

✏︎ 영유아기를 놓치지 마세요!

　영재오를 알기 전, 육아를 그야말로 준비과정 없이 '때가 되면 다 하겠지'라는 막연한 생각으로 닥치는 대로 또는 문제가 일어나서야 해결하려 했다. 나는 아이의 두뇌 발달에 큰 영향을 미치는 이 시기를 놓치게 되면서, 아이에게 다시 채워주기까지 노력과 시간이 배로 걸렸다.

　시기에 맞게 적절하게 교육을 해주면 시간도 절약할 수 있다. 똑똑한 두뇌의 발달은 올바른 생각, 정확한 판단력, 새로운 생각, 창의력을 갖게 하고 행복한 영재로 커가기 위한 좋은 바탕이 된다. 영유아기를 잘 보내는 일은 매우 중요하다. 엄마들이 영유아기에 해야 하는 교육들을 놓치지 않기 바란다.

　적기교육을 제대로 해주지 못한 스트레스로 인해 아이가 산만함과 폭력성을 보이는 한편, 아토피피부염증까지 생길 거라고는 상상도 못 했다. 육아 전문가의 상담을 통해 아이의 마음과 나의 육아 방법에 대한 문제점을 알게 되었고, 정인이에게 알맞은 미션을 하나씩 실천해 나가면서 힘든 육아에서 탈출할 수 있었다. 이 경험들에 대한 노하우를 모든 육아 맘들에게 전해주고 싶다.

　또한 여러 처지에 있는 육아 맘들의 고민을 항상 옆에서 들어주고 공감하는 사람, 아이들이 예쁘게 성장할 수 있도록 안내하고 이끌어주는 사람, 그렇게 한윤희(앨리) 교육매니저로서 함께하고 싶다.

　엄마들이 이왕이면 내 아이가 학교에 가서 1등도 하고 모범 학생이 되어 다른 친구들을 도와주고 배려하는 행복한 리더로 자라는 멋진 큰 그림을 아이와 함께 그려보고 그렇게 키웠으면 좋겠다. 세상의 모든 아이들이 현명하고 지혜로운 행복한 리더로 자랄 수 있기를 바라며 행복한 영재 교육 노하우들이 육아 맘들에게 많이 전해지길 바란다.

정인 맘의 영재 교육 핵심노트

1. 공동육아를 통해 아이의 영재성이 극대화된다.
2. 36개월까지 엄마는 아이의 거울이 되어야 한다.
3. 아이의 두뇌 발달이 균형을 이루도록 도와주어야 한다.

부록

임서영 영재교육연구소

(주)임서영 영재교육연구소는 2003년 설립된 영재오(영재들의 오후학교)와 임서영 소장을 중심으로 영재교육 연구 활동을 하는 민간교육 연구기관이다. 연구소에서는 영·유아들의 뇌 발달에 맞춘 자기주도학습형 교재와 프로그램을 연구·개발하고, 아이들 상담과 교육을 진행하고 있다. 또한 임서영 소장의 육아상담과 전담 교육매니저들의 맞춤식 육아 멘토링을 제공한다.

유튜브 '임서영의 육아팁'에서 육아에 관한 다양한 정보를 소개하고 있다.

임서영 영재교육연구소 인지발달센터

인지발달센터 수업 프로그램은 연구소 프로세스에 따른 검사 후 시기별 아이들의 성장과 발달에 맞는 개별 진단 솔루션을 제시한다. 인지치료(언어·수리·표현), 정서심리치료(심리미술) 등 다양한 치료 프로그램을 진행하고 있다.

센터에서는 가정에서 채워지지 않는 부족한 부분을 채워주고, 비슷한 지능을 가진 아이들과 함께 프로그램을 진행하면서 종합사고력을 키우도록 돕는다. 비슷한 지능의 또래 집단과 상호작용을 할 수 있으며, 개인 및 집단프로그램을 통해 사회성을 향상시킬 수 있고, 솔루션을 통해 아이들이 집중 케어받을 수 있다.

영재오 심층프로그램(더나방, 스타트영재반, 영재반, 심화반, 국제반)

영재오에서는 아이의 성장 시기에 맞춘 다양한 오후학교 프로그램을 운영하고 있다. 지능검사, 발달검사, 육아상담을 통해 공동육아 코둥지, 더나방(더 나은 아이들을 위한 방), 스타트영재반(영재반 가기 전 입문단계), 영재반, 심화반, 국제반 등 현재 아이의 발달 상태에 따라서 반을 나눠 교육하고 있다. 아이들의 균형 잡힌 발달을 돕기 위함이다. 한 반에는 보통 10~15명 정도의 아이들이 수업에 참여하고 있으며, 전체 80여 명의 아이가 '영재오'에 다니고 있다.

더나방에서는 운동 신경 강화와 기초학습 잡기에 초점을 두고 있다. 스타트영재반에서는 빠른 두뇌 회전과 신체의 순발력 강화를 위해 다양한 게임과 다국어, 기초학습을 겸하고 있다.

영재반, 심화반, 국제반에서는 매일 외국어 수업이 2~3과목씩 진행된다. 요일별로 독후활동 논술수업, 코딩수업, 다양한 과목의 플래시카드와 활동지 수업을 심도 있게 진행하고 있다.

영재오 공동육아 코둥지

　영재오 공동육아 코둥지는 아이 중심의 작은 사회이다. 엄마와 아이가 함께 참가하며 아이의 첫 사회성을 기르는 곳이다. 엄마가 선생님이 되어 자신의 아이를 직접 가르치고 함께 생활하는 공동육아 프로그램이다. 엄마들이 여러 활동에 각각 재능기부를 하며 선생님이 되어 다른 아이들의 성장에도 일조하고 있다. 점심도 함께 먹는다. 혼자 하는 육아에 지친 엄마들에게 함께 육아하는 즐거움을 제공한다.

　아이들은 영재오 8바구니를 함께하며 자기주도학습을 익힌다. 또한 규칙을 배우고 지키며 좋은 습관을 배양한다. 아이들 모두 임 소장의 상담을 받으며 발달 상황에 맞게 케어받고 있다. 기관에 가기 전 엄마와 작은 사회성을 기르고 성장하는 배움터라 할 수 있다.

영재오 8바구니

영재오 8바구니는 18개월 전후의 아이들 누구나 시작할 수 있는 놀이프로그램이다. 선 긋기, 한글, 수학, 미로, 칠교, 블록, 미술, 동화책(인성)의 8가지로 구성되어 있다. 8바구니는 아이들의 지능발달검사에 적용되는 8개 영역의 발달에 도움이 된다. 선 긋기, 미로, 칠교, 블록, 미술, 동화책(인성)은 우뇌 자극 놀이에 속한다. 한글과 수학은 우뇌놀이를 통해 좌뇌를 자극하는 활동이다. 영재오 8바구니는 좌뇌와 우뇌의 밸런스를 골고루 맞추고, 종합사고력과 창의력까지 향상시켜 아이들에게는 최상의 교육놀이 활동이라 할 수 있다. 8바구니 각 활동지를 한 장씩, 하루에 8개를 모두 마무리하면 된다. 매일 8바구니를 하면 '자기주도학습 습관'이 잡히게 된다.

영재오 플래시카드

플래시카드는 영유아기 두뇌의 암기방을 만드는 최고의 교수법이다. 새로운 자극에 두뇌는 발달하게 된다. 플래시카드를 돌리면 사진을 찍듯이 찰칵찰칵 직관 뇌로 이미지를 찍어 기억하기 때문에 영유아기 단기간에 무한한 두뇌 자극을 줄 수 있다. 일정한 규격의 카드를 이용해서 재빨리 카드를 넘기는 방식이다. 1초 안에 빠르게 카드를 보여줌으로써 좌뇌가 반응하기 전에 무의식의 영역인 우뇌를 반응하게 하는 데 초점을 두고 있다. 영재오 플래시카드는 한글, 영어, 중국어, 한자를 비롯해 확장 플래시카드까지 종류가 50여 종이 넘으며, 플래시카드 수량은 약 2만 장정도다. 국내 최고량을 보유하고 있다.

영재오 캠프

영재오 캠프는 영재오 프로그램을 통해 멋지게 성장한 아이들이 부모님의 보살핌을 떠나 독립적으로 생활하면서 리더십과 그릿, 사회성을 키울 수 있는 프로그램이다. 카우프만 지능검사 120점 이상인 영재들이 참가한다. 아이들끼리 의견을 조율하며 서로 돕고, 선의의 경쟁을 통해 함께 성장해 나가는 자기 주도 프로그램이다.

특히 주말리더십 캠프는 매주 프로그램, 팀원들의 구성이 달라짐으로써 새로운 환경에 대한 아이들의 적응력을 높여준다. 이벤트성 캠프가 아니라 어디를 가든지 두렵지 않은 아이로 만들어주는 절대적인 프로그램이다. 부모와 떨어져 안전과 건강을 보장받을 수 있는 최고의 캠프라 할 수 있다. 또한 캠프를 통해 당연하게 생각했던 부모님에 대한 감사함을 느낄 수 있도록 해주며, 아이의 자신감과 자존감을 키워준다. '집중트레이닝반 캠프', '주말영재리더십 캠프', '영어 캠프', '중국어 캠프' 등이 운영되고 있다.

엄마학교와 VIP교육

육아 맘들을 위해 임서영 소장이 '엄마학교'를 열어 육아 교육을 진행하고 있다. 한글, 수학, 연령별 책 읽기, 우리 아이 훈육법, 0세 교육의 비밀 등 매월 한 가지 주제를 정해 가볍게 육아의 전반적인 내용을 다룬다. '엄마학교'는 개월 수가 정해져 있지 않고 모든 육아맘과 예비맘들이 참여할 수 있다.

'VIP교육'은 '엄마학교'와는 달리 개월 수별, 주제별(한글특강, 미술특강) 집중 교육으로 육아의 궁금증을 풀어준다. 특히 VIP교육은 개월 수로 나눠 진행되고 있다. 8~24개월, 25~36개월, 37~48개월, 49개월~7세 강의가 있다. 강의 후에는 영재오 단체톡 그룹방에서 임서영 소장을 만날 수 있으며, 단톡방을 통해 다양한 육아 정보들을 나누고 있다.

또한 한글특강, 플래시카드 특강, 미술특강, 탐큐수교구특강 등이 운영되고 있다. 자세한 사항은 (주)임서영 영재교육연구소로 문의하면 된다. (☎ 1600-9637)